公安政治工作学

陈立川　郑友军　杨海　主编

四川大學出版社
SICHUAN UNIVERSITY PRESS

图书在版编目（CIP）数据

公安政治工作学 / 陈立川，郑友军，杨海主编．—成都：四川大学出版社，2023.7（2025.9 重印）
ISBN 978-7-5690-6198-7

Ⅰ．①公… Ⅱ．①陈… ②郑… ③杨… Ⅲ．①公安机关－政治工作－中国－教材 Ⅳ．①D631.19

中国国家版本馆 CIP 数据核字（2023）第 123985 号

书　　名：公安政治工作学
　　　　　Gongan Zhengzhi Gongzuo Xue
主　　编：陈立川　郑友军　杨　海

选题策划：梁　平
责任编辑：梁　平
责任校对：杨　果
装帧设计：裴菊红
责任印制：李金兰

出版发行：四川大学出版社有限责任公司
　　　　　地址：成都市一环路南一段 24 号（610065）
　　　　　电话：（028）85408311（发行部）、85400276（总编室）
　　　　　电子邮箱：scupress@vip.163.com
　　　　　网址：https://press.scu.edu.cn
印前制作：四川胜翔数码印务设计有限公司
印刷装订：成都金阳印务有限责任公司

成品尺寸：170mm×240mm
印　　张：14.75
字　　数：280 千字

版　　次：2024 年 3 月 第 1 版
印　　次：2025 年 9 月 第 2 次印刷
定　　价：48.00 元

扫码获取数字资源

四川大学出版社
微信公众号

编委会

主　编：陈立川　郑友军　杨　海

副主编：杨　坤　彭　浩　王　飞

编　委：苏　丹　何　龙　曾欣欣

王　俊

目 录

第一章　公安政治工作学总论 ……………………………………………… (1)
第一节　什么是公安政治工作学 ……………………………………………… (1)
第二节　公安政治工作学的对象、领域、体系和特点 ……………………… (6)
第三节　公安政治工作学的任务、地位、研究方法和意义 ………………… (12)

第二章　公安政治工作学基础 ……………………………………………… (22)
第一节　公安政治工作学的实践基础 ……………………………………… (22)
第二节　公安政治工作学的理论基础 ……………………………………… (36)
第三节　公安政治工作学的法治基础 ……………………………………… (47)

第三章　公安政治工作主体 ………………………………………………… (58)
第一节　公安政治工作主客体的概述和关系 ……………………………… (58)
第二节　公安政治工作机构 ………………………………………………… (64)
第三节　公安机关中的党组织 ……………………………………………… (75)
第四节　公安政治工作队伍 ………………………………………………… (80)

第四章　公安政治工作客体 ………………………………………………… (93)
第一节　公安政治工作的民警工作 ………………………………………… (93)
第二节　根据民警个体特点开展公安政治工作 …………………………… (98)
第三节　根据民警群体特点和层次开展公安政治工作 …………………… (101)
第四节　公安政治工作的群众工作 ………………………………………… (105)

第五章　公安政治工作的本质、功能、方针 ……………………………… (114)
第一节　公安政治工作的本质 ……………………………………………… (114)

第二节　公安政治工作的功能…………………………………………………（119）
第三节　公安政治工作的方针…………………………………………………（126）
第六章　公安政治工作的目标、任务、方法……………………………（134）
第一节　公安政治工作的目标…………………………………………………（134）
第二节　公安政治工作的任务…………………………………………………（138）
第三节　公安政治工作的方法…………………………………………………（145）
第七章　公安思想政治工作…………………………………………………（152）
第一节　公安思想政治工作概述………………………………………………（152）
第二节　公安思想政治工作的原则、方针、任务……………………………（161）
第三节　公安思想政治工作的内容及面临的新课题…………………………（166）
第八章　公安队伍纪律作风建设……………………………………………（172）
第一节　公安队伍纪律作风建设概述…………………………………………（172）
第二节　公安队伍纪律作风建设的历史和现状………………………………（179）
第三节　公安队伍纪律作风建设的原则与途径………………………………（185）
第九章　人民警察职业道德理论与实践……………………………………（191）
第一节　人民警察职业道德概述………………………………………………（191）
第二节　人民警察职业道德规范………………………………………………（196）
第三节　人民警察职业道德的培养和形成……………………………………（205）
第十章　公安政治工作的改革创新…………………………………………（213）
第一节　公安政治工作改革创新的必要性……………………………………（213）
第二节　公安政治工作改革创新的指导思想…………………………………（216）
第三节　公安政治工作改革创新的目的和要求………………………………（218）
第四节　公安政治工作改革创新的内容、举措与成效………………………（221）
主要参考文献…………………………………………………………………（226）
后　记…………………………………………………………………………（228）

第一章　公安政治工作学总论

公安政治工作，是中国共产党为实现对公安工作和公安队伍的绝对领导，在公安机关中进行的思想工作和组织工作。公安政治工作伴随着公安保卫工作形成和发展，在几十年的实践中，建立了完整的工作体系，形成了系统的工作制度，积累了丰富的经验和专业知识。

将公安政治工作作为一门科学来研究，是在党的十一届三中全会之后，其标志和理论成果表现为 1986 年出版的、供中国人民公安大学公安政治工作专业本科教育所用的教材《公安政工学概论》。三十多年来，我国的政治工作科学有了新的飞速发展，公安政治工作的理论研究和工作实践取得了巨大进步，很有必要进行新的概括和总结，以推进和实现公安政治工作理论的科学化和系统化。

本章阐述公安政治工作学的基本概念、对象、领域、体系、特点、任务、地位、研究方法和意义等内容。

第一节　什么是公安政治工作学

研究公安政治工作学，首先要弄清政治、政治工作和公安政治工作等基本概念。

一、政治

政治是个内容丰富的概念，也是一种复杂的社会现象。对政治的含义，不同的社会、不同的历史时期、不同的阶级有过不同的解释。

马克思主义者从无产阶级立场出发，运用辩证唯物主义和历史唯物主义的观点和方法，从不同的角度对政治作了科学的论述。

（一）政治是阶级之间的斗争

马克思指出，“阶级同阶级的斗争就是政治斗争”①，“只有在没有阶级和阶级对抗的情况下，社会进化将不再是政治革命”②。列宁指出，“政治就是各阶级之间的斗争”③。毛泽东也指出，“政治，不论革命的和反革命的，都是阶级对阶级的斗争，不是少数个人的行为”④。政治作为一种社会现象，随着阶级的产生而产生，也将随着阶级的消亡而消亡，在阶级社会中不存在超阶级的政治。

（二）政治是经济的集中表现

列宁在《论工会、目前局势及托洛茨基和布哈林的错误》一文中提出了“政治是经济的集中表现”⑤ 的著名论断。它集中阐明了政治的经济实质，经济是基础，政治依存于经济，为经济服务。

（三）政治的核心是国家政权问题

列宁指出：“政治中最本质的东西即国家政权机构。”⑥ 在阶级社会中，一切阶级斗争都是政治斗争，政治斗争历来就是围绕国家政权进行的。一个阶级要取得政治统治，必须掌握国家政权，才能对整个社会进行全面管理，才能实行其所确定的路线、方针和政策，达到本阶级的目的。

---

① 中共中央马克思恩格斯列宁斯大林著作编译局：《马克思恩格斯选集》第 1 卷，人民出版社，1995 年，第 193 页。

② 中共中央马克思恩格斯列宁斯大林著作编译局：《马克思恩格斯选集》第 1 卷，人民出版社，1995 年，第 195 页。

③ 中共中央马克思恩格斯列宁斯大林著作编译局：《列宁全集》第 39 卷，人民出版社，1986 年，第 406 页。

④ 《毛泽东选集》第 3 卷，人民出版社，1991 年，第 866 页。

⑤ 中共中央马克思恩格斯列宁斯大林著作编译局：《列宁选集》第 4 卷，人民出版社，2012 年，第 407 页。

⑥ 中共中央马克思恩格斯列宁斯大林著作编译局：《列宁全集》第 23 卷，人民出版社，1990 年，第 249 页。

（四）政治的内容是发展变化的

十月革命后，无产阶级掌握了国家政权。为了巩固政权、建设社会主义，列宁曾提出了“经济方面的政治”“国家建设的政治”[①] 的概念。邓小平在1979年3月30日的讲话中强调：“社会主义现代化建设是我们当前最大的政治。”[②] 这就是说，无产阶级政治有阶级斗争方面的政治，有经济方面的政治，并随着无产阶级任务重心的发展变化而发展变化。

（五）政治是人民内部的关系

列宁在《“论粮食税”一书纲要》中指出：“Ouid est《politica》[③]（1）无产阶级先锋队对它的群众。（2）无产阶级对农民。（3）无产阶级（和农民）对资产阶级。”[④] 这里列宁讲的政治不只是敌对阶级之间的阶级斗争，还包括无产阶级政党的领导、无产阶级同其他劳动人民之间的关系等。

上述论述告诉我们，政治是阶级社会的产物，是经济的集中表现，是一定阶段、一定阶级的政党为实现其根本利益，组织和巩固国家政权，在国家生活和国际关系方面所进行的活动。在阶级社会里，经济利益对立的阶级进行的阶级斗争，是政治的基本内容，主要表现为各阶级为建立和巩固代表本阶级利益的国家政权，正确处理本阶级政党内部以及同其他阶级、政党、民族、国家之间的关系所进行的活动。在阶级逐步消亡的社会主义社会里，主要表现为人民为巩固代表自己利益的国家政权，大力发展社会生产力，建设高度的社会主义物质文明和精神文明，正确处理本国人民内部关系，以及同世界其他民族、国家之间的关系所进行的活动。

二、政治工作

政治工作有广义和狭义之分。广义上的政治工作是指一定阶级、国家、政治集团，为组织和动员民众实现本阶级的利益而进行的社会活动，或者是一定阶级、国家、政治集团进行的政治活动和以处理政治关系为任务的社会活动。

---

① 中共中央马克思恩格斯列宁斯大林著作编译局：《列宁选集》第4卷，人民出版社，2012年，第308页。

② 中共中央文献研究室：《邓小平思想年谱（1975—1997）》，人民出版社，1998年，第115页。

③ 译文为“什么是‘政治’”？——编者注。

④ 中共中央马克思恩格斯列宁斯大林著作编译局：《列宁全集》第32卷，人民出版社，1958年，第314页。

政治工作伴随着阶级、国家、政治集团的产生而产生，有阶级就有政治，就有政治工作。不同的社会，不同的阶级、国家、政治集团开展政治工作的称谓、内容、形式和方法虽然有所不同，但必须进行政治性的社会活动却是共同的客观存在。

狭义的政治工作，就是我们通常所讲的特指中国共产党为实现自己的纲领和任务，为维护各族人民的根本利益，在广大人民群众中进行的教育、宣传和组织活动。党的政治工作，首先从军队开始，形成了优良传统，成为党的传家宝。政治工作是一切工作的生命线。政治工作的称谓，曾先后使用过“政治宣传”“政治教育”“思想教育”“思想工作”“政治思想工作”“思想政治工作”等多种提法，它们既有区别又有联系。政治工作主要包括思想工作和组织工作两个方面，思想工作是政治工作的组成部分。

政治和政治工作是两个不同的概念，同时两者之间又存在着密切的联系。政治与政治工作是全局与局部、目的与手段的关系。

政治是全局，是党在各个不同历史时期提出的纲领、路线、方针和政策，是无产阶级利益的集中体现，对局部具有指导意义；政治工作是局部，受无产阶级政治全局的制约，是实现党的纲领、路线、方针和政策的必要条件。

政治是目的，为政治工作指明方向和目标；政治工作是手段，是实现政治任务的专门工作，是实现无产阶级政治目标的保证。任何政治，没有强有力的政治工作，就不能实现。

三、公安政治工作

公安政治工作是党在公安机关中进行的思想工作和组织工作。这一含义说明：

（1）公安政治工作的性质，是党的工作，是党为保证和实现对公安工作和公安队伍的绝对领导，在公安机关中进行的思想工作和组织工作。

（2）公安政治工作与党的政治工作，是个别与一般的关系。其主要表现在：公安政治工作是党的政治工作的组成部分，是党的政治工作理论与公安工作和公安队伍实际的结合；或者说是党的政治工作的方针、原则和制度在公安机关中的具体运用。

（3）公安政治工作的特殊性，主要表现在三个方面。

内容方面：主要包括教育和管理。教育主要是系统性的思想政治教育和经常性的思想工作，管理主要是党、团组织建设和干部队伍管理。

任务方面：根本任务服从和服务于党以及公安工作的中心任务。基本任务和具体任务随着不同时期的需要而有所变化。

管理机构方面：公安机关的政治工作部门是党的工作机构，是党的工作的办事机构。各级公安机关的负责人，一般是党委日常工作的主持者，工作人员一般是共产党员。

四、公安政治工作学

公安政治工作学，是关于公安政治工作的学问，是研究公安队伍思想建设和组织建设及其规律的知识体系，是公安政治工作实践经验的理论概括，是公安科学的重要组成部分。从公安政治工作学与公安政治工作的关系来看，两者既相互区别又密切联系。两者的区别是：公安政治工作学，简称公安政工学，是关于公安政治工作的学说，是指研究公安队伍思想建设和组织建设及其规律的知识体系，是公安政治工作科学意义上的概念；公安政治工作，是一种有计划、有目的的活动，是公安政治工作实践意义上的概念。两者的联系是：公安政治工作学是公安政治工作实践经验的总结，公安政治工作是在公安政治工作科学理论指导下的实践。

从公安政治工作学的来源来看，它是公安政治工作实践经验的理论概括。公安政治工作自创建以来，在马列主义、毛泽东思想、邓小平理论、“三个代表”重要思想、科学发展观，习近平新时代中国特色社会主义思想的指导下，积累了丰富的经验，形成了关于公安政治工作的本质、地位、作用、方针、原则、方法和制度等系统知识，对指导公安政治工作实践，提高公安政治工作科学化水平，推动公安工作和公安队伍建设发挥了巨大作用。过去和现在形成的有关公安政治工作的理论成果，便是对前述公安政治工作实践经验的集体概括。

从公安政治工作学的归属来看，它是公安学的重要组成部分。公安学是研究我国公安工作规律与对策的知识体系，是所有公安学科的总称。公安理论中，关于刑事侦查、内部保卫、治安管理、消防、边防、警卫、公安管理、政治工作等方面的专门研究，构成不同的专业学科。公安政治工作学是研究公安工作领域中政治工作这一社会现象的，是公安学理论研究的一个重要方面。

从公安政治工作学与社会主义政治工作学的关系来看，它是社会主义政治工作学的组成部分，是一个分支，体现社会主义政治工作学的一般特征。

公安政治工作学，揭示和包含了政治、政治工作、政治工作学、公安政治工作、公安政治工作学等基本概念的内涵，从总体上反映出公安政治工作科学的实践、对象、领域和特点，是党的政治工作一般理论同公安政治工作具体实践的有机结合。

第二节 公安政治工作学的对象、领域、体系和特点

公安政治工作学是研究公安政治工作的学问。那么，什么是它的研究对象、领域、体系和特点？这是本节要回答的问题。

一、公安政治工作学的研究对象

（1）研究公安队伍思想建设的特殊规律。例如，公安民警思想和行为的形成、发展、变化及其规律，怎样把先进的社会意识转化为公安民警思想和行为的规律，等等。

（2）研究公安队伍组织建设的特殊规律。例如，怎样对公安民警进行组织上的引导和协调，提高战斗力，保证党对公安队伍绝对领导的规律；怎样保持公安队伍组织上的纯洁性的规律；等等。

（3）研究公安队伍思想建设和组织建设的共同点的基本规律。例如，怎样加强党对公安队伍的思想建设和组织建设，怎样运用新的科学技术提高公安队伍思想建设和组织建设成效，等等。

公安政治工作学研究对象与公安政治工作对象，既有区别，又有联系。公安政治工作学研究对象是公安队伍的思想建设和组织建设及其规律，公安政治工作对象是公安政治工作的客体。研究公安政治工作对象在思想、组织诸方面的特点，是探讨公安政治工作学对象的前提和基础。

公安政治工作学研究对象的界定具有重要意义：一是划定了公安政治工作学的研究领域，限于公安队伍的思想建设和组织建设；二是明确了公安政治工作的主体和客体及两者之间的关系；三是体现了公安政治工作的本质、根本任务和目的；四是分清了同公安学各分支学科的界限，使其成为一门相对独立的学科。

二、公安政治工作学的研究领域

公安政治工作学的研究领域，是研究对象的具体化，是指其知识体系涉及的范围。

公安政治工作作为党在公安机关中实施政治目标的重要载体，贯穿于公安工作和公安队伍活动的全过程，并影响与公安工作和公安队伍活动相关的各个方面。公安政治工作的范围非常广泛，不限于公安队伍内部的思想工作和组织

工作，还涉及社会生活的许多方面，并且受到社会机制、政策机制、制度机制等方面的制约。公安政治工作的范围同公安政治工作学的研究范围密切相关。公安政治工作学具有广泛的研究领域。

公安政治工作学的研究领域，主要包括公安政治工作学基础理论领域、政治工作主体领域、政治工作客体领域和政治工作实施领域，也可以划分为基本原理领域、思想建设领域、组织建设领域和自身建设领域。主要涉及以下方面：

（1）研究公安政治工作与革命理论的关系。主要研究马列主义、毛泽东思想、邓小平理论、“三个代表”重要思想、科学发展观、习近平新时代中国特色社会主义思想对公安政治工作的指导地位，明确以习近平法治思想武装公安民警，是公安政治工作的重要任务，目的是保持公安队伍思想建设和组织建设的正确方向。

（2）研究公安队伍与党和国家的关系。主要阐述公安机关是人民民主专政的重要工具，必须接受党的绝对领导。公安政治工作必须服从和服务于党的工作以及公安工作的中心任务，保持公安政治工作的无产阶级性质。

（3）研究公安队伍与公安工作的关系。坚持政治建警、从严治警、从优待警，处理好政治工作与公安业务工作的关系，保证提高战斗力，完成公安工作任务。

（4）研究公安队伍与人民群众的关系。主要阐述警民一致原则的意义：人民是公安队伍力量的源泉和依靠，群众工作是公安政治工作的重要内容，要全心全意为人民服务，树立优良作风，密切警民关系。

（5）研究公安政治工作主体与客体的关系。主要揭示公安政治工作的基本规律；完善政治工作主体结构，提高主体人员素质和活动艺术；明确政治工作客体的状况和特点，提高公安政治工作效能。

（6）研究公安队伍的思想建设。主要研究公安民警思想与行为的关系，揭示思想受行为支配，坚持思想领先的原则。阐释公安队伍思想建设的内容、方针、原则和方法，推进思想政治工作的科学化。

（7）研究公安队伍的组织建设。主要阐述公安机关领导班子建设的地位、作用、原理和方法，公安机关党组织、团组织建设的内容和要求，干部管理的科学化。探讨组织建设与思想建设的辩证关系。

（8）研究公安政治工作的优良传统。主要探讨公安政治工作的产生、发展、变化的规律，阐述对公安政治工作优良传统的继承和发展，不断改革创新，推进公安政治工作的现代化。

三、公安政治工作学的体系

公安政治工作学的体系是指依据研究对象和领域，以公安政治工作学为轴心所组成的学科群体，直接服务于专业建设、人才培养和教学需要。

学科群体的形成和发展，标志着一门学科的理论研究程度和发展水平。设计公安政治工作学体系框架的主要根据和原则：一是以公安政治工作学的研究对象和领域为基本出发点，这是确立公安政治工作学体系的前提条件；二是以《公安政治工作学》教材为参照，其结构、体系的脉络要与它大体一致；三是尊重公安政治工作的实践，科学地反映历史发展轨迹、时代要求和发展趋向；四是保持理论内容的系统性、逻辑性和稳定性。据此，我们认为公安政治工作学的体系，可以由基础学科和应用学科两大学科部类构成。

（一）基础学科部类

基础学科是研究公安政治工作科学的整体，从公安队伍思想建设和组织建设的实践现象中抽象出普遍规律，阐述公安政治工作学的基础理论。这一部类主要研究公安政治工作学基础、公安政治工作主体、公安政治工作客体、公安政治工作实施四个方面的理论。研究课题主要有：马克思主义的政治工作原理、毛泽东政治工作思想、邓小平政治工作理论、江泽民公安政治工作思想理论、胡锦涛公安队伍建设思想理论、习近平法治思想、国际共产主义运动中的无产阶级政治工作、社会主义政治工作科学、中国共产党政治工作史、公安政治工作史等。

（二）应用学科部类

应用学科是公安政治工作学在各个方面的应用，以及有关领域中知识的统称。应用学科是基础学科的丰富和具体化，侧重研究公安政治工作实践中的理论问题，由思想建设、组织建设、纪律作风建设和政治工作部门建设“四大建设”构成。

（1）思想建设。思想建设是公安政治工作的中心内容，居于各项建设之首。思想建设主要研究公安民警世界观、人生观、价值观的形成、发展、变化的特点和规律，以及对其进行思想政治教育的内容、任务、原则和方法；研究课题主要有公安政治工作的原理与方法、公安政治工作的实施和公安政治工作的创新等。

（2）组织建设。组织建设是公安队伍建设的组织保证。其主要研究培养、选拔、使用人才的标准和途径，党组织和团组织建设，公安人事管理的原则和方法；研究课题主要有公安人事管理、党的建设、领导班子建设、青年工作、近代国（境）外警察队伍的组织管理等。

（3）纪律作风建设。纪律作风建设是公安队伍建设中具有特殊意义的建设。其主要研究公安职业责任、职业权力、职业纪律、职业道德、职业作风的特点及其建设的途径和方法；研究课题主要有公安纪律作风建设、人民警察职业道德建设、公安纪律检查和公安督察等。

（4）政治工作部门建设。政治工作部门的自身建设是开展公安政治工作的组织保证。其主要研究政治工作机构的设置、职能，政治工作队伍的构成、素质，政治工作理论和实践研究方法；研究课题主要有政治工作干部修养、政治工作管理和政治工作手段现代化等。

在公安政治工作学的体系中，两大部类相互联系、相互渗透、相互促进，随着实践的发展和时代的需要日趋完善。

四、公安政治工作学的特点

公安政治工作学是一门相对独立的学科，属于社会科学范畴。公安政治工作学的特点与公安政治工作的特点密切相关，除反映一般社会科学的特点外，还有其自身特点。

（一）鲜明的党性

党性是无产阶级阶级性的集中表现。公安政治工作学由公安政治工作的党性所决定，其理论形态具有鲜明的党性。首先，在政治上必须接受党性原则指导，坚持公安政治工作直接为实现党对公安工作和公安队伍绝对领导服务，为贯彻党的路线、方针、政策服务，为巩固人民民主专政政权和维护人民利益服务，以保证公安队伍政治立场上的坚定性。其次，在思想上必须接受党性原则指导，坚持以马列主义、毛泽东思想、邓小平理论、“三个代表”重要思想、科学发展观、习近平新时代中国特色社会主义思想武装公安民警头脑，加强思想、纪律、作风、道德和文化建设，只能接受以无产阶级的世界观、人生观、价值观为指导，而不能以什么其他阶级的世界观、人生观、价值观为指导。只能吸收某些新的观点和思想，并加以革命性的改造为我所用，而不能用来代替马克思主义的总的原则和基本原理，以保证公安队伍思想上的先进性。最后，在组织上必须接受党性原则指导，坚持把党组织作为公安队伍的领导核心和战斗堡垒，按照党的干部路线、方针和政策选拔、配备、使用干部，提高公安队伍的素质，使公安机关掌握在可靠人员手里，以保证公安队伍组织上的纯洁性。

公安政治工作学这门学科的党性，就是由上述公安政治工作的性质和特点决定的。公安政治工作学的主要任务：严格按照无产阶级党性原则来研究公安队伍思想建设和组织建设及其规律；从理论和实践的结合上，说明坚持党的绝对领导，保持公安队伍在政治上、思想上和组织上的无产阶级性质的必然性和重要性；说明公安政治工作学的党性和科学性的有机统一。公安政治工作学在研究公安队伍建设的理论和实践中体现的无产阶级党性是这门学科的实际意义和生命力之所在。

（二）强烈的实践性

公安政治工作学的实践性包含两个方面的含义。一是指公安政治工作学的理论形态直接源于政治工作的实践。公安政治工作学的产生、发展和完善的过程，就是从实践到认识，再到实践的循环往复的过程。公安政治工作学所阐述的公安政治工作的原理、原则、方式和方法，都是从公安政治工作的实践活动中提炼出来的，并在实践中受到检验，不断充实、完善和发展。政治工作理论离开政治工作实践，就成了“无源之水”“无本之木”。二是指公安政治工作学的直接目的是为政治工作的实践服务。研究政治工作理论，形成系统的科学认识，是为了解决公安政治工作实践中提出的各种理论问题和实际问题。再好的理论，不能或不去为实践提供指导和服务，都是毫无意义的。公安政治工作学是为实际应用服务的，它的理论原理只有在实践中被应用才有科学价值。

公安政治工作学的实践性特点要求在理论研究中，必须树立实践第一的观点，立足于实践，在实践中解决新问题，总结新经验，使公安政治工作的理论体系得以不断完善。

（三）广泛的群众性

公安政治工作学的广泛的群众性主要表现在三个方面：

一是公安政治工作的对象范围很广。它不仅包括广大公安管理者、领导者、党员群众，而且包括普通公安民警和人民群众；不仅包括各级公安机关的党委、政治机关、共青团，而且包括公安民警的家庭，以及社会的有关方面；不仅包括各级公安机关领导部门、管理部门，而且包括各警种、各地区的基层单位。政治工作是全党、全社会的工作，也是全体公安民警的工作。

二是公安政治工作的出发点是为广大公安民警和人民群众的根本利益和现

实利益服务。公安政治工作的根本目的，就是要教育广大公安民警认识国家和人民利益的所在，认识个人利益与国家和人民利益的一致性，从而团结起来自觉地为之而奋斗。公安民警和广大人民群众的根本利益是一致的，政治工作所提出的要求，完全能够为公安民警和广大人民群众理解和接受，从而行动起来，为实现党的纲领、路线而奋斗。

三是公安政治工作的实施要依靠广大公安民警和人民群众。政治工作是群众性的工作，其力量源泉存在于群众之中。广大公安民警既是公安政治工作的客体，又是公安政治工作的主体。必须依靠公安民警和人民群众，发挥他们的主动性、积极性，只有大家齐心协力，才能真正把公安政治工作做好。

公安政治工作学的群众性特点，取决于公安政治工作的群众性。公安政治工作学所阐述的政治工作的原则、方式和方法，必须建立在尊重群众、相信群众、依靠群众的基础之上。公安政治工作学所探讨的理论体系，也只有经过“从群众中来，到群众中去”的多次反复过程，才能不断得到丰富和完善。

（四）高度的综合性

公安政治工作学的综合性是指依据公安政治工作对象的广泛性、社会性，所决定的运用知识的广博性和手段方法的多样性。要进行生动而有说服力的思想政治教育，卓有成效地组织管理和合理用人，从内容到方法上需要运用多方面的科学知识。一般来说，这些科学知识可以分为内学科群和外学科群。

内学科群，即公安政治工作自身的内容体系。其主要包括马克思主义哲学、政治经济学和科学社会主义的基本原理，马克思主义的建党学说，公安政治工作的基础理论和应用理论。

外学科群，即与公安政治工作相关的社会科学、自然科学和现代科学技术。其主要包括教育学、心理学、法学、社会学、美学、管理学，还有公安业务技术方面的必要知识。实践已经证明，这些方面的理论和知识掌握得越多越深，政治工作就越有成效；公安政治工作科学理论的发展，必须借助于多方面的科学研究成果。公安政治工作学综合性的特点，使其成为一门开放性的科学，保持生机勃勃的活力。

第三节　公安政治工作学的任务、地位、研究方法和意义

一、公安政治工作学的任务

（一）阐释公安政治工作学的基本概念

基本概念，是人的思维对事物现象某一方面的概括和反映，是对研究对象本质的某一方面或侧面的抽象规定。基本概念是理论体系的逻辑起点。正确地规定基本概念，是任何理论体系完备性的基本条件。公安政治工作学作为一门学科，也有自己的一系列基本概念。研究它的理论体系，首先要从基本概念开始。

公安政治工作学由一系列基本概念组成理论体系。本章已探讨过的政治、政治工作、公安政治工作、公安政治工作学，公安政治工作学的对象、领域、体系、特点，以及后面各章将要探讨的公安政治工作学的基础，公安政治工作的本质、功能，公安政治工作的主体、客体，公安政治工作的目标、任务、内容、方针、方法、环境、效益等，都属于这一学科涉及的基本概念。本书在吸收前人研究成果的基础上，根据公安政治工作实践，对其各自的规定性及其内在联系做出概要的阐释。

（二）总结公安政治工作的历史经验

理论源于实践，科学是实践经验的总结。公安政治工作的基本理论，是公安政治工作实践经验的理论升华，是从丰富的实践经验中揭示出来的对政治工作具有普遍指导意义、反映客观规律的认识。比如，公安政治工作必须以马克思主义理论为指导；公安政治工作就是党的工作，政治工作是公安工作的生命线；公安政治工作必须服从和服务于党的工作以及公安工作的中心任务；公安政治工作必须保证党对公安工作和公安队伍的绝对领导；公安政治工作的中心环节是掌握思想教育；公安政治工作必须坚持群众路线、实事求是的原则；公安政治工作必须保证纪律的贯彻执行；公安政治工作必须保证贯彻执行党的干部路线、方针和政策；公安政治工作必须发扬党的优良作风和坚持科学的方法；公安政治工作要强化政治建设，做到“两个维护”，铸牢忠诚警魂；公安政治工作要强化党建引领，狠抓从严治警，推进公安队伍革命化、正规

化、专业化、职业化建设；等等。这些都是源于对党的工作和公安政治工作实践经验的认识。公安政治工作学的任务，就在于科学地总结历史经验，形成理论。

（三）概括新时代公安政治工作理论研究和实践发展成果

党的十八大以来，以习近平同志为核心的党中央高度重视公安工作和公安队伍建设。习近平总书记出席全国公安工作会议并发表重要讲话，亲自为中国人民警察队伍授旗并致重要训词，多次深入公安基层单位视察指导，就新时代公安队伍建设作出一系列重要论述，引领新时代公安政治工作理论研究和实践发展取得了新成就。

（1）强化政治建设，做到“两个维护”，进一步铸牢忠诚警魂。牢牢把握“公安姓党”的根本政治属性，坚持从政治上建设和掌握公安机关，坚决把党的绝对领导落实到公安工作各方面全过程。始终把“两个维护”作为最高政治原则和根本政治规矩，制定出台《公安部党委关于坚决维护党中央集中统一领导的规定》《公安部党委关于加强公安机关党的政治建设的实施意见》等文件，持续强化忠诚教育，引导广大公安民警深刻领悟“两个确立”的决定性意义，坚定自觉忠诚核心、拥护核心、跟随核心、捍卫核心，在任何时候任何情况下都坚决听从习近平总书记命令、服从党中央指挥，理论武装更加自觉。

（2）强化党建引领，狠抓从严治警，使公安队伍革命化、正规化、专业化、职业化建设稳步推进。锚定“四个铁一般”标准要求，结合开展群众路线教育实践活动、“三严三实”专题教育、“两学一做”学习教育、“不忘初心、牢记使命”主题教育、党史学习教育、学习贯彻习近平新时代中国特色社会主义思想主题教育等，纵深推进全面从严管党治警，着力锻造高素质过硬公安铁军。始终坚持党建带队建。构建部省市县四级全面从严管党治警工作体系，健全责任清单、述职评议、党建督察等制度，以推进党支部标准化规范化建设为重点，把各级党组织建设得更加坚强有力。始终保持“严”的氛围、“惩”的力度。坚持严在平时、管在日常、抓在小处，紧盯领导干部这个“关键少数”，紧盯重点领域、重点环节、重点岗位，严格执行中央八项规定及其实施细则精神，制定出台并严格落实一系列新的铁规禁令，构建完善具有公安特色的大监督格局，充分运用监督执纪“四种形态”，着力提高一体推进“三不腐”能力水平，引导全警做到知敬畏、存戒惧、守底线；特别是以前所未有的力度开展政法队伍教育整顿，刀刃向内、刮骨疗毒，清除一批害群之马，整治一批顽瘴痼疾，出台一批制度规定，队伍风气面貌焕然一新。

这些经验是在继承和发扬优良传统的基础上，在新的历史条件下的开拓创新。公安政治工作学的任务之一，就在于进一步总结、丰富和完善自己的理论体系。

（四）探索公安政治工作的规律

公安政治工作积累了丰富的历史经验，并结合新时代公安工作创造了许多新经验，有关理论研究已从现象中抽象出许多反映公安政治工作本质的概念，这些都为揭示公安政治工作规律奠定了基础。公安政治工作规律是公安政治工作诸因素之间的本质联系。公安政治工作规律是不以人们意志为转移的客观存在。公安政治工作学的任务之一，就在于揭示公安政治工作的规律，借以指导实践，这是确立起这门学科的重要标志。

依据公安政治工作学的研究对象和领域，公安政治工作的规律存在着一个由不同层次、不同侧面的规律群组成的有机系统，我们把它区分为基本规律、特殊规律和具体规律。

基本规律是从公安队伍思想建设和组织建设的结合点上研究公安政治工作的规律，就是研究如何将党对公安队伍思想建设和组织建设的要求转化为公安队伍的现实。它体现着公安政治工作领域各种关系中最基本的因果关系，决定着公安政治工作的发展趋势。

特殊规律是分别从公安队伍思想建设、组织建设这两个特殊领域研究思想工作、组织工作的规律，它们分别决定和影响思想建设、组织建设的性质和发展方面。思想工作特殊规律研究的是公安民警思想活动规律和进行思想工作的规律，即研究公安民警思想和行为形成、发展、变化的规律及怎样把先进的社会意识转化为公安民警的思想和行为的规律。组织工作特殊规律研究的是公安人事管理主体、管理对象、管理环境之间的本质的必然联系，即研究怎样对公安民警进行组织上的引导和协调，提高战斗力的规律。

在思想工作、组织工作两个特殊规律之下，还统帅着若干具体规律。具体规律从某一方面体现特殊规律，是特殊规律的进一步展开，如思想工作方面的灌输规律、疏导规律、结合规律等，组织工作方面的党管干部规律、在实践中锻炼培养干部规律、坚持群众路线考核任用干部规律、干部成长与交替规律等。

探索公安政治工作规律，既是实现公安政治工作理论科学化的迫切需要，也是指导公安政治工作实践，克服盲目性、随意性的紧迫任务。

二、公安政治工作学的地位

公安政治工作学的地位，是指它在我国社会主义政治工作科学、公安学和公安专业教育中所处的位置及作用。我们在前面讨论公安政治工作学的概念中已经指出，就它同我国社会主义政治工作科学的关系来说，公安政治工作学是社会主义政治工作科学的一个分支；就它同公安学的关系来说，公安政治工作学是公安学的组成部分。这里需要深入讨论的是公安政治工作学在公安专业教育中的地位和作用。不同培养对象对政治工作知识的了解，在内容的广度和深度上应有不同要求。因此，公安政治工作学这门课程在公安专业教育的不同层次中，具有不同的要求和作用。

（一）公安政治工作学是公安管理专业教育的专业主干课程

公安管理专业是培养从事综合管理、政治工作、纪检监察的应用型专门人才的，因此对公安管理专业的学生来说，应对公安政治工作学的全部内容有比较深刻的理解，应将公安政治工作学放在专业主干课程的地位，全面系统地进行研究和学习。

（二）公安政治工作学是非政治工作专业教育的骨干课程

非政治工作专业指侦查、治安等公安专业。这些专业的培养目标是为公安战线输送德才兼备的应用型专业人才。要达到这一目标，不仅要使每个学员了解和掌握有关业务、技术的系统知识，还必须使学员懂得一定的政治工作知识，至少应懂得做一名人民警察在政治、思想、纪律、作风和群众工作等方面所必须具备的条件或要求。公安机关任何业务部门的工作都具有政治和法律的意义，具有很强的政策性。就其实质来说，都是一种政治活动。因此，公安机关必须坚持业务与政治的辩证统一。公安机关的各项业务工作都要广泛接触各阶层群众，处理的问题大量地表现为人民内部矛盾，工作的过程及其结果又往往关系到群众的切身利益或民主权利。公安工作的这种性质决定了每一个公安民警仅懂业务、技术是不够的，还必须懂得政治工作的基本理论、基本知识和基本方法。只有在这两方面都有一定的修养，并能把政治与业务、技术有机地统一起来，才能有效地开展公安工作。可见，非政治工作专业将公安政治工作学作为骨干课程，是公安院校实现专业培养目标的客观需要。

（三）公安政治工作学是培训公安管理干部的主要课程

公安管理干部指在各级公安机关担任一定领导职务的人员，是各级公安机关各部门的领导者、管理者、组织者。一位称职的公安管理干部，首先应该是一位党的政治工作者，不仅要精通业务，善于决策，更要会用人、会做人的工作。会做政治工作是公安管理干部的重要责任，如果一位公安管理干部不会做思想工作，不懂得以革命的理论去启发人们的积极性、主动性和创造性，不懂得发现、培养和使用人才的原则和正确方法，那么他即使业务再熟，最多也只能是某一方面的行家，而不可能是称职的管理者。在新的历史条件下，在公安工作和公安队伍建设中已形成一个共同的认识，那就是“抓班子，带队伍，促工作，保平安”，这个思路体现了公安管理干部抓政治工作的重要意义。因此，在公安管理干部在职培训中，应将公安政治工作学作为一门主要课程进行学习和研究，以帮助学员提高对公安政治工作科学化的认识，熟悉政治工作的基本原则和方法。

三、公安政治工作学的研究方法

正确的研究方法，是完善和发展公安政治工作学的重要手段。公安政治工作学的特点，决定了其自身的一套研究方法。

（一）坚持以马列主义、毛泽东思想、邓小平理论、“三个代表”重要思想、科学发展观、习近平新时代中国特色社会主义思想为指导

公安政治工作学是一门党性很强的应用学科，研究它必须坚持科学的世界观和方法论。马列主义、毛泽东思想、邓小平理论、“三个代表”重要思想、科学发展观、习近平新时代中国特色社会主义思想是一脉相承的统一的科学体系。马克思、恩格斯奠定了政治工作学的理论基础，列宁对政治工作学的形成做出过重大贡献，毛泽东、邓小平、胡锦涛、江泽民进一步丰富和发展了政治工作理论，习近平新时代中国特色社会主义思想丰富和发展了我们党对政治工作的规律性认识，为我们做好思想政治工作提供了根本遵循。这些思想是我们研究公安政治工作学的重要理论依据和科学指导原则。掌握了马列主义、毛泽东思想、邓小平理论、“三个代表”重要思想、科学发展观、习近平新时代中国特色社会主义思想，就找到了研究公安政治工作学的钥匙，抓住了探索公安政治工作规律的认识工具；否则，就无法认识政治工作的复杂现象，更不

能使政治工作理论科学化。

（二）坚持理论研究与经验研究相结合

理论研究是指运用马克思主义基本理论，对公安政治工作中的现象进行理论的抽象，建立公安政治工作的理论体系。经验研究是指运用马克思主义基本理论和政治工作理论，对公安政治工作的历史经验和现实实践进行充分的研究和论证。在公安政治工作学的研究中，应把两者结合起来。实践经验是理论知识的基础，理论知识是实践经验的升华。理论研究以经验研究为依托，经验研究以理论研究的成果为指导，相互作用，相互促进。我们在公安政治工作理论研究中，应防止两种倾向：一种是只满足于直观的经验认识，只注重政治工作的应用研究，而忽视理论抽象；另一种是对群众的实践经验不感兴趣，不愿对大量感性材料进行加工制作，以为只要引进一些相关的理论概念，就可以构建起政治工作理论体系。公安政治工作理论体系的形成和建立，与认真研究公安政治工作经验是一个统一的过程。忽视理论思维的经验主义倾向，脱离实践经验去搞理论体系的倾向，都是不可取的。

（三）坚持历史研究与现实研究相结合

公安政治工作在几十年的实践中，积累了丰富的经验。然而，历史经验是在特定的历史条件下产生的，具有一定合理性和一定范围内的有效性，但有某些历史的局限性。只有正确地认识过去，才能有效地指导现实、科学地预见未来。总结历史经验，是为了更好地发展创新。研究公安政治工作学，是为了揭示公安政治工作发展变化的规律，总结历史、研究现实，适应新情况、解决新问题、创造新经验，有效地开展政治工作。因此，必须沿着历史发展的线索，对现实情况进行深入的调查研究，从中找出规律性的东西。比如，在新的条件下，如何保证党对公安工作和公安队伍的绝对领导；如何坚持政治建警，保证公安队伍在政治上绝对忠诚、绝对纯洁、绝对可靠；如何在社会主义市场经济条件下有效地进行思想政治教育；如何强化纪律作风建设、人民警察职业道德建设；等等。我们在政治工作的理论研究中，应将历史研究和现实研究密切结合起来，使历史经验成为研究现实问题的前提，研究现实问题是为了突破历史的局限性，两者的矛盾运动是政治工作理论发展的内在动力。

（四）坚持宏观研究与微观研究相结合

宏观研究是指那些对公安队伍建设的全局有重大影响的理论问题和现实问

题的探讨。它包括政治工作战略研究、预测研究和政策研究。战略研究主要包括政治工作地位和作用的确立、政治工作机构设置、政治机关权力等。预测研究是指对政治工作发展趋势的探讨，是对未来时间和空间中公安民警个体和群体可能发生的各种问题的探讨。政策研究具有根本性、全局性、稳定性和长期性特点。

微观研究的特点是研究范围较小，多以一个单位或一个部门环境为背景；研究课题较为单一，时限性较短。其大致内容有典型经验、工作经验、一事的调查报告、单项工作报告和具体工作方法研究等。我们在政治工作理论研究中，要处理好宏观研究与微观研究两者的关系。宏观研究至关重要，制约着微观研究。政治工作中许多问题长期不能解决，就是没有在宏观方面进行有效的控制和调节。政治工作的宏观研究，是政治工作理论研究的主攻方向。当然，这不排斥和降低微观研究的意义。实践说明，政治工作没有微观方面的突破，宏观研究也就失去了坚实的基础，宏观研究的成果也不会转化成为公安队伍的战斗力。

（五）坚持专家研究与群众研究相结合

坚持专家研究与群众研究相结合是指政治工作研究队伍的组合方式。过去的实践说明了两点：一是政治工作经验都是广大公安民警的发明创造，只有依靠他们创造的丰富经验，才能卓有成效地进行理论概括。因此，必须充分调动和发挥广大公安民警的主动性、积极性，使之成为政治工作理论研究的重要力量。二是联合各个知识领域的专家、学者，形成多层次的研究队伍。尤其是关于政治工作基础理论的研究，政治工作的战略研究、预测研究和政策研究，更需要专家去进行。当然，这两种研究力量不是各自为政，而是一个有分工协作的整体，在政治工作研究中充分发挥自己的优势和长处。群众研究为专家研究提供实践经验和素材，专家研究为群众研究提供理论指导，取长补短，相得益彰，推动政治工作理论研究活动深入持久地开展和发展。

（六）坚持单一分析方法与综合分析方法相结合

对简单的事物使用单一的分析方法，是我们过去使用的一种有效方法。但对复杂的事物使用单一分析方法则会陷入困境。公安政治工作的对象是全体公安民警，公安政治工作学的研究对象是公安队伍的思想建设和组织建设及其规律。在公安政治工作的理论研究中，必须充分地运用调查研究法、文献研究法、实验研究法、矛盾分析法、归纳与演绎法、分析与综合法、历史与逻辑法、个案分析与整体分析法，以及相关学科中的系统方法、信息方法、心理方法等。只有科学地运用这些方法去研究公安政治工作现象间的必然联系，探讨公安政治工作的规律性，才能推动公安政治工作科学理论的丰富和发展。

四、学习公安政治工作学的意义

公安政治工作学是公安学的重要组成部分，对这门科学加以系统的学习和研究，是建设强有力的公安工作和强大的公安队伍的客观需要。

（一）有助于深刻认识公安政治工作学的科学理论

我们将公安政治工作学的理论体系区分为基础理论与应用理论两大部类，宏观与微观两个层次。我们通过学习和研究公安政治工作学，会得出一个共识：它是科学的理论。因为，第一，这些理论是公安政治工作实践经验的科学总结；第二，这些理论是公安政治工作客观规律的正确反映；第三，这些理论吸收了相关学科的研究成果。那种认为公安政治工作没有理论，也不需要理论的观点是站不住脚的。当然，这些理论没有穷尽，还需要深入探讨。我们有理由相信，在马列主义、毛泽东思想、邓小平理论、“三个代表”重要思想、科学发展观、习近平新时代中国特色社会主义思想的指导下，通过实践，总结公安政治工作的传统经验和新时期的新经验，吸收各方面的科学知识和科学方法，一定能够创造出有公安特色的、系统的政治工作理论，以实现公安政治工作科学化。

（二）有助于开展公安政治工作的科学实践

研究公安政治工作学的最终目的是指导公安政治工作实践。公安政治工作学的理论之所以是科学的理论，就在于它能够指导公安政治工作的科学实践。科学的政治工作实践取决于以下两个条件：

（1）必须坚持政治工作内容的科学性。我们通过系统地学习和研究公安政治工作学，会认识到它所阐述的公安政治工作的基本内容是科学的，因为这些内容符合三个方面的基本要求：一是符合马列主义、毛泽东思想、邓小平理论、“三个代表”重要思想、科学发展观、习近平新时代中国特色社会主义思想的科学体系，符合历史前进的方向，符合政治工作的党性原则和科学性原则。二是符合时代需要。政治工作的内容和要求必须随着历史条件的不同而发生变化。公安政治工作学所研究的公安政治工作的总任务、总目标和基本内容，是根据新时期公安工作的新形势、新特点，尤其考虑到公安队伍面临21

世纪挑战的时代背景来确定的。三是符合工作对象的实际情况。公安政治工作学所研究的公安队伍思想建设和组织建设的任务、内容和要求，是从公安队伍的实际出发的，是具体的、可行的。

（2）必须坚持政治工作方法的科学性。我们通过学习和研究公安政治工作的思想方法、开展政治工作的宏观方法和微观方法，会认识到这些方法是科学的。它们不仅体现了公安政治工作的本质，贯彻了公安政治工作的指导思想、方针和原则，反映了公安政治工作的规律，而且体现出一些基本特征：一是客观性。政治工作必须坚持按实际情况决定工作方针和基本的工作方法。公安政治工作的方法虽然具有主观的目的性，但在工作中采取什么样的方法才能收到应有效果，却不是随主观意志凭空产生的，它要受客观环境的制约。公安政治工作学所研究的政治工作方法，要求人们坚持客观性原则，着眼于客观事物的特点，着眼于事物的发展，从实际出发。二是规律性。公安政治工作学是研究公安队伍思想建设和组织建设及其规律的科学，所阐述的政治工作方法是符合思想工作和组织工作的客观规律的，具有针对性、有效性和科学性。三是民主性。政治工作的过程，就是发扬民主，组织群众进行自我教育的过程。公安政治工作学所阐述的政治工作方法充分反映了民主性的特点。在政治上，体现了人民群众是社会的主人，是政治工作的主体；在作风上，体现了相信群众，依靠群众，尊重群众；在方法上，体现了“从群众中来，到群众中去”的群众路线。四是层次性。公安政治工作学所阐述的政治工作方法注意区分工作对象的层次性、人的思想的层次性、工作系统的层次性和适用范围的层次性，着重解决政治工作的针对性，防止出现“一刀切”等问题。

公安政治工作内容的科学性和工作方法的科学性，是指导政治工作科学实践的基础。研究和学习公安政治工作学，对于掌握科学的政治工作内容和方法，加强和改进公安政治工作具有重要的理论意义和实践意义。

（三）有助于培养公安政治工作人才

公安政治工作科学理论在实践中的运用，需要有一批懂得公安政治工作的人才来实现。对公安政治工作学的深入研究和系统学习，有助于培养和造就公安政治工作人才。公安政治工作人才主要包括从事公安政治工作的实际工作者，从事公安政治工作理论研究、专业教学和在校接受系统专业教育的人员。

我国从事公安政治工作的实际工作者，是一支人员众多的队伍。总的来看，这支队伍政治素质是好的，实践经验是丰富的。但是，他们中的不少人没有受到政治工作专业理论的系统培训，对政治工作这门科学不甚了解，仅靠经验是难以做好新时代政治工作的。因此对他们而言，关键就是如何把丰富的实践经验条理化、系统化、科学化并上升为理论，实现从“经验型”向“科学型”的转化。要做到这一点，一个重要途径就是系统学习和研究政治工作科学理论，为总结自身实践经验，为实现政治工作的科学化提供理论指导。

我国从事公安政治工作理论研究、专业教学的人员较少，他们尚需进一步深入系统地学习和探讨公安政治工作的理论，提高自身教学和科研水平。而在公安院校接受过正规系统政治工作专业教育的人员很少，也需结合实际深入学习和研究政治工作理论。尤其是在校学习政治工作专业的学员，更需要接受政治工作科学理论的系统教育，让自己真正成为合格的公安政治工作人才。

复习思考题：

1. 什么是政治？马克思主义关于政治的基本观点是什么？
2. 什么是政治工作？
3. 什么是公安政治工作？
4. 什么是公安政治工作学？
5. 公安政治工作学的研究对象、领域是什么？
6. 公安政治工作学有哪些基本特点？
7. 公安政治工作学的任务是什么？研究公安政治工作学的基本方法有哪些？
8. 结合自己的专业，谈谈学习公安政治工作学的意义。

第二章　公安政治工作学基础

公安政治工作学是一门学科，因为它不仅有特定的研究对象和领域，而且有坚实的实践基础、理论基础和法治基础。

第一节　公安政治工作学的实践基础

理论来源于实践，公安政治工作实践是建立和发展公安政治工作学的重要基础。深入研究公安政治工作的实践经验及优良传统，是公安政治工作学建立在坚实的实践基础之上的必要前提。

一、新中国成立前的公安政治工作

公安政治工作的实践历程，是一部建设公安队伍的历史，是一部马克思主义关于政治工作基本原理同公安保卫工作的实际相结合的历史。它以新中国成立为分期线，可以分为前后两部分：新中国成立前的部分是公安政治工作的渊源，新中国成立后的部分是公安政治工作历史的主干。

新中国成立前可以分为三个阶段。

（一）土地革命战争时期的公安政治工作

土地革命战争时期，是我们党领导的人民公安保卫机关和保卫工作创建时期，也是公安政治工作随之萌芽的时期。

1927 年，国共合作的北伐战争失败，第二次国内革命战争开始。我们党为了保卫党的中央机关及领导人的安全，保卫武装起义，保卫革命根据地和革命果实，先是在我党、我军内部设立保卫机构，而后在革命根据地的政权机关内建立了保卫部门。人民保卫部门的政治工作，随着保卫部门的建立而形成、开展起来。

早期的保卫机构，例如中国共产党中央特别行动科（中央特科）、政治保卫处、肃反委员会等，虽然都没有设置专门的政治工作机构，但已开始有了政治工作。当时由于敌强我弱、斗争形势尖锐，随时有被敌人消灭的危险，当务之急是巩固组织、纯洁队伍。因此，对保卫组织成员政治条件的规定就成为政治工作的重要内容。1928 年中国共产党第六次代表大会通过的《苏维埃政权组织问题决议案》的相关规定，就是早期保卫组织政治工作的重要内容和要求。

党的六大以后，农村革命根据地有了很大发展，党、政、军机构的人员逐渐增多，保卫部门也随之逐渐扩大。土地革命战争的迫切需要，使政治工作的内容不断丰富，并且在保卫部门内开始当作单独的具体任务。1931 年 11 月以后，建立了国家政治保卫局系统。它的政治工作如同业务工作一样，由行政首长负责。机关内部党的支部，在当地党委领导下，按党章的要求开展党的工作。

公安政治工作萌芽于这个历史时期，主要标志是国家政治保卫局系统的政治工作初具规模，比较明确地提出了公安保卫部门的政治工作的任务、内容、制度和方法。它为公安保卫部门的政治工作积累了初步经验，对以后公安保卫部门政治工作的发展有着深远的影响。

（二）抗日战争时期的公安政治工作

在抗日战争期间，毛泽东等党的领导同志对加强政治工作做了许多重要论述和指示。党在军队和各根据地的群众中开展了形式多样的、生动有力的政治工作，对保证抗日战争的胜利发挥了巨大作用。公安政治工作随着这一时期公安保卫工作和党的政治工作的发展，开展了大量工作，取得了新的成绩。

这一时期，抗日革命根据地面临着强大敌人的进攻，斗争异常艰苦，处境十分困难。为了进行斗争，在各抗日革命根据地的政权机关里成立了保安处、科或公安局。为加强党对抗日革命根据地的保卫、情报工作的领导，1939 年成立了中共中央社会部和各中央局社会部。公安保卫机关和广大公安保卫人员，在党的正确领导下始终配合抗日的军事行动，为打击日特、汉奸以及国民党特务的破坏活动进行了艰苦卓绝的锄奸工作，为抗日根据地的巩固发展，为抗日战争的胜利，作出了重大贡献。公安政治工作为保证公安保卫机关承担的这一时期的历史重任，开展了创造性的活动，积累了新的经验，有了新的发展。

1. 设置专门的政治工作机关

为了加强公安保卫部门的思想工作和组织工作，学习军队政治工作的经验，在保安处、公安局内设立了政治工作机关。如陕甘宁边区保安处设立了政治处，晋察冀和其他一些边区公安局设立了教育科，大县设教育股，专署和小县设教育干事。这是最早的公安政治工作专门机关，主要任务是管理干部、编写教材、对群众进行锄奸教育。

2. 宣传发动群众

各级公安保卫机关在党委和抗日民主政府的领导下，采取各种措施和形式，对群众进行锄奸教育。一是召开会议宣传；二是通过报刊宣传；三是编印材料宣传；四是运用文艺形式宣传；五是表扬锄奸英雄模范，宣传先进事迹；六是选择典型案例教育群众。

3. 加强思想政治教育

1942 年 11 月，中共中央华中局召开锄奸会议，提出了今后的锄奸保卫工作任务，指出要加紧锄奸干部的政治教育，提高干部反奸细斗争的知识水平。广大锄奸保卫干部通过参加整风学习，认识到主观主义“逼”“供”“信”的严重危害，树立起实事求是、调查研究的思想作风，提高了政治素质。

4. 制定了干部管理制度

为保持公安保卫干部人员的稳定，各级政府任免公安保卫干部时，须征得上级公安保卫部门的同意。公安总局局长的任免，须经中央局和中央分局的保卫委员会的批准。县级干部任免，应经总局同意。区级干部的调动，应经县级公安局同意。各级公安局局长，应是当地党委的委员，一般应是各级政府的主席团成员。

5. 大力培训公安保卫干部

为了建立健全各级锄奸保卫机构，中共中央社会部、各级中共党委社会部和各根据地锄奸保卫机关，普遍开办锄奸保卫训练班，培训了大批锄奸保卫干部。仅中共中央社会部就先后办了 9 期训练班。这些训练班的学习时间一般半年左右。一是学习政治理论，树立正确的世界观、人生观。二是学习业务，掌握锄奸保卫工作的方针、政策、方法。三是到实践中去学习。吸收学员，都要经过严格挑选，要求历史清白，政治坚定，机警灵活，有一定文化水平。教师中既有保卫战线的老同志，也有中央及地方党政领导同志应邀讲课。

6. 制定警务人员的行为规范

1940 年中共中央社会部转发晋察冀边区《公安局警务公约》，晋冀鲁豫边区政府公安总局制定《公安人员守则》，这些规约对根据地公安保卫队伍的政治思想和纪律作风建设起到了重要作用。

（三）解放战争时期的公安政治工作

抗日战争胜利后，以中国共产党为代表的中国人民同以国民党为代表的大地主大资产阶级之间的矛盾成为支配中国形势的主要矛盾。在这种严峻形势下，公安保卫机关既要保卫和巩固解放区，坚持在敌占区、边沿地区的斗争；还要充分发动群众锄奸反霸，肃清特务，保卫土地改革，支援前线战争，巩固后方根据地。公安保卫工作面临的任务极其艰巨复杂。为保证解放战争的胜利，中国共产党加强了军队和群众中的政治工作。

公安机关为保证完成自身在解放战争中承担的任务，贯彻这一时期党的政治工作的精神，改进和加强了公安政治工作。

1. 宣传、教育、组织群众，在新老解放区开展反奸防匪工作

这是公安机关的群众工作，也是公安机关的重要政治工作。各级公安机关，主要是基层公安保卫人员深入乡村，组织有群众共同参加的宣传小组，将反奸防匪与保卫人民群众翻身、保卫家乡田园联系起来。许多地方以区、村为单位建立了反奸防匪委员会，动员群众订立村民誓约，发挥群众反奸防匪的积极性；组织积极分子建立清查小组，清查登记返乡的伪军、警、宪、特及逃亡地主；动员特务土匪分子的家属进行劝告争取工作；依靠民兵，组织群众性的自卫组织，使之成为维护治安、巩固解放区的骨干力量。

2. 加强公安机关的组织建设，在一定规模上统一机构、统一从警人员条件

晋冀鲁豫边区公安总局于 1946 年 2 月发出通令，规定了各级公安机关的机构设置、干部配备、工作职责和名称等事项。关于公安机关内部机构设置，通令规定各区局一律要设秘书及干部科。1946 年 9 月制定了《东北各级公安机关组织暂行条例》。1948 年 9 月制定的《华北人民政府各级公安机关组织条例》还规定了对公安干部的任免实行下管一级的制度，以保持公安队伍的稳定。

3. 接收、管理、改造旧警察人员

在解放战争中以和平的方式接管了国民党旧警察机关，对旧警察采取了区别处理的政策。对留用的旧警察，各地公安机关在实际工作中加强对他们的管理教育，要求他们努力学习，接受人民群众监督，改造自己，为人民服务。

4. 为适应夺取全国政权的需要，大量培训公安干部

整个解放战争时期，对公安干部的培训大致可分为两个阶段。

第一阶段：国民党全面挑起内战，各解放区为保卫抗战胜利果实，巩固民主政权，分别开展了对公安干部的培训。

第二阶段：1947 年以后，党的中心工作处在向城市转移的关键时期，急需培训大批公安干部，以适应保卫广大新解放区特别是接管大中城市对公安干部的需求，客观上推动了公安教育培训的大发展。

二、新中国成立后的公安政治工作

1949 年 10 月 1 日，中华人民共和国成立。11 月 5 日举行中央人民政府公安部成立大会，公安部门的政治工作随之建立，先是设立公安人事机构，后成立从中央到地方公安部门的政治工作机关。公安政治工作自新中国成立以来，贯彻党在各个时期关于加强和改进政治工作的精神，坚持和发扬在革命战争年代公安政治工作形成的好传统，积累了丰富经验，取得了巨大成绩，但也走过曲折的道路。这一时期的公安政治工作，大体可分为以下几个阶段。

（一）从新民主主义向社会主义过渡时期的公安政治工作

1949 年至 1956 年，是我国从新民主主义向社会主义的过渡时期。这个时期的公安政治工作可称为新中国成立初期的公安政治工作。

1. 公安人事工作

1949 年 11 月，中央人民政府政务院批准公安部成立人事局。大部分省（区、市）公安机关先后成立了人事处、科。公安人事机构根据形势的发展和公安工作任务的需要，整顿、充实了公安队伍，为自上而下地建立全国公安政治工作和公安政治工作机构做出了贡献。

新中国成立后，美帝国主义和国民党反动派不甘心失败，妄图把新生的人民共和国扼杀在摇篮之中，国民党的少数残余军队还在华南、西南等地负隅顽抗，大批政治土匪和各类反革命分子仍在进行种种破坏活动。为稳定社会秩序，保证国民经济的恢复和发展，公安部门担负着非常繁重的任务。公安部门

虽然吸收了大量新成员，但缺额仍很大，机构不健全、内部不纯的情况比较严重。当时，公安政治工作的主要任务是充实和整顿公安队伍，建立健全公安组织机构。

1951 年 6 月公安部召开第一次公安人事工作会议。根据此次会议的精神，公安人事工作机关设立了干部管理、党的工作和宣传教育工作管理等部门，正式行使政治工作机关的职能。在配合三大运动（抗美援朝、镇压反革命和土地改革）中，对公安民警进行了有计划、有步骤的审查和清理工作，进行了政治、思想和纪律作风教育；同时，选调和训练了大批公安民警，对于充实和加强公安队伍，保持公安队伍的纯洁性，不断提高公安队伍的战斗力，都起到了重要的保证作用。第一次全国公安人事工作会议实质上是公安战线的一次政治工作会议，为建立公安政治工作打下了良好的基础。

2. 制定颁布《关于建设公安部门政治工作的决议》

根据反贪污、反浪费、反官僚主义运动的经验，党中央认为，公安部门必须建立大体上像人民解放军一样的政治工作制度和政治工作机构。公安部遵照党中央的指示精神，起草了《关于建设公安部门政治工作的决议》，并经 1952 年召开的第五次全国公安会议通过，党中央于 11 月批准，全国公安政治工作部门从此建立起来。

该决议具有重大历史作用与现实意义。它是公安政治工作历史上一个十分重要的文献，系统地总结了公安政治工作自萌芽形成以来的经验，吸收借鉴了人民解放军政治工作的优良传统，正确地规定了公安政治工作的方向、性质、地位、作用和方法，有力地推动了公安政治工作的发展。该决议正确地体现了我们党的政治工作的指导思想、基本原理、基本原则和基本方法，为公安政治工作的理论研究奠定了重要基础。它的基本精神对当今的公安政治工作仍然有着重要的指导意义。

3. 召开第一次全国公安政治工作会议

公安部于 1956 年 1 月召开第一次全国公安政治工作会议。这是新中国成立以来公安政治工作的总结性会议。

在各级党委的领导下，在各级公安政治机关和行政领导的推动下，公安政治工作进入全面发展成熟时期。

第一，全面发展成熟的重要标志：制定了得到党中央批准的《关于建设公安部门政治工作的决议》。这个决议总结了公安政治工作自萌芽形成以来的经验，吸收了人民解放军政治工作的经验，是运用党的政治工作理论同公安队伍建设实际结合的产物。它是公安政治工作历史上第一个具有政治工作条例性质的纲领性文件。

第二，全面发展成熟的重要表现：公安政治工作向着系统化、制度化、理论化的方向不断发展。这一时期的政治工作建设，不仅健全了自上而下的政治工作机关和工作制度，而且从理论与实践的结合上明确了政治工作的地位、性质、任务、作用和政治工作的作风、工作方法等一系列根本原则问题，具有一定的理论色彩。

第三，全面发展成熟的重要成果：这个时期的公安政治工作发展健康，成绩显著，很好地服务了这一时期党的工作以及公安工作的中心任务，保证了各项任务的完成，树立了人民警察的优良作风和良好形象，为今后公安政治工作的开展奠定了良好基础。

（二）开始全面建设社会主义时期的公安政治工作

1956 年至 1966 年，是我国开始全面建设社会主义时期。

1958 年 6 月，第九次全国公安会议通过了《关于公安人员八大纪律十项注意的决议》和《人民公安机关先进工作者运动试行办法》。之后，公安部就八大纪律十项注意发出专门通知。

1958 年 8 月，公安部召开第二次全国公安政治工作会议。

1961 年 3 月，第十一次全国公安会议在研究了关于加强政治工作、整顿队伍的问题以后，通过了《加强公安政治工作的决议》，强调要加强基层政治工作，并决定县公安局设教导员、派出所设指导员。翌年 11 月，公安部印发了《公安派出所政治指导员暂行工作细则（试行草案）》。

1962 年 9 月党的八届十中全会以后，在县级公安机关开展了社会主义教育运动。

1965 年 6 月至 7 月，公安部召开第十四次全国公安会议，同时召开第三次全国公安政治工作会议。

（三）“文化大革命”中的公安政治工作

1966 年至 1976 年，是十年动乱时期。林彪、江青反革命集团为了篡党夺权，严重破坏了公安工作，使公安政治工作遭到了全面破坏和歪曲，搞乱了公安政治工作的路线，搞垮了公安政治工作机构，破坏了公安政治工作优良传统，败坏了公安政治工作声誉，给公安队伍的思想建设和组织建设造成了极大混乱和危害。

（四）拨乱反正时期的公安政治工作

从1976年10月粉碎“四人帮”到1982年党的十二大之前，各级公安机关在党中央、各级党委和政府领导下，取得了拨乱反正的重大成绩，实现了公安政治工作的历史性转变，继承和发扬了好的传统，公安政治工作在新的历史条件下有了新的发展。

1. 批判“四人帮”，恢复和建设公安政治工作

1976年10月粉碎“四人帮”后，各级公安机关根据党中央的部署，揭发批判和清查了“四人帮”的反革命罪行。1977年12月至1978年1月，公安部召开了第十七次全国公安会议。会议联系公安部门的实际，深入揭批了“四人帮”砸烂公检法的罪行，初步分清了路线是非。

2. 总结历史经验，加强历史转折时期的公安政治工作

1978年12月召开的党的十一届三中全会实现了历史的伟大转折。公安政治工作的重点开始转移到提高队伍的战斗力上来，逐步走上了健康发展的道路。

1979年8月至9月，公安部召开全国公安厅局长会议。同年11月，公安部召开第四次全国公安政治工作会议。

这两次会议以后，公安政治工作机关围绕保卫社会主义四个现代化建设这个主题，整顿和建设公安队伍。1980年8月，公安部召开全国公安院校工作座谈会。10月，根据党中央的指示，公安部召开工作会议，讨论制定实施进一步树立和发扬公安队伍优良作风的措施。1981年3月，公安部发出通知，强调公安系统要把开展学雷锋、树新风的活动坚持下去。1982年12月召开全国公安厅局长会议，决定在全体公安民警中刹风整纪。

经过几年的整顿和建设，公安队伍的精神面貌和工作面貌发生了很大变化，思想觉悟有了进一步提高，纪律作风有了进一步改善。绝大多数公安民警能坚决贯彻党中央的指示，精神振奋，忘我工作，秉公执法，严守纪律，涌现出一大批英雄模范人物。

（五）改革开放和坚持发展中国特色社会主义时期的公安政治工作

1982年9月，中国共产党第十二次全国代表大会的召开，标志着拨乱反正的结束和全面开创社会主义现代化建设新局面的开始。为了适应新时期的要

求，公安政治工作在继承党的工作以及公安工作优良传统的基础上，学习和借鉴军队政治工作和企业单位思想政治工作的先进经验，不断丰富创新，开拓了公安政治工作的新局面。

1984年5月，公安部召开第五次全国公安政治工作会议。会议制定了《中华人民共和国人民警察内务条令（试行）》《人民警察奖惩条例（试行）》《关于吸收人民警察的规定》等条例和规定，专门讨论和部署了整顿纪律、纯洁组织、建设队伍等任务。

1986年6月，公安部召开全国公安基层政治工作会议。

1989年9月，公安部召开全国公安政治工作座谈会。

1990年4月，公安部召开全国公安廉政建设工作会议。

1991年10月31日，中共中央颁发《关于加强公安工作的决定》。11月，公安部召开第十八次全国公安会议。

1995年2月，《中华人民共和国人民警察法》颁布实施，从法律上明确规定了人民警察的宗旨、职责、权限、义务、纪律、组织管理、警务保障、执法监督等，为加强新时期的公安政治工作，坚持依法从严治警方针，全面推进公安队伍建设，进一步提高队伍战斗力提供了法律依据。

1996年2月，公安部召开第十九次全国公安会议。

1997年11月，公安部召开全国公安机关贯彻落实党的十五大精神工作会议。

2000年至2001年，公安部党委为坚持从严治警，积极推进公安队伍纪律作风建设，推进公安队伍的正规化、制度化建设，先后制定颁布实施了《公安机关人民警察训练条令》《公安机关督察条例》《公安机关人民警察内务条令》《公安机关人民警察奖励条令》等文件，对促进公安机关和人民警察严格、公正、文明执法，推进公安队伍正规化建设发挥了重要作用。

2002年11月8日至14日，中国共产党第十六次全国代表大会在北京召开。11月17日，公安部党委在京召开扩大会议。

2002年至2003年，公安部为公安机关认真履行职责，充分发挥职能作用，严格依法依纪查处公安机关及人民警察违法违纪的案件，先后颁布实施了《公安机关督察条例实施办法》等一系列部门规章，对于促进公安机关及其人民警察严格、公正、文明执法发挥了重要作用，受到了人民群众的好评。

2003年11月18日，《中共中央关于进一步加强和改进公安工作的决定》下发，要求公安队伍是一支政治坚定、忠于职守、勇于奉献、有坚强战斗力的队伍。2003 年 11 月 20 日至 22 日，第二十次全国公安会议在北京召开。

2006 年 11 月 1 日，国务院第 154 次常务会议审议通过《公安机关组织管理条例》并自 2007 年 1 月 1 日起施行。这是我国第一部规范公安机关组织管理的行政法规，也是第一部规范人民政府职能部门组织管理的行政法规。该条例的颁布实施，是公安队伍建设走向科学化、正规化、法治化的重要里程碑，是社会主义民主法治建设的一件大事，对于进一步规范公安机关组织管理，保障公安机关及其人民警察依法履行职责，提高公安机关的“四个能力”和“两个水平”，加强和改进公安工作和公安队伍建设，具有重大的现实意义和深远的历史意义。

2007 年 10 月 15 日至 21 日，中国共产党第十七次全国代表大会在北京召开。

2010 年 4 月，经国务院批准，监察部、人力资源和社会保障部、公安部联合公布《公安机关人民警察纪律条令》，自 6 月 1 日起施行。这是我国第一部系统规范公安机关及人民警察纪律以及对违反纪律行为给予处分的部门规章，是公安队伍正规化、法治化建设进程中的重要里程碑，对于保障公安机关及人民警察依法履行职责，打造人民满意的公安队伍，具有重大的现实意义和深远的历史意义。

2011 年 1 月，为进一步加强基层公安机关思想政治工作，切实发挥思想政治工作的生命线作用，公安部政治部制定了《基层公安机关思想政治工作规范》。该规范强调基层公安机关思想政治工作是公安机关思想政治工作的重要组成部分，是构成基层公安机关战斗力的重要因素，是实现党对公安工作绝对领导和公安民警切实履职的重要保障，是加强基层公安队伍建设的根本性、基础性、长远性工作。

2012 年，为进一步完善公安机关战时思想政治工作机制，提高公安机关战时思想政治工作水平，公安部颁布了《关于加强公安机关战时思想政治工作的意见》。该意见强调，公安机关战时思想政治工作是公安机关在实施重大安保任务、重大维稳任务、重大抢险救灾任务、重大打击整治行动等特殊时期所开展的思想政治工作，是战时公安工作的生命线，是公安机关有效履行战时职责的重要保障。

可以看出，公安政治工作在改革开放和坚持发展中国特色社会主义进程中，得到了新发展，开拓了新途径，创造和积累了新经验，并且提出了若干具有理论价值的思想和观点。这些观点和做法，既有对政治工作优良传统的继承和发扬，又有对新形势下公安政治工作实践经验的概括和总结，对实现公安政治工作科学化、建设公安政治工作科学具有重要意义。

（六）新时代的公安政治工作

2012年11月，中国共产党第十八次全国代表大会在北京召开，选举产生了以习近平同志为核心的新一届党中央。从此，围绕实现社会主义现代化和中华民族伟大复兴的总任务，一系列理论创新和实践创新相继展开，中国特色社会主义进入新时代。新时代公安政治工作在继承党和公安政治工作优良传统的基础上，不断丰富创新，开拓了公安政治工作的新局面。

2013年11月9日至12日，党的十八届三中全会在北京举行，审议通过了《中共中央关于全面深化改革若干重大问题的决定》。该决定提出，全面推进平安中国建设，维护国家安全，确保人民安居乐业、社会安定有序。

2014年1月7日至8日，中央政法工作会议在北京召开。习近平总书记强调，要按照政治过硬、业务过硬、责任过硬、纪律过硬、作风过硬的要求，努力建设一支信念坚定、执法为民、敢于担当、清正廉洁的政法队伍。①

2016年6月23日，全国公安队伍建设工作会议在北京召开。

2016年10月12日，全国公安厅局长座谈会在南昌召开。

2017年5月19日，全国公安系统英雄模范立功集体表彰大会在北京举行。习近平总书记强调，全国公安机关和公安队伍要坚持党对公安工作的领导，牢固树立“四个意识”，坚持人民公安为人民，全面加强正规化、专业化、职业化建设，做到对党忠诚、服务人民、执法公正、纪律严明。②

2018年7月25日，全国公安厅局长座谈会在深圳召开。

2019年5月7日至8日，全国公安工作会议在北京召开。习近平总书记强调，新的历史条件下，公安机关要坚持以新时代中国特色社会主义思想为指导，坚持总体国家安全观，坚持以人民为中心的发展思想，坚持稳中求进工作总基调，坚持政治建警、改革强警、科技兴警、从严治警，履行好党和人民赋予的新时代职责使命，努力使人民群众安全感更加充实、更有保障、更可持续，为决胜全面建成小康社会、实现“两个一百年”奋斗目标和中华民族伟大复兴的中国梦创造安全稳定的政治社会环境。要从政治上建设和掌握公安机关，引导全警增强“四个意识”、坚定“四个自信”、做到“两个维护”，始终

---

① 《习近平在中央政法工作会议上强调　坚持严格执法公正司法深化改革　促进社会公平正义保障人民安居乐业》，《人民日报》，2014年1月9日第1版。

② 徐隽：《习近平在会见全国公安系统英雄模范立功集体表彰大会代表时强调　始终坚持人民公安为人民　做到对党忠诚服务人民执法公正纪律严明》，《人民日报》，2017年5月20日第1版。

在思想上政治上行动上同党中央保持高度一致。要坚持政治建警、全面从严治警，着力锻造一支有铁一般的理想信念、铁一般的责任担当、铁一般的过硬本领、铁一般的纪律作风的公安铁军。[①]

2019 年 7 月 20 日，全国公安厅局长座谈会在成都召开。

2020 年 1 月 18 日至 19 日，全国公安厅局长会议在北京召开。

2020 年 7 月 9 日，全国公安机关“坚持政治建警　全面从严治警”教育整顿动员部署会议在北京召开。

2020 年 8 月 26 日，中国人民警察警旗授旗仪式在北京举行。习近平总书记向中国人民警察队伍授旗并致训词，代表党中央向全体人民警察致以热烈的祝贺。他强调，我国人民警察是国家重要的治安行政和刑事司法力量，主要任务是维护国家安全，维护社会治安秩序，保护公民人身安全、人身自由、合法财产，保护公共财产，预防、制止、惩治违法犯罪。新的历史条件下，我国人民警察要对党忠诚、服务人民、执法公正、纪律严明，全心全意为增强人民群众获得感、幸福感、安全感而努力工作，坚决完成党和人民赋予的使命任务。[②]

2021 年 8 月 26 日，全国公安机关深入学习贯彻习近平总书记重要训词精神电视电话会议在北京召开。

2022 年 1 月 17 日，全国公安厅局长会议在北京召开。

2022 年 1 月 18 日，全国公安队伍教育整顿总结会议在北京召开。

2023 年 1 月 8 日，全国公安厅局长会议在北京召开。

由此可见，党的十八大以来，习近平总书记关于新时代公安队伍建设的系列重要论述，为新时代公安政治工作提供了根本遵循和科学指引，为公安机关人民警察铸牢忠诚警魂，更好履行党和人民赋予的使命任务提供了强大动能。全国各级公安机关经过教育整顿和主题教育等系列政治建设，新时代公安政治工作步入高质量发展阶段，强化了政治建警、从严治警，着力锻造了“三个绝对”“四个铁一般”过硬公安铁军，为圆满完成防风险、保安全、护稳定、促发展各项任务提供了强有力的政治保证、人才支撑和精神动力。

---

① 张洋：《习近平在全国公安工作会议上强调　坚持政治建警改革强警科技兴警从严治警　履行好党和人民赋予的新时代职责使命》，《人民日报》，2019 年 5 月 9 日第 1 版。

② 《习近平向中国人民警察队伍授旗并致训词强调　对党忠诚服务人民执法公正纪律严明　坚决完成党和人民赋予的使命任务》，《人民日报》，2020 年 8 月 27 日第 1 版。

三、公安政治工作的优良传统

公安政治工作萌芽于土地革命战争时期，经历了新中国成立前后两个历史阶段，从无到有，由弱到强，形成了具有中国公安特点的政治工作及其优良传统。

（一）公安政治工作优良传统的含义

公安政治工作优良传统，是指在长期实践中形成的具有规律性的，在现今条件下对公安队伍建设仍具有指导意义的基本理论、原则、制度和方法。它包含着四个相互联系的特征：

第一，它是在历史上经过长期实践形成、被实践检验、公认正确的基本理论、原则、制度和方法。它要求与随意性、一时性的东西划清界限。

第二，它是实践经验的科学总结，具有稳定性和规律性的基本理论、原则、制度和方法。它要求与纯经验性的东西划清界限。

第三，它不仅过去起过积极作用，而且具有连续性，是在当今条件下对公安队伍建设仍具有指导意义的基本理论、原则、制度和方法。它要求与陈腐的、过时的东西划清界限。

第四，它是具有前述三个特征的有关政治工作的基本理论、原则、制度和方法，而不是一般意义上的具体经验和个别做法。

（二）公安政治工作优良传统的基本内容

关于公安政治工作优良传统的内容，自建立全国规模公安政治工作以来，在几次全国公安政治工作会议上，曾从不同角度做过一些归纳和总结，但尚未形成概括性的认识。从公安政治工作的实践经验考察，依据前述对政治工作优良传统的认识和理解，公安政治工作优良传统的内容，大体可以归纳为以下观点：

（1）关于增强“四个意识”、坚定“四个自信”、做到“两个维护”，牢牢把握公安姓党这一根本政治属性，毫不动摇地坚持和加强党对公安工作的绝对领导的观点。

（2）关于牢牢把握新时代公安工作的职责定位，忠实履行党和人民赋予的新时代职责使命的观点。

（3）关于牢牢把握社会公平正义的核心价值导向，切实做到严格规范公正文明执法的观点。

（4）关于强化党建引领，推进公安队伍革命化、正规化、专业化、职业化建设的观点。

（5）关于牢牢把握党在新时代的建警治警方针，着力锻造一支有铁一般的理想信念、铁一般的责任担当、铁一般的过硬本领、铁一般的纪律作风的公安铁军的观点。

（6）关于政治工作是公安工作生命线的观点。

（7）关于任人唯贤、德才兼备的干部政策，搞好公安队伍组织建设，领导班子建设的观点。

（8）关于公安队伍实行群众监督、法律监督、党的监督、公安机关自身自上而下和自下而上监督的观点。

（9）关于公安政治工作同公安业务技术工作的统一、政治工作必须渗透到业务技术工作中去的观点。

（10）关于理论联系实际、实事求是、以理服人的观点。

（11）关于关心公安民警实际问题，注意工作方法的观点。

（12）关于为人民服务，持久开展爱民活动，密切警民关系的观点。

（13）关于进行纪律作风教育，不断开展反腐败斗争，保持公安队伍纯洁性的观点。

（14）关于政治工作要依靠广大公安民警和人民群众一起来做的观点。

（15）关于领导干部、政治工作干部以身作则、身教重于言教的观点。

上述观点，体现了公安政治工作的基本理论、原则、制度和方法，反映了公安政治工作和公安队伍的本质，是我们党的政治工作宝贵财富的重要组成部分，在实践中任何时候都应坚持和发扬。坚持和发扬它们，就是坚持和发扬公安机关的政治优势；削弱和抛弃它们，就是自毁公安机关的传家宝，就是削弱以至丧失公安队伍的战斗力。

（三）正确对待公安政治工作的优良传统

第一，要珍视优良传统。我们党是靠政治工作起家的。无论是在革命战争年代，还是在社会主义革命和建设时期，政治工作贯穿于这个历史发展过程的始终，保证了党的事业的胜利，形成了比较完整的体系和一整套原理、原则、制度和方法。公安政治工作的历史和现实表明，它是取得公安保卫事业胜利的保证，在实践中形成了自己的优良传统。优良传统是在历史上形成的，被人们公认是正确的东西。我们首先应当承认和尊重它。承认和尊重优良传统，就是承认和尊重历史，也就是承认和尊重人民群众的历史作用。无视和否定在历史上形成的政治工作的优良传统，就会使我们今天的政治工作的改进、加强和发展失去基础。借口“观念更新”，而对政治工作的基本原理、原则和正确的口号加以批判和否定，其错误就在于对历史采取了虚无主义的态度。

第二，要恢复优良传统。基于种种原因，党和公安政治工作的一些好传统，有的削弱了，有的失传了，我们应当恢复起来。只有恢复了，才能继承和发展。例如，过去公安机关经常性对公安民警集中进行纪律作风教育整顿，认真开展“爱民月”活动，人民群众反映很好。在新的历史条件下，把它恢复起来，赋予时代的新内容和新做法，无疑会对公安队伍的思想、纪律、作风建设发挥重大作用。

第三，要发扬优良传统。珍视、恢复优良传统本身不是目的，目的是更好地发扬优良传统，创新发展优良传统。只有随着时代的发展变化，不断研究在新的历史条件下出现的新情况，总结解决新问题的新经验，充实政治工作优良传统的内容，才能使优良传统发扬光大。新时代公安政治工作面临的客观环境、形势任务、工作对象变化了，党对公安政治工作提出了更高的要求，不能照搬过去的传统和经验。事实上，党的十一届三中全会以来，公安政治工作在过去的基础上，在理论和实践上已有很大发展，不断积累了新经验、新观念，补充和丰富了公安政治工作的优良传统。

我们要尊重历史，立足现实，放眼未来，坚持和发扬优良传统，不断推动公安政治工作实践和理论的发展和完善。

第二节　公安政治工作学的理论基础

公安政治工作学之所以是一门学科，不仅因为它有自己特定的研究对象和领域，有自身的历史发展逻辑，而且还有自身坚实的理论基础。这一基础是确立公安政治工作学理论原则的重要依据。公安政治工作学的理论基础，从广义上理解，包括马克思主义哲学、政治经济学和科学社会主义。从狭义上理解，是指马克思主义理论中关于政治工作的基本原理。本节讨论的理论基础，就是从狭义方面研究马列主义、毛泽东思想、邓小平理论、“三个代表”重要思想、科学发展观、习近平新时代中国特色社会主义思想中关于政治工作基本原理对建立公安政治工作学的指导意义。

一、马克思主义的政治工作原理

马克思、恩格斯在总结无产阶级革命运动的实践经验中，充分论述了无产阶级政党教育群众和组织群众的基本原理和基本方法，奠定了无产阶级政治工作的理论基础，对构建公安政治工作学具有重要理论指导意义。

（一）社会存在和社会意识相互关系的原理

社会存在和社会意识的关系是社会历史观的基本问题。这个问题，是存在和意识这一全部哲学的基本问题在社会历史观中的具体贯彻和特殊表现。

人们的社会生活可以划分为社会存在和社会意识两个方面。社会存在主要是指社会的物质资料生产方式、地理环境和人口因素，其中物质资料的生产方式对人们的意识影响作用最为突出。社会意识是指社会生活的精神方面，是社会存在的反映，主要是各种意识形态。在社会存在和社会意识的关系中，首先是社会存在决定社会意识。其次，在社会意识决定于社会存在的同时，社会意识也不完全是消极被动地反映社会存在，而是对社会存在具有反作用，同时社会意识具有相对独立性。

社会存在和社会意识相互关系的原理为公安政治工作学，特别是为公安思想政治工作提供了最基本的理论依据。首先，它提示了人的思想产生、发展和变化的最一般规律。我们只有深入每个人的生活条件发展变化中去，才能找到人的思想发生变化的根本原因，从而找到正确解决问题的办法。其次，社会意识、人的思想在受社会制约的同时，也互相影响、互相作用，所以公安政治工作就要以先进的思想教育公安民警，用先进的教育方法培养公安民警，战胜和克服落后、错误的思想，使其成为社会主义现代化建设的“金色盾牌”。

（二）经济和政治相互关系的原理

马克思主义经典作家认为，政治是经济的集中表现，对经济具有反作用。具体说来，政治在上层建筑中居主导地位，较之道德、宗教、艺术来说，政治最直接、最集中地反映了经济。社会上各阶级、各集团的经济利益只有通过政治才能集中地表现出来，也只有通过政治才能达到自己的目的。同时，政治对经济又具有反作用。由此可见，政治可以推进经济发展，同时也可以阻碍经济发展。

马克思主义关于经济和政治相互关系的原理，对公安政治工作学具有重要的指导意义。首先，它为我们正确理解经济工作和政治工作的关系提供了依据。经济工作决定政治工作，政治工作具有相对独立性且对经济工作具有反作用。其次，它规定了公安政治工作的重要地位和作用。因为政治对经济具有反作用，公安政治工作作为我国政治工作的重要组成部分，必须大力加强，为经济建设服务，反对任何忽视或削弱政治工作的倾向。同时，政治工作自身也要科学化，要服从、服务于经济工作，从内容到形式都要按经济工作的要求加以改进，建立起科学的强有力的政治工作体制。

（三）先进的意识靠灌输的原理

科学社会主义认为，革命要取得胜利，必须用先进的思想武装群众头脑。先进的思想、革命的理论只能从外面灌输给人们，而不能自发产生。

（四）人的本质的原理

人有自然属性和社会属性。自然属性是指作为生物学上的人，要遵循生物学的一般规律，诸如生理组织、饥饿饮食、遗传变异、性欲等。社会属性是在物质资料生产基础上人们相互交往所形成的属性，如经济性、政治性、文化性、思想性等。人是两方面属性的辩证统一，自然属性是社会属性的基础，社会属性又制约着自然属性。

人与其他生物共有的自然属性不是人的本质属性，人所特有的社会属性才是人的本质属性，因为社会属性是把人与其他生物区别开来的属性。而且人的自然属性是受其社会属性规定和制约的，使其自然本能的活动也都社会化了。我们运用人的本质的原理，探讨政治工作理论与实践，要坚持人的社会属性与自然属性既有区别又有联系的关系，不能片面强调人的社会属性并把它的阶级性绝对化，而忽视或否认自然属性对人的思想和行为的影响；也不能把人的自然属性绝对化，忽视或否认社会属性对人的思想和行为的决定作用。

（五）人的全面发展的原理

以私有制为基础的阶级社会，严重地限制了人的发展。马克思、恩格斯为共产主义而奋斗的目标之一就是要实现人的全面发展。造就全面发展的人，就是造就体力劳动和脑力劳动相结合的人，德、智、体、美、劳全面发展的人，这就必须依赖全面发展的教育。政治工作是全面教育的重要组成部分，而且是全面发展教育的强大动力和重要保证。马克思主义关于培养全面发展的人的原理，为公安政治工作提出了长远的奋斗目标。

二、毛泽东政治工作思想

毛泽东把马克思主义基本原理与中国革命和建设实际相结合，创造了一套具有中国特色的政治工作理论、原理、方针、方法和组织制度，成为毛泽东思想的重要组成部分。

（一）政治工作是一切工作的生命线

政治工作是一切工作的生命线，是以毛泽东为代表的老一辈无产阶级革命家对政治工作地位和作用所做的一个结论性的论断，作为毛泽东政治工作思想的一个原理，是毛泽东一贯坚持和主张的，在其科学体系中占有重要地位。

在人民军队创建之初，毛泽东就以他敏锐的马克思主义眼光，深刻认识到在人民军队中建立革命的政治工作的重要性，并毅然决然地付诸实践，为红军在艰苦的条件下发展壮大奠定了坚实的基础。毛泽东指出，“共产党领导的革命的政治工作是革命军队的生命线”[①]，并强调“无此则不是真正的革命军队”[②]。

新中国成立后，毛泽东进一步从全国经济建设、政治建设、思想文化建设的战略全局来论述政治工作的战略地位，指出“政治工作是一切经济工作的生命线”[③]。此后，政治工作的地位在政治、教育、科技、文化等各个领域内逐步得到确立。

政治工作是一切工作生命线的原理，是我党政治工作实践经验的科学总结，是毛泽东思想的重要内容，是符合马克思主义关于物质与精神、政治与经济关系原理的科学论断。这一原理说明政治工作在一切工作中具有不可替代的重要地位和作用，对公安政治工作的理论与实践具有重要指导意义。

（二）掌握思想教育是团结全党进行伟大政治斗争的中心环节

1945 年 4 月 24 日，毛泽东在党的七大政治报告中，总结了我党我军的政治工作经验，指出：“掌握思想教育，是团结全党进行伟大政治斗争的中心环节。”[④] 几十年来，我党我军正是遵循毛泽东的这一思想，始终不渝地加强党和军队的思想教育，不断纠正各种错误思想，从而保证了党和军队在政治上、

---

① 侯鲁梁：《毛泽东建军思想概论》，解放军出版社，1993 年，第 282 页。
② 侯鲁梁：《毛泽东建军思想概论》，解放军出版社，1993 年，第 281 页。
③ 《毛泽东同志论教育工作》，人民教育出版社，1958 年，第 8 页。
④ 赵云献：《毛泽东建党学说论》（下），人民出版社，2003 年，第 954 页。

思想上的正确，完成了政治斗争任务。

人的行为是有目的的，而且又都是受思想支配的，思想的进步是一切工作进步的枢纽。我们所进行的各项事业，都是在党的理论、路线指引下，为党的政治目的服务的，都具有强烈的政治性。掌握思想教育，就是要提高人的政治认识和思想觉悟，使人的行为有明确的目的和正确的观点。毛泽东曾说："没有正确的政治观点，就等于没有灵魂。"① 所以，我们在任何时候、做任何工作，都要把思想教育放在第一位，把党的路线、政策告诉大家，把革命斗争的政治目的告诉大家，使大家明白要干什么，为什么要干，保证人民群众始终具有坚定正确的政治方向。

在公安队伍建设中，必须坚持毛泽东这一思想，贯彻思想领先的原则，坚持用无产阶级的革命理论、革命思想和革命精神，教育和激励广大公安民警，启发和提高他们的政治思想觉悟，确立马克思主义的世界观、人生观和价值观，提高认识世界和改造世界的能力，把党的理论、路线、方针和政策变为自觉行动，保证党的工作和公安工作各项任务的完成。

（三）正确处理人民内部矛盾的思想

我党关于正确处理人民内部矛盾的理论形成于 20 世纪 50 年代，是全党集体智慧的结晶，毛泽东是这一理论的主要创立者和阐释者。在我国社会主义改造基本完成以后，毛泽东于 1957 年 2 月 27 日在最高国务会议上所作的《关于正确处理人民内部矛盾的问题》重要讲话，标志着这一理论的系统化，以崭新的思想观点丰富和发展了马克思主义哲学和科学社会主义理论，为我国社会主义现代化建设提供了重要指导思想。同时，毛泽东关于正确处理人民内部矛盾的思想，也为政治工作理论和实践提供了重要基础和依据。

（四）政治路线确定之后干部就是决定的因素

毛泽东干部队伍建设思想，是公安干部队伍建设的指导思想和实践依据。他的这一思想，集中体现于 1938 年召开的党的六届六中全会上所作的报告。该报告全面深刻地阐述了党的干部政策。

报告中的各点，是党的干部队伍建设必须遵循的路线、方针、政策和原则，也是公安干部队伍管理实践必须遵循的路线、方针、政策和原则。

---

① 中共中央文献研究室：《毛泽东文集》第 7 卷，人民出版社，1999 年，第 226 页。

三、邓小平政治工作理论

党的十一届三中全会以来，以邓小平同志为主要代表的中国共产党人总结新中国成立以来正反两方面的经验，解放思想，实事求是，实现全党工作中心向经济建设的转移，实行改革开放，开辟了社会主义事业发展的新时期，逐步形成了建设中国特色社会主义的路线、方针、政策，阐明了中国建设社会主义、巩固和发展社会主义的基本问题，创立了邓小平理论。

邓小平政治工作理论系统地阐述了为什么要加强政治工作和怎样加强政治工作的问题，论述十分丰富深刻，继承和发展了毛泽东政治工作思想，具有鲜明的时代特征。邓小平政治工作理论为新时期公安政治工作理论与实践提供了直接的、现实的理论指导。

（一）新时期政治工作只能加强

在新的历史条件下，党和国家工作重心转移到以经济建设为中心的社会主义现代化建设上来以后，政治工作还重不重要？能否继续成为我们的政治优势？对于这些问题，邓小平以无产阶级革命家的远见卓识，作了明确的回答：思想政治工作和思想政治工作队伍都必须大大加强，决不能削弱。[①]

（二）新时期最大的政治是社会主义现代化建设

邓小平指出："能否实现四个现代化，决定着我们国家的命运、民族的命运。在中国的现实条件下，搞好社会主义的四个现代化，就是坚持马克思主义，就是高举毛泽东思想伟大旗帜。你不抓住四个现代化，不从这个实际出发，就是脱离马克思主义，就是空谈马克思主义。社会主义现代化建设是我们当前最大的政治，因为它代表着人民的最大的利益、最根本的利益。"[②] 只有大力进行社会主义现代化建设，增强国家的经济实力，提高在国际上的威望，我们才能在国际事务中发挥更大的作用，在国际事务中反对霸权主义，实现祖国统一。实现社会主义现代化建设是各个部门、各种工作的中心任务，政治工作必须服从和服务社会主义现代化建设。

---

① 邓小平：《建设有中国特色的社会主义制度（增订本）》，人民出版社，1987 年，第 124～125 页。

② 邓小平：《邓小平文选》第 2 卷，人民出版社，1994 年，第 162～163 页。

（三）新时期政治工作的目标是培养“四有”新人

邓小平根据新时期的特点及其对人的素质的基本要求，为培养全面发展的社会主义新人指明了方向。他指出：“最根本的是要使广大人民有共产主义的理想，有道德，有文化，守纪律。”[①] 这是邓小平为社会主义精神文明建设提出的任务和目标，也是新时期政治工作的任务和目标。

（四）实事求是是政治工作的基本原则

邓小平指出，“实事求是，是无产阶级世界观的基础，是马克思主义的思想基础。过去我们搞革命所取得的一切胜利，是靠实事求是；现在我们要实现四个现代化，同样要靠实事求是”[②]。坚持实事求是的原则，政治工作干部必须深入实际，调查研究，摸清政治工作的规律和特点，针对不同情况确立政治工作的内容和方法，不能凭主观想象，必须深入社会实践，细心观察，认真调查，不仅要调查政治工作的现实状况，而且要调查产生这些情况的原因，详细占有资料，然后在马克思主义指导下，对这些材料进行认真研究，从而得出正确结论，这样才能够提高政治工作的针对性和有效性。

邓小平政治工作理论非常丰富，科学地阐明了新时期政治工作的指导思想、地位作用、目标任务、工作原则和方法，为新时期公安政治工作理论与实践提供了直接理论依据。

四、江泽民公安政治工作思想理论

党的十三届四中全会以来，以江泽民同志为主要代表的中国共产党人在建设中国特色社会主义的实践中，加深了对什么是社会主义、怎样建设社会主义和建设什么样的党、怎样建设党的认识，积累了治党治国新的宝贵经验，形成了“三个代表”重要思想。“三个代表”重要思想面对新时期公安工作的新形势、新问题，提出了其独具特色的公安政治工作的思想理论。

党的十三届四中全会召开后，中国处于建立社会主义市场经济体制、改革开放向纵深发展的时期，经济社会飞速发展，各种利益冲突和矛盾交织。作为国家工作的重要组成部分，公安工作担负着维护社会政治稳定，为经济建设保驾护航的责任，面临着日益严峻的挑战。江泽民同志作为党和国家的重要领导

① 邓小平：《邓小平文选》第3卷，人民出版社，1993年，第28页。
② 邓小平：《邓小平文选》第2卷，人民出版社，1994年，第143页。

人，对公安工作和公安队伍建设非常重视，提出了一系列指导思想。

五、胡锦涛公安队伍建设思想理论

党的十六大以来，以胡锦涛同志为主要代表的中国共产党人坚持以毛泽东思想、邓小平理论和“三个代表”重要思想为指导，根据新的发展要求，深刻认识和回答了新形势下实现什么样的发展、怎样发展等重大问题，形成了以人为本、全面协调可持续发展的科学发展观。胡锦涛在继承和发扬毛泽东、邓小平、江泽民等中国共产党主要领导人政治工作理论的基础之上，面对党的十六大以来公安工作新形势、新问题，加强了理论创新。在同第二十次全国公安会议部分代表座谈时，胡锦涛强调，要“用‘三个代表’重要思想统领公安工作，指导公安队伍建设”[①]。公安机关不负党和人民的重托，认真践行“人民公安为人民”的精神，将“以人为本”为核心的科学发展观在公安队伍中不断发扬光大。

六、习近平关于新时代公安队伍建设的重要论述

党的十八大以来，以习近平同志为核心的党中央高度重视公安工作，就新时代公安工作作出一系列重要论述，引领新时代公安工作取得了历史性成就、发生了历史性变革。习近平总书记多次对新时代公安工作和队伍建设提出明确要求、作出具体部署，为新时代公安队伍建设指明了前进方向、提供了根本遵循。

（一）新时代公安工作和公安队伍建设总要求

“对党忠诚、服务人民、执法公正、纪律严明”[②]，是习近平总书记对新时代公安工作和公安队伍建设提出的总要求，是我们党在新形势下加强公安工作和公安队伍建设的总纲领，是建警治警的总方略，是立警从警的座右铭。

1. 对党忠诚

公安机关是人民民主专政的重要工具，是党和人民手中的“刀把子”。“公安姓党”是公安机关的根本政治属性，坚持党的绝对领导是公安工作的根本政

① 中共中央文献研究室：《十六大以来重要文献选编（上）》，中央文献出版社，2008年，第502页。

② 中央全面依法治国委员会办公室：《中国共产党百年法治大事记（1921年7月—2021年7月）》，人民出版社、法律出版社，2022年，第319页。

治原则。习近平总书记强调，要坚持党的绝对领导，坚持政治建警方针，增强“四个意识”、坚定“四个自信”、做到“两个维护”，始终以党的旗帜为旗帜、以党的方向为方向、以党的意志为意志，坚决听从党中央命令、服从党中央指挥，确保绝对忠诚、绝对纯洁、绝对可靠。[①]

2. 服务人民

习近平总书记指出，人民警察来自人民，心系人民、植根人民、服务人民是公安机关的优良传统。[②] 要坚持以人民为中心，坚定贯彻执行党的群众路线，做到一切为了人民、一切依靠人民，坚持总体国家安全观，在共建共治共享中推进平安中国建设，维护人民利益，全心全意为增强人民群众获得感、幸福感、安全感而努力工作。[③]

3. 执法公正

习近平总书记指出，公平正义是执法司法工作的生命线。要抓住关键环节，完善执法权力运行机制和管理监督制约体系，努力让人民群众在每一起案件办理、每一件事情处理中都能感受到公平正义。要严格规范公正文明执法，把打击犯罪同保障人权、追求效率同实现公正、执法目的同执法形式有机统一起来，努力实现最佳的法律效果、政治效果、社会效果。[④]

4. 纪律严明

公安队伍是党绝对领导下的一支纪律部队。习近平总书记强调，要坚持严管厚爱结合、激励约束并重，严格落实全面从严管党治警要求，严明警纪、纯洁队伍，聚焦实战、强化训练，着力锤炼铁一般的理想信念、铁一般的责任担当、铁一般的过硬本领、铁一般的纪律作风。[⑤]

---

① 《习近平向中国人民警察队伍授旗并致训词强调　对党忠诚服务人民执法公正纪律严明　坚决完成党和人民赋予的使命任务》，《人民日报》，2020 年 8 月 27 日第 1 版。

② 徐隽：《习近平在会见全国公安机关爱民模范集体代表和爱民模范时强调　忠诚党的事业一心服务群众　为全面推进依法治国作贡献》，《人民日报》，2014 年 10 月 29 日第 1 版。

③ 《习近平向中国人民警察队伍授旗并致训词强调　对党忠诚服务人民执法公正纪律严明　坚决完成党和人民赋予的使命任务》，《人民日报》，2020 年 8 月 27 日第 1 版。

④ 张洋：《习近平在全国公安工作会议上强调　坚持政治建警改革强警科技兴警从严治警　履行好党和人民赋予的新时代职责使命》，《人民日报》，2019 年 5 月 9 日第 1 版。

⑤ 《习近平向中国人民警察队伍授旗并致训词强调　对党忠诚服务人民执法公正纪律严明　坚决完成党和人民赋予的使命任务》，《人民日报》，2020 年 8 月 27 日第 1 版。

（二）做好新时代公安工作的重要方略

“政治建警、改革强警、科技兴警、从严治警”①，是做好新时代公安工作的重要方略，是落实新时代公安工作和公安队伍建设总要求的根本保障。

1. 政治建警

习近平总书记强调，要从政治上建设和掌握公安机关，引导全警增强“四个意识”、坚定“四个自信”、做到“两个维护”，始终在思想上政治上行动上同党中央保持高度一致。要教育全警牢固树立正确的世界观、人生观、价值观。要坚持党管干部原则，按照新时期好干部标准，选好配强各级公安机关领导班子和领导干部。各级公安机关要完善对贯彻落实党中央重大决策部署等情况的督促检查、问效问责机制，确保党的路线方针政策和各项重大决策部署得到不折不扣贯彻落实。②

2. 改革强警、科技兴警

习近平总书记指出，要坚定信心、乘势而上，把新时代公安改革向纵深推进。要推行扁平化管理，把机关做精、把警种做优、把基层做强、把基础做实，加快构建职能科学、事权清晰、指挥顺畅、运行高效的公安机关机构职能体系。要树立大抓基层、大抓基础的导向，推动重心下移、警力下沉、保障下倾，增强基层实力、激发基层活力、提升基层战斗力。要深化同机构改革配套的相关政策制度改革，优化职能配置、机构设置、力量资源配置，加强机构人员职能整合、业务工作融合、机制流程衔接。要把大数据作为推动公安工作创新发展的大引擎、培育战斗力生成新的增长点，全面助推公安工作质量变革、效率变革、动力变革。要推出更多更高质量的服务举措，着力解决好群众办事难、办事慢、来回跑、不方便等突出问题，让人民群众有更多更直接更实在的获得感。③

3. 从严治警

习近平总书记强调，从严治警一刻都不能放松。要坚持政治建警、全面从

① 张洋：《习近平在全国公安工作会议上强调　坚持政治建警改革强警科技兴警从严治警　履行好党和人民赋予的新时代职责使命》，《人民日报》，2019 年 5 月 9 日第 1 版。

② 张洋：《习近平在全国公安工作会议上强调　坚持政治建警改革强警科技兴警从严治警　履行好党和人民赋予的新时代职责使命》，《人民日报》，2019 年 5 月 9 日第 1 版。

③ 张洋：《习近平在全国公安工作会议上强调　坚持政治建警改革强警科技兴警从严治警　履行好党和人民赋予的新时代职责使命》，《人民日报》，2019 年 5 月 9 日第 1 版。

严治警，着力锻造一支有铁一般的理想信念、铁一般的责任担当、铁一般的过硬本领、铁一般的纪律作风的公安铁军。要把理想信念教育作为育警铸魂、固本培元的战略工程常抓不懈，坚持严在平时、管在日常，使全警真正养成知敬畏、存戒惧、守底线的高度自觉。对违纪违法问题，要始终保持“零容忍”，不管是“老虎”还是“苍蝇”，无论是黑恶势力等违法犯罪的“保护伞”还是群众身边的“微腐败”，都要依纪依法严肃查处。[①]

（三）关爱公安队伍和公安英烈子女

习近平总书记指出，公安队伍是一支有着光荣传统和优良作风的队伍，也是一支英雄辈出、正气浩然的队伍。公安队伍忠诚党和人民事业，牢记使命、忠实履职，顽强拼搏、无私奉献，涌现出了一大批英雄模范。[②] 新中国成立至今，全国公安机关共有 1.7 万余名民警因公牺牲，其中 3700 余人被评为烈士。[③] 习近平总书记指出，和平时期，公安队伍是牺牲最多、奉献最大的一支队伍。对这支特殊的队伍，要给予特殊的关爱，政治上关心、工作上支持、待遇上保障，全面落实从优待警措施。要完善人民警察荣誉制度，加大先进典型培育和宣传力度，增强公安民警的职业荣誉感、自豪感、归属感。[④] 对那些因公牺牲的同志的家属特别是其中的老年人和未成年子女，要切实安排好、照顾好，让他们感受到党和人民的关怀和全社会的温暖。[⑤]

关爱公安英烈子女是从优待警的重要体现。习近平总书记在对中国人民公安大学在读英烈子女回信中指出，维护国家安全和社会稳定，守护人民的幸福和安宁，是人民警察的神圣职责。希望你们以英雄的父辈为榜样，坚定理想信念，刻苦学习训练，努力练就报国为民的过硬本领，矢志不渝做党和人民的忠诚卫士，为建设更高水平的平安中国不懈努力，为推进强国建设、民族复兴伟

---

① 张洋：《习近平在全国公安工作会议上强调　坚持政治建警改革强警科技兴警从严治警　履行好党和人民赋予的新时代职责使命》，《人民日报》，2019 年 5 月 9 日第 1 版。

② 徐隽：《习近平在会见全国公安系统英雄模范立功集体表彰大会代表时强调　始终坚持人民公安为人民　做到对党忠诚服务人民执法公正纪律严明》，《人民日报》，2017 年 5 月 20 日第 1 版。

③ 《习近平回信勉励中国人民公安大学在读英烈子女　以英雄的父辈为榜样　矢志不渝做党和人民的忠诚卫士》，《人民日报》，2023 年 9 月 30 日第 1 版。

④ 张洋：《习近平在全国公安工作会议上强调　坚持政治建警改革强警科技兴警从严治警　履行好党和人民赋予的新时代职责使命》，《人民日报》，2019 年 5 月 9 日第 1 版。

⑤ 徐隽：《习近平在会见全国公安系统英雄模范立功集体表彰大会代表时强调　始终坚持人民公安为人民　做到对党忠诚服务人民执法公正纪律严明》，《人民日报》，2017 年 5 月 20 日第 1 版。

业积极贡献力量。[1]

第三节 公安政治工作学的法治基础

依法治国是党和国家的治国方略，凡是国家事务、经济文化事务、社会事务，都应当受到法律的规范、制约和保护。政治工作是重要的社会活动，无疑应当受到法律的规范、制约和保护，公安政治工作应当坚持法治化标准。因此，探讨公安政治工作理论与法治的关系，就成为研究公安政治工作学和政治工作实践的一项重要课题。

一、公安政治工作学法治基础概述

探讨公安政治工作学的法治基础，有必要首先弄清法治、社会主义法治和公安法治等概念及其建设意义，弄清公安法治何以成为建立公安政治工作学的必要基础。

（一）相关概念

1. 法治

在国际上，关于法治比较权威的定义，来自1959年在印度新德里召开的国际法学家大会，“在一个自由的社会里，奉行法治的立法机构的职责是要创造和保持那些维护基于个人的人类尊严的条件，这种尊严不仅承认个人之公民权利与政治权利，而且要求促成对于充分发展其人格乃是必要的各种社会的、经济的、教育的和文化的条件”[2]。法治是指主要依靠良好完备的法律来治理国家，把国家的长治久安维系于国家的法律和制度上，把法律和制度作为最高权威的国家治理模式。[3] 西方国家的“法治”强调“法的统治”，而我国的“全面依法治国”则更注重中国共产党和人民群众在推进法治建设过程中的主观能动性和决定性作用。

---

① 《习近平回信勉励中国人民公安大学在读英烈子女 以英雄的父辈为榜样 矢志不渝做党和人民的忠诚卫士》，《人民日报》，2023年9月30日第1版。

② 杨凯：《提升司法公信力的进路与方法》，中国民主法制出版社，2018年，第432页。

③ 邵凡：《基于马克思主义法理学的中国法治建设目标及其实现路径研究》，河北师范大学，2023年，第19页。

2. 社会主义法治

社会主义法治就是用社会主义法律治理国家，主要指国家机关及其工作人员依照法律规定的程序、内容行使职权，是以保障人民的权利不受侵犯、实现真正的人权为核心内容，维护法律至高无上的权威地位的一种新型法治。由此可见，社会主义法治是指在社会主义国家践行法治，使法治成为社会主义国家的首要治理规则，是党领导人民治理国家的基本方略，是把人民的意志上升为国家意志，从而形成依法治国的社会状态。社会主义法治的基本内涵是指，广大人民群众在党的领导下，依照宪法和法律规定，通过各种途径和形式管理国家事务，管理经济文化事业，管理社会事务，保证国家各项工作都依法进行，逐步实现社会主义民主的制度化、法律化。[①] 社会主义法治的基本原则是坚持中国共产党的领导、坚持人民主体地位、坚持法律面前人人平等、坚持依法治国和以德治国相结合、坚持从中国实际出发。

3. 法治公安与公安法治

法治公安是指公安机关在宪法和法律的范围内履行职责，保护人民权利，维护社会治安和国家安全，使公安机关各项工作在法治轨道运行的状态。[②] 法治公安是以社会主义法治理念为指导，实施法治的重要方式和途径；是法治中国的重要组成部分，是公安机关对人民群众期待公平正义的有力回应，也是全面深化公安改革的基本目标。法治公安具体表现为各级公安领导干部和广大民警具有强烈法治意识，坚定法治信仰，践行法治原则，在每一起案件办理、每一个执法环节上都能体现社会公平、彰显法律正义。相应地，公安法治指公安工作必须遵循法治的精神和原则，是社会主义法治在公安工作中的体现。法治公安建设包括以下几个方面：一是执法规范化，要求公安民警严格、规范、公正、文明执法，不断提高执法能力和执法水平；二是执法公开化，要求公安民警在执法过程中，向社会公开执法依据、执法程序、执法结果，接受社会监督；三是执法责任制，要求公安民警在执法过程中，明确各自的执法责任，出现问题要追究责任；四是执法监督制，要求公安民警在执法过程中，接受上级、同级、下级和社会的监督，发现问题及时纠正。总之，法治公安建设是公安工作的重要内容，旨在提高公安民警的执法能力和执法水平，促进公安工作

① 丁征：《论传统政治文化对我国公民政治参与的影响》，《理论与改革》，1998 年第 13 卷第 5 期，第 13 页。

② 冯江峰：《新时代法治公安建设研究》，《山西警察学院学报》，2023 年第 31 卷第 5 期，第 5 页。

的法治化、规范化、科学化。

（二）公安政治工作学与法治的关系

法治是公安政治工作学的重要基础。其中，公安法治与公安政治工作的理论和实践关系最为直接、最为广泛。我们强调法治是公安政治工作学的重要基础，主要是基于以下认识：

一是指公安政治工作的自身建设，应以法律法规的形式，使公安政治工作的地位、作用、目的、任务、方针、原则、方式、方法规范化、制度化，使公安政治工作建立在有法可依的基础之上。

二是指公安队伍外部的社会主义法治实践对公安政治工作的影响和制约，要求使用法律法规特有的方式方法，来调节公安政治工作进行过程中所发生的各种法律关系。

三是指公安政治工作学与法治在理论形态、实践形态上虽有区别，但两者有着内在联系，即目的一致、任务一致。

公安政治工作是在公安队伍建设中落实法治的重要保证，并在公安法治建设中得到加强。在全面建设法治社会的背景下，积极推动公安政治工作法治化是与时俱进、创新发展的客观趋势，是贯彻依法治国方略的具体举措。公安政治工作理论也将随着公安法治建设的发展和完善而不断发展和完善。

二、公安政治工作法治建设的意义

公安政治工作学的法治基础不仅包括公安法律制度建设，还包括理念思维、人才队伍等方面。随着公安法治建设的稳步推进，公安政治工作法治建设作用日益凸显。推进公安政治工作法治建设，提高公安政治工作法治化水平，具有以下重要意义。

（一）有利于全面推进依法治国

《中共中央关于全面推进依法治国若干重大问题的决定》指出，全面推进依法治国，总目标是建设中国特色社会主义法治体系，建设社会主义法治国家。① 公安机关作为重要的政府组织机构和国家执法力量，是法治建设、法律实施的重要主体。无论是建设中国特色社会主义法治体系这一工作总抓手，还

---

① 《中共中央关于全面推进依法治国若干重大问题的决定》，《人民日报》，2014 年 10 月 29 日第 1 版。

是“坚持依法治国、依法执政、依法行政共同推进，坚持法治国家、法治政府、法治社会一体建设”① 的工作布局，以及“科学立法、严格执法、公正司法、全民守法”② 的法治工作新十六字方针，都要求公安机关在深入推进执法体制改革、加快建设法治政府、全面推进依法治国中发挥主力军作用。在某种意义上可以说，公安机关法治建设水平如何，在很大程度上体现着国家法治文明程度，影响着法治中国建设进程。各级公安机关要牢牢把握推进依法治国、建设法治中国对公安工作提出的新要求，积极适应人民群众对社会公平正义的新期待，进一步深化执法规范化建设，努力打造法治公安，为建设法治中国、促进公平正义作出新贡献。

（二）有利于克服人治弊端

长期以来，公安政治工作法治建设取得了长足进步，但必须看到，由于政治工作核心是做人的工作，很容易掺进人治色彩。当前，一些领导干部人治理念仍未根除，崇尚权力本位；加之制度规定不细不严，给予领导干部自由裁量权过大，导致在现实政治工作中，“言重于法、权高于法、情大于法”“黑头不如红头，红头不如口头”的现象依然存在。这种在重大决策上凭人治思维、按领导人意志办事而非按法规制度办事的工作方法，随意性强，盲目性大；在选人用人问题上，常常任人唯亲，偏离科学、民主和公正要求。因此，需要通过不断提高政治工作法治化水平，编密扎牢法规制度的笼子，从根本上纠治杜绝政治工作“人治化”倾向，革除公安政治工作中以言代法、以权压法、徇私枉法等弊端。

（三）有利于把整风整改纳入法治轨道

作风改到深处，反腐推向深层，最管用的是制度，最有效的是法治。制度约束不硬，就会形同虚设。当前，从严管党治警处在爬坡过坎的关键时刻，“不敢”的问题得到基本纠治，但“不想”与“不能”尚未解决。因此，必须通过提高政治工作法治化水平，把作风建设和反腐败斗争纳入法治化轨道。在巩固作风建设成果上，要通过把前期好的经验做法制度化，实现改进作风规范化常态化长效化。在深入推进反腐败斗争上，要尽快实现纪检工作双重领导体

① 习近平：《关于〈中共中央关于全面推进依法治国若干重大问题的决定〉的说明》，《人民日报》，2014 年 10 月 29 日第 2 版。

② 习近平：《关于〈中共中央关于全面推进依法治国若干重大问题的决定〉的说明》，《人民日报》，2014 年 10 月 29 日第 2 版。

制具体化、程序化、制度化，加大对各级公安机关的巡视工作力度，加大对重点领域、重大项目、重要资金和领导干部的审计监督力度，编织起纪检、巡视、审计、司法等相关部门密切协同、彼此衔接的制度网络，使腐败分子在公安队伍中无可遁形。

（四）有利于推进政治工作创新发展

法治和创新并不矛盾，创新的工作需要法规制度来定向，法规制度的落实也需要创新来推动。提高公安政治工作法治化水平，不仅不会束缚开展政治工作的手脚、制约政治工作的创新，而且对政治工作的与时俱进具有保证和促进作用。推进政治工作创新发展，不是政治工作领域单一方面的推陈出新，更不是对细枝末节的修修补补，而是需要坚持系统化设计、一体化推进，对公安政治工作中的重大理论和现实问题认真梳理、细化分解，分领域分专题深化研究，拿出切实管用的措施办法。在实践中被证明行之有效的做法，要通过建章立制加以固化，及时充实进公安法律法规制度，引领公安政治工作在实践中不断创新发展。

三、公安政治工作理论研究的基本法律依据

社会主义法治和公安法治为公安政治工作理论研究提供了依据，其中最直接、最基本的法律依据是《中华人民共和国人民警察法》。

（一）《中华人民共和国人民警察法》在公安法规体系中的地位

《中华人民共和国人民警察法》居于整个公安法规体系的统帅地位，是关于公安机关和人民警察性质、任务、地位、作用、工作范围、职责权限等方面的基本法律。它是公安法规的母法，是制定其他公安法规的法律根源。《中华人民共和国人民警察法》是我国公安机关和人民警察队伍建设的基本法，当然也是公安政治工作的基本法，是公安政治工作法规的“法源”。

（二）《中华人民共和国人民警察法》为公安政治工作理论研究提供法律依据

《中华人民共和国人民警察法》是我国人民警察制度的基本法律，是全面加强公安工作和公安队伍建设的法律武器。它的基本内容为公安政治工作理论研究和公安队伍建设提供了法律依据。

1. 为研究公安队伍的性质提供了法律依据

1957年颁布的《中华人民共和国人民警察条例》规定："人民警察属于人民，是人民民主专政的重要工具之一，是武装性质的国家治安行政力量。"比较准确地体现了人民警察的基本性质。1995年颁布的《中华人民共和国人民警察法》第一章规定："人民警察的任务是维护国家安全，维护社会治安秩序，保护公民的人身安全、人身自由和合法财产，保护公共财产，预防、制止和惩治违法犯罪活动。"人民警察的任务是由人民警察的性质决定的。上述有关人民警察的基本任务的规定充分说明，人民警察是人民民主专政的重要工具，是国家机器的重要组成部分。第二章关于人民警察的职责和权限的规定，第五章关于人民警察的警用标志、制式服装、警械、证件为人民警察所专用的规定，都是从法律上对人民警察是人民民主专政的重要工具和武装性质的国家治安行政力量的确认。公安政治工作的基本任务之一，就是保证公安民警正确履行职责和实施权限，保证承担法律规定的各项任务的完成，确保公安队伍的人民民主专政性质，这正是公安政治工作理论首要的研究课题。

2. 为研究公安队伍的"从严治警"方针提供了法律依据

公安队伍历来实行"从严治警"的管理思想和措施，20世纪80年代初期确定"从严治警"为公安政治工作的基本方针。《中华人民共和国人民警察法》第一条明确规定"从严治警"，从此将公安队伍的"从严治警"方针上升为法律形态，为从严治警奠定了法律基础。

3. 为研究公安队伍的宗旨提供了法律依据

《中华人民共和国人民警察法》第三条规定："人民警察必须依靠人民的支持，保持同人民的密切联系，倾听人民的意见和建议，接受人民的监督，维护人民的利益，全心全意为人民服务。"公安民警的宗旨就是全心全意为人民服务，公安政治工作的任务之一是保证公安民警如何全心全意为人民服务。《中华人民共和国人民警察法》将"全心全意为人民服务"规定为公安民警的法律义务，需要从理论上进行深入探讨。

4. 为研究公安队伍的纪律作风建设提供了法律依据

《中华人民共和国人民警察法》第二十二条规定，人民警察不得散布有损国家声誉的言论；不得参加非法组织，参加旨在反对国家的集会、游行、示威和罢工等活动；不得泄露国家秘密和警务工作秘密；不得刑讯逼供或者体罚、虐待人犯；不得从事营利性的经营活动或者受雇于任何个人或组织。这些具体规定不仅使得公安队伍的纪律作风建设有了法律依据，而且为公安政治工作学研究公安队伍纪律作风建设提供了理论基础。

5. 为研究公安队伍的职业道德建设提供了法律依据

《中华人民共和国人民警察法》第四条规定，人民警察必须“忠于职守，清正廉洁，纪律严明，服从命令，严格执法”。第二十条规定，人民警察必须“秉公执法，办事公道；模范遵守社会公德；礼貌待人，文明执勤；尊重人民群众的风俗习惯”。这些具体规定为公安队伍的职业道德建设提供了法律依据，为公安政治工作学研究公安队伍职业道德建设指明了范围和方向。

6. 为研究公安队伍的组织管理提供了法律依据

《中华人民共和国人民警察法》第四章共分八条，分别对人民警察的组织、等级、录用，警察领导人员的条件、培训、奖励等管理事项进行了原则性的规定，确立了人民警察组织管理的基本制度。除此之外，与此相配套的法规还有《中华人民共和国人民警察警衔条例》《评定授予人民警察警衔实施办法》《人民警察警衔标志式样和佩戴办法》等。这些法规规章基本上实现了公安队伍组织管理能够有法可依，也为公安政治工作学研究组织管理提供了良好基础。

7. 为研究实施对公安队伍的监督提供了法律依据

为确保人民警察履行职责和实施权限，确保人民警察执法活动，《中华人民共和国人民警察法》第六章规定：人民警察执行职务，依法接受人民检察院和行政监察机关的监督；必须自觉接受社会和公民的监督；上级机关对下级机关的执法活动进行监督；公安机关建立督察制度，对民警执行法律、遵守纪律的情况进行监督，加强执法监督，强化内部自我制约，提高公安机关整体执法水平；等等。这些规定既是公安政治工作的重要内容，又是公安政治工作理论研究中的重要内容。

四、推进公安政治工作法治建设的举措

（一）突出思想政治建设的首要位置，提高政治工作引领力

提高公安政治工作法治化水平的核心，是进一步夯实党对公安绝对领导的制度基础。中国共产党在长期实践中形成了一整套保证党对公安工作绝对领导的制度。但在现实生活中，影响党对公安工作绝对领导的，既有来自外部敌对势力的破坏，也有来自我们自身不良风气的影响。比如，在干部选任上任人唯亲，就必然形成小圈子，形成人身依附关系，危害党对公安工作的绝对领导。

因此，要提高政治工作引领力，最重要的工作就是强化党对公安工作绝对领导的制度执行，坚决维护习近平总书记党中央的核心、全党的核心地位，坚决维护党中央权威和集中统一领导，确保公安队伍绝对忠诚、绝对纯洁、绝对可靠。

要组织公安民警认真学习依法治国的政策法规和相关知识，提高公安政治工作的时代性与前瞻性。要创新学习形式，例如主题研讨、现场教学等，避免拘泥于传统单一形式。通过提高公安民警的法治素养，丰富公安政治工作的内容，使依法治国更好地融入公安政治工作中。

（二）坚持公安政治工作优良传统，提升民主化工作水平

提高公安政治工作法治化水平的重点，是把政治工作优良传统上升到“法”的高度。公安政治工作在几十年的实践中形成了一整套行之有效的工作方法和经验，成为公安政治工作的优良传统。例如，坚持全心全意为人民服务的根本宗旨，坚持实事求是的思想路线，坚持群众路线的根本作风，坚持用科学的理论武装民警，坚持围绕党和公安中心任务发挥服务保证作用，坚持公道正派选拔使用干部，坚持实行自觉的严格的纪律，坚持艰苦奋斗、牺牲奉献的革命精神，坚持党员干部带头以身作则，等等。有的同志在新形势下把握不准继承与创新之间的关系，把一些优良传统当作过时的东西丢掉了。当前，提高公安政治工作法治化水平的一个重要方面，就是要把公安政治工作的优良传统上升到制度的高度加以确认，纳入各级公安机关绩效考核以保证实施，使之成为公安政治工作的常态，确保先辈们用鲜血和生命铸就的优良传统代代相传。

要将公安政治工作与公安机关其他业务工作区分开来，给予公安政治工作民警一定的自主权，根据时代背景和工作实际选择政治工作内容，适时进行调整，使公安政治工作具有时代性、进步性。同时，公安政治工作民警应当“走出去、请进来”。“走出去”，就是深入公安业务部门和基层一线，与广大公安民警和人民群众沟通交流，丰富实践经验与阅历，拓宽政治工作的灵感来源；“请进来”，就是邀请所在公安机关业务部门民警、其他公安机关的政治工作者前来交流学习，从中发现问题，明确改进方向。

（三）加强公安政治工作队伍法治理念建设，打造政治工作人才队伍

提高公安政治工作法治化水平的关键，是提高公安政治工作干部的法治信仰和法治思维。法律必须被遵守，法治必须被信仰，否则就会形同虚设。过

去，有些公安政工干部在开展工作时，总是习惯于从领导那里找答案、寻依据、等指示，而不是首先依照法律法规制度来处理问题。因此，提高公安政治工作法治化水平，关键是要提高公安政工干部的法治信仰和法治思维，将其内化为政治信念和道德修养，外化为行为准则和自觉行动。公安政工干部要带头尊法、学法、守法、用法，遇事先问计于法，处理问题必遵循于法，自觉做依法开展政治工作的带头人。要把学习领会习近平总书记关于依法治警的重要论述作为培塑法治信仰和法治思维的根本遵循，不断强化依法开展政治工作的思想自觉，增强依法开展政治工作的能力素质，不断提高公安政治工作法治化水平。

当前，公安队伍整体的法律意识还需加强。公安执法中出现问题的原因在于部分公安民警的法律意识淡薄和缺失现代法治精神，为此，公安机关加强法治理念教育和法治文化建设，对于培育公安民警的法治精神、提升队伍的整体法治水平具有重要作用。为实现“权力本位”向“权利本位”的转变，需要加强法治教育和宣传，进一步强调“权利”“平等”价值，阐述清楚权力来源，重新认识权力与权利关系，有助于执法者转变角色、树立服务意识、建立现代执法理念。在现代法治社会中，任何执法行为都是在一定的执法理念指导下所进行的理性的、规范的有序活动，旨在保证执法行为不偏离执法的目的和方向，以实现执法行为的正当性与合法性、公正性与权威性。先进的执法理念可以产生优良的执法运行机制，并促进执法工作的顺利开展，而滞后的执法理念则不仅无法产生良性的执法运行机制，还会影响执法的进程和效果。① 因此，在公安队伍中进行法治理念教育，对于树立法律至上、尊重和保障公民权利的意识具有重要意义。

（四）健全公安机关执法监督机制，形成闭环式监督链条

公安队伍法治建设过程中，健全法治监督机制是重要保障，主要包括如下内容：第一，加强对权力的约束和监管。各级领导干部作为政治工作的主要责任对象，其行使政治工作的职权首先要接受监管，必须把自身权力约束在法治的框架内，经得起法治监督检查，保证自身监督职权运用的合法性。第二，全程监管监控。公安政治工作法治化应当覆盖政治工作实施的全过程，不论是决策、施行还是检查验收等环节，都要处于有效的监管监控之中。要改变事后检

---

① 张强：《公安法治文化建设的实践性探索——以确立现代警察执法理念为视角》，《公安学刊（浙江警察学院学报）》，2012 年第 15 卷第 3 期，第 26 页。

查监管的被动模式，主动对政治工作整个过程进行监督，全程接收投诉意见并实施调查取证，及时纠治违法问题。要对党委、纪委、政法委制度落实、职权使用、工作绩效进行有效监督考评，通过上级、同级、下级监督以及巡查督导等方式来实施有效的权力监管，确保组织决策的民主发挥和依法进行。第三，构建严密的法治监督体系。要强化党内监督，不断完善党内监督的制度办法，改革纪检监察体制机制。要强化专门监督，充分发挥纪检、监察、审计、司法等专门机构的作用，改革和完善司法、纪检、巡视、审计等法治监督体制，形成监督合力，解决好执行法规制度不作为、乱作为等问题。要加强群众监督，建立群众监督的常态化问询机制，让公安工作全过程都处于群众监督之下，经得起群众的质疑和拷问。第四，推进法治监督方式创新。要改变以前人治为主的监督方式，构建严密全面的监督体系，需要在创新上下功夫。要有思维创新，随着时间、地点和条件变化，监督工作也要与时俱进。要有实践创新，紧密联系当前实际，发挥民警主体作用，调动民警在政治工作法治化实践中的积极性和创造性，积极稳妥推进实践创新。要有整合创新，创新政治工作法治监督方式，合理配置相关资源，对内容过于笼统、约束不给力、与其他工作冲突、不切实际的问题进行改进，对所涉及的各要素进行优化整合，切实提高政治工作法治监督实效。

公安政治工作与依法治国二者相辅相成，尤其是在党的十八届四中全会召开之后，全面依法治国更是对公安政治工作提出了新的要求。面对新时代新要求，公安机关应加快法治建设，广大公安政治工作者也应响应时代召唤，提升自身法律素养，寓依法治国于公安政治工作，使二者有机结合，为提升新时代公安机关形象、提升我国法治化水平而不懈努力。

复习思考题：

1. 公安政治工作的产生和发展经历了哪些阶段？每个阶段的基本内容有哪些？

2. 公安政治工作优良传统的含义是什么，基本内容有哪些？应当如何对待公安政治工作的传统？

3. 马克思主义的政治工作原理、毛泽东政治工作思想、邓小平政治工作理论中关于政治工作的基本原理有哪些？如何理解这些基本原理对公安政治工作理论建设的指导意义？

4. 为什么说江泽民、胡锦涛关于公安队伍建设的思想理论分别是“三个代表”重要思想和科学发展观的重要组成部分？它们对完善公安政治工作理论有何意义？

5. 怎样深入理解习近平总书记对新时代公安工作和公安队伍建设提出的总要求？

6. 全面依法治国对公安政治工作建设有何意义？

7. 阐述人民警察法对公安政治工作的价值意义。

第三章　公安政治工作主体

公安政治工作主客体，是公安政治工作学的一个基本理论问题，在公安政治工作基础理论中占据十分重要的地位。本章的主要任务是阐明公安政治工作主体的内涵、结构和特点；揭示公安政治工作主体与客体的基本关系；进而认识公安政治工作主体结构，即公安政治工作机构、公安机关内部的党组织、公安政治工作干部队伍等所构成的体系和基本规律。

第一节　公安政治工作主客体的概述和关系

一、公安政治工作主体

（一）公安政治工作的含义

公安政治工作主体，是指从事公安政治工作行为的诸方面力量的总和。

根据我国公安机关的组织领导体制，从事公安政治工作行为的组织和个人是多方面的、分层次的，既有各级党组织及其领导者，上级公安机关党组织及其领导者，政治工作、纪检、督察部门及其负责人、工作人员，又有本级公安机关的党组织及其领导者，政治工作、纪检、督察部门及其干部队伍，以及各级共青团组织等。本书所指的公安政治工作主体，侧重于公安机关内部从事政治工作的组织和个人。

（二）公安政治工作主体的结构

公安政治工作主体结构，是指公安机关从事公安政治工作行为、活动的组织、个人所形成的纵横交错的、作用于公安政治工作客体的有机统一体。公安政治工作主体结构有广义和狭义之分。广义的公安政治工作主体结构，包括所有从事公安政治工作的组织和个人。狭义的公安政治工作主体结构，仅指公安机关内部的党组织、政治工作部门及其干部队伍、共青团组织等所构成的体系。

根据我国公安机关的性质、职能、任务和组织机构设置，以及对公安政治工作客体开展政治工作的客观需要，我国公安机关内部的政治工作主体主要由下列组织和人员构成。

1. 中国共产党在公安机关中的组织

我国公安机关是在中国共产党的领导下诞生的。自诞生那天起，就置于中国共产党的绝对领导之下，党在公安机关中的领导核心地位，是我国公安领导体制的突出特点。中国共产党要对公安机关从思想上、政治上、组织上、工作上实行绝对的、直接的、全面的领导，是公安机关的性质及其在国家中所处的地位决定的。因此，公安机关在党的领导下，思想上必须以马列主义、毛泽东思想、邓小平理论、“三个代表”重要思想、科学发展观、习近平新时代中国特色社会主义思想为行动指南，政治上必须坚持社会主义方向，与党中央保持高度一致。组织上必须保证各级公安机关的领导权牢牢掌握在绝对忠于党和人民的人手中；公安组织机构的设置和公安领导干部的重要任免、调动和处理，必须接受党的安排。凡是涉及党的路线、方针、政策的重大决策、重大任务的部署和重要措施的实施，都必须听从党的指挥。中国共产党在公安机关中的组织，是公安政治工作主体中的主要成分。

2. 公安政治工作部门

为了卓有成效地开展公安政治工作，必须有一个健全高效的政治工作机构。各级公安政治工作部门既是各级公安机关党组织的办事机构，又是公安政治工作主体中的基本组织。

3. 公安政治工作队伍

公安政治工作队伍是指专门从事公安政治工作的人员所构成的整体，主要包括三部分干部：一是专门从事党的工作和团的工作的干部，二是在政治工作部门专门从事政治工作的干部，三是在纪律检查、督察部门专门从事纪检、督察工作的干部。公安政治工作队伍是整个公安队伍中的重要组成部分，是公安政治工作主体中的领导者、管理者、组织者，也是对公安政治工作客体开展工作的实施者。

总之，中国共产党在公安机关中的组织、公安政治工作部门、公安政治工作队伍构成了公安政治工作主体。他们相互联系、相互支持，共同作用于公安政治工作客体，实现公安政治工作目标，是锻造“四个铁一般”公安队伍强有力的组织保证。

（三）公安政治工作主体的特点

公安政治工作主体的特点是由公安政治工作的本质决定的。根据公安工作和公安政治工作的本质要求，公安政治工作主体的特点主要有下面四个。

1. 组织的政治纯洁性

讲政治、注重政治，历来是党的干部政策的一贯要求。组织的政治纯洁性对于公安政治工作主体来说尤为重要。实践证明，公安机关拥有一支坚定纯洁的政治工作主体，才能为公安政治工作的开展提供强有力的组织保证。

2. 思想、道德、作风的先进性

公安政治工作主体的根本职责是做公安政治工作客体的思想工作和组织工作。作为“灵魂工程师”的公安政治工作主体，要做好公安政治工作客体的思想和组织工作，本身必须具备先进的思想、道德和作风素质。没有这个特点，就不具备公安政治工作主体的资格。

3. 认识、分析和解决问题的能动性

能动性，是指人们对客观世界认识、适应和改造的能力。公安政治工作主体的根本任务，就在于根据党的主张和要求，能动地认识、分析和解决公安政治工作客体的问题。

4. 言行、举止的示范性

示范性就是公安政治工作主体在公安政治工作客体面前必须以身作则。因为政治工作是教育人和组织人的工作。公安政治工作主体作为教育者、组织者首先要受教育，以身作则，言行一致，不仅要用自己的言论去宣传、鼓舞公安政治工作客体，而且要用自己的模范行动去引导公安民警和群众。要求政治工作对象做到的，自己首先做到；要求政治工作对象不做的，自己坚决不做。

二、公安政治工作客体

（一）公安政治工作客体的含义

公安政治工作客体，是指公安政治工作主体行为和活动所面临的作用对象。这个定义表明，之所以需要公安政治工作主体，是因为有公安政治工作客体的存在。如果没有这个作用对象的客观存在，公安政治工作主体也就没有存在的必要。事实上，公安政治工作主体产生、发展和工作的展开，都源于公安政治工作的作用对象。

（二）公安政治工作客体的结构

公安政治工作的作用对象很广泛，概括起来，可由内部和外部两大部分构成。在公安机关内部，公安政治工作客体是民警工作，亦称直接客体，是公安政治工作客体中的主要成分。在公安机关外部，公安政治工作客体是群众工作，亦称社会客体，具有广泛性。两大部分构成了公安政治工作客体的完整结构。

（三）公安政治工作客体的特点

公安政治工作客体的特点，是指公安政治工作作用对象在其存在和发展的过程中，所表现出的质的规定性。

1. 结构的整体性与层次性

首先，公安政治工作客体是一个整体，是由广大公安民警和人民群众所构成的有机统一体。其次，公安政治工作客体又是分层次的，有直接客体（民警工作）和社会客体（群众工作）之分。

2. 宏观的稳定性与微观的变化性

从宏观上看，公安政治工作客体是相对稳定的，无论是结构构成、组织方式，还是活动内容、运作方式都比较固定，面临的客观环境一致，根本利益相同，奋斗目标一样。从微观上看，由于时空的变化，公安政治工作客体又呈现出动态变化性。

3. 群体的同一性与个体的差异性

人的本质是社会关系的总和，个人不能离开他人存在。公安政治工作客体虽然有直接客体与社会客体之分，但无论哪一个方面的客体，都是以各种不同群体的面貌出现的。群体又是由一个个具体人构成的，每个人的思想、爱好、个性、气质、经历、智力等又是不同的，差异很大、纷繁复杂。

4. 需要的多样性与思想的可塑性

心理学认为，需要是指人对某种目标的渴求或欲望，是个体的一种主观状态，是客观的反映。人的需要是多样的、分层次的，包括生理需要、安全需要、社交需要、尊重需要、自我实现需要等。公安政治工作客体作为十分复杂的群体，由于每个人的先天条件、后天努力、所处的环境和机遇不同，其思想可塑性很大，这是一条不以人们意志为转移的客观规律。

三、公安政治工作主体与客体的关系

公安政治工作主体与客体的关系，主要是指公安政治工作主体与公安政治工作客体之间，在存在和变化的过程中所表现出的内在联系和相互作用的规律性。我国公安政治工作中充满了复杂多样的关系，其中心关系是公安政治工作主体与公安政治工作客体之间的关系。在这一领域中的其他关系，都是这一中心关系的展开。

（一）公安政治工作主体与客体的基本关系

在我国公安政治工作这一特定现象中，公安政治工作客体（直接客体和社会客体）的客观存在和自身运动、发展，需要公安政治工作主体的存在和发展。两者之间存在着下列基本关系。

1. 同一关系

这是公安政治工作存在和发展的最基本关系。公安政治工作主体与客体都不是孤立存在的，两者都处在我国社会公共安全系统的同一体之中，互为存在前提，是不可分离的关系。任何一方的存在和发展，都是以另一方的存在和发展为条件的。如果没有公安政治工作中的民警工作和群众工作的客观存在及自身发展的需要，就不可能产生公安政治工作主体；如果仅有公安政治工作主体，而无民警工作和群众工作这个作用对象，公安政治工作主体也就不复存在，或者说没有存在的必要。这就是二者之间的辩证统一。把握和理解这个最基本的关系，才能在公安政治工作实践中做到“知己知彼”，按照基本规律办事。

2. 互动关系

这是公安政治工作在动态过程中的基本关系。马克思主义辩证唯物论认为，世界是物质的，物质是运动的。同样，公安政治工作作为一种特殊的客观存在，也是处在动态之中的。在这个动态过程中，公安政治工作主体与客体不仅存在同一关系，而且存在互动关系，这种关系主要表现为：一方面，公安政治工作中的民警工作、群众工作这个客体的存在和发展，决定公安政治工作主体的存在和发展；另一方面，公安政治工作主体对公安政治工作客体具有巨大的能动作用。公安政治工作主体与客体的互动关系是客观存在的，掌握和理解这个互动关系，才能在公安政治工作实践中，既能正确认识公安政治工作客体的地位，科学开展公安政治工作，又能自觉加强公安政治工作主体的自身建设，正确履行职责，以实现公安政治工作的目标。

3. 矛盾关系

这是公安政治工作运动过程中的对立关系。在公安政治工作中，公安政治工作主体与客体在奋斗目标、根本利益上是一致的，但在运动过程中，不可避免地出现这样那样的矛盾。其中有认识上的不一致，也有双方利益和行为上的差异而产生的矛盾，有时甚至形成对立。当然，公安政治工作主体与客体之间的矛盾，就其本质而言，属于人民内部矛盾。认识并把握公安政治工作主体与客体的矛盾关系，对于公安政治工作主体来说有着重要的价值，有利于在党和政府的领导下，正确分析和认识公安政治工作客体出现的矛盾和问题；有利于正确剖析和认识公安政治工作主体自身；有利于增强公安机关内部团结；有利于密切警民关系，最大限度地得到广大人民群众对公安工作的理解和支持，最终形成打击犯罪，维护社会治安稳定的强大力量。否则，就不能发挥公安政治工作主体应有的职能作用，实现公安政治工作目标。

4. 相对关系

这是公安政治工作主体与客体在划分上的基本关系。在公安政治工作领域，确实存在着公安政治工作客体和公安政治工作主体。如果没有公安政治工作客体这个公安政治工作的作用对象，公安政治工作主体就没有存在的基础和必要；如果没有公安政治工作主体，开展公安政治工作就失去了组织保证，因而也就没有公安政治工作。然而，公安政治工作主体与客体两者的划分是相对的，在一定条件下会转化。例如，公安政治工作部门的公安民警往往是双重身份，对上级而言是公安政治工作客体，对下级而言又是公安政治工作主体。又如，公安民警在公安机关内部是公安政治工作客体，在群众工作中又是公安政治工作主体。认识和掌握公安政治工作主体与客体之间的相对关系，有利于公安民警在公安政治工作中正确认识自身地位和角色，充分发挥自身在公安政治工作中的应有作用。

（二）认识公安政治工作主体与客体关系的意义

正确认识和掌握公安政治工作主体与客体的关系，有以下重要意义：

（1）有助于认识公安政治工作本质。

（2）有助于认识公安政治工作的基本规律。公安政治工作规律，说到底就是公安政治工作主体与客体之间所存在的内在的、本质的、必然的联系。因此，弄清公安政治工作主体与客体之间同一、互动、矛盾、相对等基本关系，就能更深刻地认识和掌握公安政治工作的客观规律。尤其是公安政治工作主体，就能在实践中自觉地按公安政治工作的客观规律办事，更准确地认识、适应公安政治工作客体，进而制定科学合理的工作对策，卓有成效地开展公安政治工作。

（3）有助于加强公安政治工作主体的建设。

（4）有助于提高公安政治工作的科学性和有效性。

第二节　公安政治工作机构

公安政治工作机构是公安政治工作主体的指挥部，在公安政治工作中处于领导、管理和组织者的重要位置。公安政治工作机构的设置、职能划分和有效运转，直接关系到公安政治工作的全面建设和发展，是公安政治工作学主体理论研究中的一个重要课题。

一、公安政治工作机构建设的意义

公安政治工作机构是党在公安部门中的工作机构，是公安部门进行政治工作的领导机构。

重视政治工作机构的建设，强调政治工作机构的健全与完善，不是人们凭空想象出来的，而是来自对实践活动的认识和开展政治工作的客观要求。建设公安政治工作机构的重要意义，主要表现在以下方面。

（一）实现党对政治工作领导的组织保证

党的领导是具体的，对政治工作的领导是通过各级政治工作机构来实现的。没有政治工作机构，党的政治工作就没有人去组织实施，党的路线、方针、政策和任务就没有有力的组织机构去贯彻执行。建立有效能的政治工作机构，是把党的政治工作的路线、方针、原则、任务真正具体落到实处的最重要的组织手段。

（二）实现政治工作群众化的组织保证

政治工作是一项群众性的、全员性的工作，必须尽可能发动广大群众去做。只有建立有效能的政治工作机构，发挥核心和组织作用，才能调动政治工作骨干做政治工作的积极性，调动群众做政治工作的热情，形成人人关心、个个自觉做政治工作的局面。

（三）实现政治工作经常化的组织保证

政治工作是一项长期任务，不是短期行为，有连续性和持续性的特征，如果时断时续、时强时弱是难以奏效的。建立有效能的政治工作机构，才能通盘筹划政治工作的长期任务和近期任务，使各项任务能够纳入党和行政领导的议事日程，从而保证政治工作深入持久地开展下去。

（四）实现政治工作科学化的组织保证

公安政治工作学是一门科学，公安政治工作正处于由经验型向理论型发展的过程，但与科学化、系统化的要求还有不小差距。建立有效能的政治工作机构，才能开展深入系统的调查研究，总结经验，发现和解决问题，使公安政治工作不断走向科学化。

（五）实现政治工作主体作用的组织保证

公安政治工作主体由多种因素构成，公安政治工作机构在主体各因素中能够起到组织保证作用，因为它是公安政治工作的领导、管理和组织者。公安政治机构的领导，体现在党组织对政治工作做出决策时，领导和组织公安民警去贯彻落实。公安政治机构的管理，就是负责处理政治工作中的日常事务。公安政治工作机构的组织，就是负责把公安机关的党务、干部、宣传、文化、共青团、群众等工作开展起来。没有强有力的政治工作机构，不但自身的领导、管理和组织作用难以发挥，而且无法使主体各因素发挥应有作用。

在党的工作重心转到经济建设上之后，有的单位、有的同志曾认为政治工作不重要了，使公安机关的政治工作机构受到一定影响，公安政治工作也遭到一定削弱。这个教训从另一个侧面说明了建立和健全政治工作机构的重要性和必要性。为了推动中国特色社会主义现代化事业的发展，提高公安队伍的战斗力，必须澄清对政治工作的错误认识，进一步提高对政治工作机构在党的事业中的巨大作用的认识，切实加强公安政治工作机构的建设，使之充分发挥应有的作用。

二、公安政治工作机构的设置、性质和职能

公安政治工作机构，是根据 1952 年第五次全国公安会议通过的《关于建设公安部门政治工作的决议》的规定来设置的。除十年“文化大革命”期间，公安政治工作机构遭到严重破坏外，总的来看，公安政治工作机构随着时间的推移和公安保卫工作的发展，逐步得到加强和完善。目前，从公安部到基层派出所，形成了基本稳定的政治工作的组织体系。

（一）公安政治工作机构的设置

1. 公安机关政治工作机构

公安部和市（地）以上地方人民政府公安机关、公安高等院校设立政治部，直辖市、副省级城市所辖县人民政府公安机关和直辖市、副省级城市公安局所辖公安分局设立政治处，其他县级人民政府公安机关和其他设区的市公安局所辖公安分局设立政治工作部门。市（地）以上人民政府公安机关政治部的内设机构，根据公安政治工作内容设定。市（地）以上人民政府公安机关的内设机构、直属单位，根据工作需要，经同级公安机关政治工作部门批准，可以设立政治工作部门，负责所属单位政治工作。

公安部政治部是公安部党委主管全国公安政治工作的办事机构，也是全国公安政治工作的领导机关。地方人民政府公安机关和城市公安分局政治工作部门是同级公安机关党委主管政治工作的办事机构，是本地区公安政治工作的领导机关，在同级公安机关党委（党组）和上级公安机关政治工作部门的领导下，组织开展政治工作。市（地）级以上人民政府公安机关内设机构、直属单位政治工作部门，在同级公安机关政治工作部门和本单位党组织的领导下，开展政治工作。

2. 公安机关政治工作机构负责人

公安部政治部、地方公安机关政治部、政治处、政治工作部门设主任，由同级公安机关副职领导担任，对职责范围内的政治工作负重要领导责任，对分管部门、单位领导班子成员实施监督管理。

县级公安机关、设区的市设置的公安分局、公安机关所属总队级、支队级执法勤务机构，公安部直属的出入境边防检查总站、站，公安高等院校、市（地）级以上公安机关训练基地可以设立政治委员。公安机关所属大队级执法勤务机构和公安派出所设立政治教导员。公安机关执法勤务机构所属的中队设立政治指导员。政治委员、政治教导员、政治指导员与所在单位行政首长同为单位主要负责人，主要职责是组织领导本单位的队伍建设，具体负责本单位的政治工作、纪律监察、督察审计等工作。

（二）公安政治工作机构的性质

（1）各级公安政治工作机构是各级党委在各级公安机关内部实现党的工作、政治工作和思想领导的“直接助手”。这一规定指明了公安政治工作是党的工作，公安政治工作机构是党在公安机关中的工作机构。公安政治工作机构的这种性质，公安机关历来是坚持的、明确的。各级公安政治工作机构必须坚决地接受党的直接领导，贯彻执行党的路线、方针和政策，贯彻执行党所规定的政治工作的方针和任务，发挥政治工作机构的直接助手作用。

（2）各级公安政治工作机构是各级公安行政首长在各级公安机关内部实现党的工作、政治工作和思想领导的“直接助手”。这里讲的“行政首长”是指各级公安机关的主要负责人。他们本身是共产党员，是公安机关党组织的负责人。公安政治工作机构既是党在公安机关的工作机构，又是公安机关内部的一个组成部分。它的任务是服从和服务于各级公安机关，当好行政首长的“直接助手”。行政首长在为实现党的公安工作路线、方针、政策，完成党和国家交给的任务的过程中，必须一手抓业务工作、一手抓政治工作，必须依靠政治工作机构这个“直接助手”去进行党的工作、政治工作和思想工作。由此可以说，“直接助手”既是指公安政治工作机构在各级公安机关的地位和作用，又是指它必须在行政首长直接领导下开展工作。

（3）上级公安政治工作机构对下级公安政治工作机构的关系，是指导与被指导的关系。公安机关上下级政治工作机构的这种关系，一方面是由于要同公安机关的领导体制相一致，另一方面又要适应公安队伍建设的特殊要求。具体来说，各级公安政治工作机构在接受同级公安机关党委领导的同时，又要在业务上接受上级公安政治工作机构的指导。城市公安政治工作机构和分局政治工作机构、分局政治工作机构同人民警察基层单位政治指导员之间的关系，目前一般实行受上级公安政治工作机构和当地党委双重领导，以上级公安政治工作机构的领导为主的原则。

(4) 各级公安政治工作机构与同级业务部门的关系，是分工合作、互相依存的关系。各级公安机关除政治工作机构之外，还有其他业务部门，如侦查、治安等。它们的工作性质、工作任务和职权不同，是相互区别又相互联系的公安机关组成部分。公安政治工作机构和这些业务部门在政治上是平等的，在工作上是分工合作的，彼此之间是相互尊重、互相支持、主动配合、密切协作的关系。在党的工作和政治工作方面，业务部门主要通过党组织接受政治工作机构的领导；在业务工作方面，政治工作机构要服从业务部门的规定和安排，并通过强有力的政治工作，保证各级业务部门承担任务的圆满完成。

（三）公安政治工作机构的职能

对于公安政治工作机构的职能和作用，《关于建设公安部门政治工作的决议》和历次全国公安政治工作会议都有过规定和论述。各级公安政治工作机构的职能基本上是相同的，但由于在公安系统所处的地位不同、职权范围不同，因此，它们在职能的内容、活动方式上也不完全相同。公安部和各省（区、市）公安厅（局）政治工作机构的指导职能、管理职能的范围比地、市和县公安局政治工作机构要广泛得多。各级公安政治工作机构共同具有的职能如下。

1. 教育职能

公安政治工作机构进行的大量活动，在很大程度上是为实现公安队伍建设目标而进行的教育活动。教育职能是各级政治工作机构的一项基本职能。公安政治机构的教育职能主要表现在两个方面：一是体现在思想政治教育方面，要用马列主义、毛泽东思想、邓小平理论、“三个代表”重要思想、科学发展观，习近平新时代中国特色社会主义思想武装公安民警，提高公安民警的思想政治觉悟，始终在思想上政治上行动上同党中央保持一致。二是体现在文化业务技术教育方面，要帮助公安民警提高业务能力，增强完成各项艰巨复杂任务的本领。

公安政治工作机构的教育职能主要通过两种活动方式来实现：一是通过直接活动的方式，即各级公安政治工作机关依靠自身力量所进行的教育活动，如各项思想政治教育，战前、战中、战后的思想动员等。二是通过间接活动的方式，即政治工作机构间接组织动员、依靠其他力量进行的教育活动，如组织参加各种报告讲座、现场参观、观看影视、阅读书刊等。

2. 管理职能

公安政治工作机构要实现公安队伍建设的目标，必须做好大量的管理工作。管理职能是各级政治工作机构的一项基本职能。《关于建设公安部门政治工作的决议》指出，要有计划地对公安干部进行训练、选拔、调整、补充以及考绩、奖惩、发放福利等，要贯彻政治工作制度，定期召开政治工作会议及专门会议，制订工作计划和检查总结工作。

上述规定明确了公安政治工作机构进行管理活动的两点内容：一是明确了管理范围。公安政治工作机构的管理活动是公安机关整个管理活动的组成部分，主要对公安机关的组织和人员进行管理。组织管理包括机构设置、业务部门划分、岗位职责的确定、人员编制、警衔管理等。人员管理包括公安民警的录用、培养、考核、晋升、奖惩、辞退、离退休等方面的管理工作。这些工作长期以来一直是公安政治工作部门的主要任务。二是明确了管理制度。在过去的实践中，建立的制度主要有各项政治工作制度、警务化管理制度、警衔制度、内务管理制度、组织纪律管理制度以及奖惩、工资、抚恤制度等。它们在公安队伍建设中发挥过重要作用。目前，公安队伍建设日益注重建立和完善各项制度，推动政治工作制度化，对于实现公安队伍管理的正规化具有重要意义。

3. 组织职能

各级公安机关的政治工作已形成了一个体系，要有效地发挥其作用，需要依靠各级政治工作机构相互配合与协调，需要确定为实现政治工作目标所必须进行的组织工作。这种组织和协调工作就是政治工作机构的组织职能，主要有三点：一是建立符合实际需要的各种职能机构。各级政治工作机构按照当地实际情况和有效承担各项任务的需要，设置必要的职能部门，规定各部门的职能职责。二是协调各方面的工作。政治工作同各个业务部门有着直接联系，需要分工合作、密切配合；政治工作机构的各项工作，需要经常协调、统筹推进；政治工作机构及其干部之间在认识和行动上产生分歧，需要及时调整、妥善解决。这些都是各级政治工作机构必须处理的问题。三是发挥党、团组织在公安队伍中的作用。党、团组织是搞好公安队伍政治工作的主要力量，各级政治工作机构在活动中，要充分发挥党组织战斗堡垒作用和党员模范带头作用，积极发挥共青团组织在公安民警中的重要作用。

4. 指导职能

公安政治工作机构是党在公安机关中的工作机构，这种性质和地位决定了它对所管辖地区和部门的政治工作负有指导责任，也就是指导职能。指导活动是各级政治工作机构一项经常性的活动，是实现其职能的主要途径。指导活动的内容和方式通常有：一是进行决策。各级公安政治工作机构根据党中央和上级党委指示，结合公安工作的实际情况，对公安政治工作的指导思想、方针原则、长期和近期目标、实施计划作出决策，并领导所辖地区和部门予以实施。二是进行具体指导。要使已确定的政治工作各项任务在实际工作中得到贯彻执行，各级公安政治工作机构通常采取宣传和解释工作任务、制定完成任务的规划和方法、开展业务训练、培养先进典型、提出意见建议等方式，指导公安政治工作有效开展。三是检查监督。检查监督是有效发挥指导职能的重要手段。公安政治工作机构可以适时对下属组织和人员的工作进行检查监督，通过各种渠道了解上级决策部署执行情况，及时发现问题，提出改进措施，推动各项工作任务有序完成。

三、公安政治工作机构建设的内容

公安政治工作机构的建设是一个动态的发展过程，其内容和要求随着党的工作和政治工作的演变而发展，根据实践经验，政治工作机构建设的内容主要有四个方面。

（一）公安政治工作机构的思想建设

重视提高思想政治水平，保证在实际工作中坚持正确的指导思想，这是公安政治工作机构建设的首要内容。政治工作机构思想建设的内容和要求是与有效发挥政治工作机构职能相联系的，主要是树立党性观念、发展观念和改革创新观念。

（二）公安政治工作机构的组织建设

公安政治工作机构的组织建设，主要是指健全组织机构，明确职责范围，合理配备人员、切实调整领导班子，使各级政治工作机构充分发挥其组织职能。

1. 机构设置

公安政治工作机构的体系，由自上而下的纵向组织系统、每一层次内部的横向工作机构系统两部分组成。政治工作机构的设立，由上一级公安机关统一规定，并对下级政治工作机构进行指导。不论是纵向还是横向组织机构，在建设中应注意三项原则。

（1）从实际出发的原则。每个地区、每个层次政治工作机构面临的环境、工作任务、自身规模、人员构成各不相同。因此，政治工作机构的建立，既不能一刀切，也不能五花八门，应该从实际出发，做到统筹规划、因地制宜，把原则性和灵活性统一起来。

（2）动态原则。政治工作机构建立之后，不是一成不变的，要随着党的工作任务变化和公安工作实际需要，进行动态调整；但是，在一定时期要保持相对稳定，以利于政治工作的连续性。政治工作机构的机构建设，要在“动”中求稳定，在“静”中求发展。

（3）精干的原则。政治工作机构要精简，工作人员要精干。机构精简，就是设置合理、流程优化、运行高效。人员精干，就是懂政治，熟悉业务，善于独立工作，工作效率高。

2. 职责划分

每一个政治工作机构，都是一个具有组织层次，为实现政治工作目标而共同活动的群体。这就需要把政治工作的各项任务加以划分，明确规定政治工作机构内部以及每个成员的分工和职责权力，充分发挥他们各自的能动性和积极性，提高工作效率，实现整体效果的最佳化。

每个层次的政治工作机构内部职责划分，尚无公认的模式。从实践来说，多数省（区、市）和大中城市公安政治工作机构的内部分工，大体有以下几个部分：

（1）领导成员。政治工作机构的领导成员，担负着决策、组织、指挥的职能，对实现政治工作目标起着关键作用。两名以上的领导成员，应有明确分工，保证其指挥决策效能。

（2）秘书部门。负责调查研究，掌握情况，为领导决策提供依据；负责起草文电，协调各部门之间的工作。

（3）组织人事部门。负责本地区和本部门的党建组织管理、公安民警队伍管理、干部人事管理等工作。

（4）宣传部门。负责思想工作，向领导和上级反映队伍的思想状况；总结实践经验，宣传报道公安民警中的先进事迹，开展对外宣传活动。

（5）教育训练部门。负责公安民警的教育训练，做好公安学历教育和在职公安民警培训，管理和指导公安院校工作。

3. 人员配备

重视配备政治工作人员，是公安政治工作的一项优良传统，是加强公安政治工作机构组织建设的前提。在这方面主要注意三点：一是选好配强政治工作干部，二是优化政治工作干部的结构，三是开展好政治工作干部的教育培训。

（三）公安政治工作机构的作风建设

公安政治工作机构的作风，是其本质的体现和应具有的精神风貌，直接关系到公安政治工作成效和政治工作队伍建设。公安政治工作机构的作风内容广泛，这里仅就与实现政治工作目标关系较密切的几个问题进行探讨。

1. 为基层服务的作风

政治工作机构是进行政治工作的领导机构，从一定意义上讲也是服务机构。公安系统的基层单位和一线公安民警是政治工作的出发点和落脚点，只有把基层单位和一线公安民警的政治工作做好，整个政治工作才有坚实的基础。各级政治工作机构在任何时候都应当面向基层，牢固树立为基层服务的思想。工作中应做到：尊重基层、深入基层、了解基层、指导基层、建设基层，深入调查研究，提出可行建议，当好参谋助手，把工作做到点子上。

2. 从实际出发的作风

一切从实际出发的作风，也就是实事求是的作风，这是政治工作机构和工作人员作风建设的根本所在。按照实际情况提出工作任务、制定工作方案，是政治工作最基本的思想方法和工作方法。工作中应当做到：正确对待上级，正确对待下级，正确对待公安民警，正确对待自己；不说空话，多做实事，不弄虚作假，不做表面文章；注重实效，反对官僚主义、形式主义和文牍主义。

3. 言行一致的作风

言行一致的作风是政治工作机构和工作人员态度和行为的重要表现。工作中应当做到：一是忠于职守。政治工作机构所承担的任务，责任重大，影响广泛，政治工作人员要严于职守，从严律己，这是言行一致最重要的要求。二是奉公守法。办事出于公心，不以权谋私，不谋取政策和制度规定范围以外的利益和特权。三是率先垂范。凡事说到做到，要求公安民警做的，首先自己要做到做好。要求公安民警遵纪守法，首先自己要成为遵纪守法的模范，这是树立政治工作的权威、政治工作机构的威信最重要的条件。

（四）公安政治工作机构的业务建设

公安政治工作机构的业务建设内容比较广泛，这里主要讨论制度建设、资料建设、档案建设和业务手段信息化建设。

1. 制度建设

政治工作制度是在长期政治工作实践中形成的工作规程，反映出政治工作的性质和规律，是开展政治工作的遵循和指南。政治工作制度建设，就是要在现有政治工作制度的基础上，使其进一步健全和完善，以适应政治工作不断发展变化的需要。因此，必须依据客观情况的变化，对已经建立的各种规章制度进行清理、补充、修订，并根据工作需要，制定新的规章制度。政治工作制度可分为组织制度和工作制度两部分。组织制度方面，如各级公安政治工作机构的设置、负责人员的配备和职责，基层党、团组织的建设与活动等；工作制度方面，如公安队伍正规化建设与管理，目标岗位责任制的实施，各项具体政治工作制度的制定与执行等。

2. 资料建设

政治工作机构要做好工作，系统地分析掌握情况，总结经验教训，改进工作和提高工作效率，全面地历史地认识和评价政治工作的人和事，必须重视资料建设。这里所说的资料，是指政治工作各项业务的历史和现实的各种指示、报告、调查、总结、经验、统计等方面的文件和材料的总称。资料建设中应注意广泛积累、认真整理、加强研究和科学管理。

3. 档案建设

档案建设与管理是政治工作机构业务建设的一项重要内容。政治工作档案包括文件资料档案和组织人事档案两大类，不仅与开展工作有关，而且与每个公安民警有关。每份档案是否完整准确，管理是否得当，直接影响政治工作质量和效率。因此，必须以高度的责任心，对政治工作档案进行准确分类、科学管理。

4. 业务手段信息化建设

随着科学技术的进步，以及公安工作现代化和公安队伍正规化，公安政治工作已广泛运用信息化手段，例如把计算机软件运用于人事管理，把互联网和新媒体平台运用于宣传思想工作，等等。政治工作机构业务手段信息化，推动工作提质增效，已成为大势所趋。

四、公安政治工作机构的基本工作方法

加强公安政治工作机构建设，必须强调和研究政治工作机构的工作方法。

（一）层次管理

公安政治工作机构从公安部到省、市（地、州）、县共有四个层次。每个层次的政治工作机构，根据自己所处的地位，都有明确的职责和权力范围。公

安部政治部主要是在党中央、国务院和公安部党委的领导下，掌握政治工作方向，提出政治工作任务、方针、政策和制度，协助管理省（市）公安厅（局）主要干部，进行宏观指导。各省级公安机关政治部主要贯彻党中央路线、方针、政策和公安部指示，协助管理地（市）公安局主要干部，开展调查研究，总结经典经验，推动全省公安政治工作，实施中观指导。地（市）公安处（局）主要根据上级指示，通过年度计划，制定重要措施，进行重点指导，解决基层带普遍性的问题，协助管理县公安局主要干部，带领所属公安机关具体抓落实。县级公安机关中的政治工作机构，是公安政治工作机构的基层单位，有的县级公安机关只设政委或只设教导员。其主要职责是结合上级指示精神，针对本单位的实际情况，主要抓工作落实。

各级政治工作机构的管理侧重点是在实践中形成科学的管理体系和管理方法。首先，要充分发挥本级机构的职能作用。公安政治工作机构从上到下，层次多，通道长，只有各级机构充分发挥本级职能作用，才能有效地保证上下畅通无阻，上级指示精神准确传达到基层，基层实际情况如实地反馈到上级。其次，既要有创造性，又不要层层加码。贯彻上级指示，要密切联系本单位实际，不能照抄照转；提出贯彻措施不等于层层加码，指标不能越来越高，时间不能越来越紧，任务不能越来越重。最后，要逐级管理。就是上级抓下级，一级抓一级，一般不要越权管理，包办代替，以免影响下级的责任心和积极性，助长下级的依赖思想。

（二）突出中心

公安政治工作机构必须始终围绕党和国家的中心工作以及公安机关的中心任务开展工作，使政治工作服从中心、服务中心，保证中心任务的完成。突出中心的办法，一是在指导思想上要强调一盘棋。中心是带全局性、方向性的大事，服从中心、服务中心，就是服从全局。脱离中心，就会脱离全局，偏离公安机关建设根本方向。二是在工作安排上要坚持突出中心，统筹规划。中心工作居于首要地位，其他工作居于次要地位，两者是相辅相成的辩证关系。既要突出抓中心工作，又不能遗漏其他工作。三是通过中心带动业务。中心工作和其他工作是主要矛盾和次要矛盾的关系，抓住主要矛盾，次要矛盾便会迎刃而解。但并不等于抓中心工作就可以代替抓其他工作，而是要把两者结合起来，做到两不误、两促进。

（三）整体协调

公安政治工作机构是由各个业务部门组成的，其整体功能是由各个业务部门相互配合形成的。整体的一致，是发挥整体功能的基本条件；否则，各个业务部门思想不一致、步调不一致，就会发生互相扯皮、互踢皮球的现象，不能形成合力。因此，公安政治工作机构领导对机构内部的整体协调，有着重要的责任。要搞好整体协调，首先要提倡“条条”服从“块块”。这里的“条条”是指政治工作机构内部的各个业务部门的工作，“块块”是指整个政治工作机构的工作。“条条”服从“块块”，就是要求各个业务部门的工作服从整个政治工作机构的工作部署，在上级首长的领导下，有计划、有步骤地开展工作，以免政出多门。其次要统一组织力量抓中心。抓中心是整个政治工作机构的事，各个业务部门要高度重视和大力支持。最后，部门之间要通气。工作部署、进展情况、发生的问题、下级的请示、领导的指示等，各个业务部门要及时沟通，避免工作互相撞车，造成工作忙乱、无所适从等现象。

第三节　公安机关中的党组织

公安机关中的党组织，是公安队伍统一领导和团结的核心。它在公安政治工作主体结构中居于主导地位，既是公安政治工作的组织保证，又是加强公安政治工作的前提条件。研究公安机关中党组织的设置、任务、作用及其建设的意义和基本内容，是探讨公安政治工作学主体的首要课题。

一、公安机关中党组织的设置、任务和作用

要认识公安机关中党组织在加强公安政治工作中的重要意义，首先要了解公安机关中党组织的领导体制、任务、作用以及同政治工作部门的关系。

（一）公安机关中党组织的设置

根据《中国共产党章程》，中国共产党在公安机关各部门、各单位中建立党组织，大体情况是：

（1）县以上公安机关设党委。党委是公安机关中党的领导机关，是所在单位的领导核心，接受地方党委和上级公安机关党委的领导。党委实行集体领导下的分工负责制，一切重大问题都必须经党委讨论。

（2）县（市）公安局，市（地区、自治州）公安局（处），省、自治区、直辖市公安厅（局），公安部设机关党委。机关党委接受本单位党委的领导，负责机关中的党务工作。

（3）公安机关的基层所、队建立党的基层组织。党员人数不足 3 人的单位，联合建立跨单位的党支部。

（4）县以上公安机关设直属机关纪律检查委员会，在同级党委和上级纪律检查委员会的领导下，负责维护党的章程和其他党内法规，检查党的路线、方针、政策和决议在公安机关的执行情况，协助党委推进全面从严治党、加强党风建设和组织协调反腐败工作，对党员进行纪律教育，按照管理权限检查和处理公安机关党的组织和党员违反党的纪律的案件，受理党员的控告和申诉。

（二）公安机关中党组织的任务

公安机关中的党组织从党委到支部，总的任务是一致的。根据党章的规定，党组织的主要任务是保证完成本单位的业务工作，并对包括行政负责人在内的每个党员执行党的路线、方针、政策，遵纪守法，联系群众，以及他们的思想、作风、道德品质等方面的情况进行监督，协助行政领导改进工作，提高效率，克服官僚主义，并把本部门工作中的缺点、问题，随时通知行政负责人或报告党的上级组织。

党的基层委员会、总支部委员会、支部委员会，属于党的基层组织。《中国共产党章程》第三十二条规定：“党的基层组织是党在社会基层组织中的战斗堡垒，是党的全部工作和战斗力的基础。”①

（三）公安机关中党组织的作用

公安机关中的党组织要完成党章规定的任务，必须充分发挥两方面作用。

1. 充分发挥公安机关中党组织的战斗堡垒作用

战斗堡垒作用，是党章规定的对党的基层组织的基本要求，是对其应具备的战斗力、凝聚力的一种形象比喻。战斗堡垒作用的主要标志：政治上坚定，坚持党的基本理论、基本路线，与党中央保持高度一致；组织上健全，有严格的组织生活制度；对政治工作的领导有力；对党员的教育、管理、监督严格，共产党员的先锋模范作用发挥得好；执行上级的指示、命令、决议坚决，带领

---

① 《中国共产党章程》，人民出版社，2022 年，第 24 页。

公安民警完成党和国家赋予的各项任务；党组织自身建设好，领导成员模范作用好。发挥公安机关党组织的战斗堡垒作用，主要应做到：

（1）坚决执行党的路线、方针和政策，保证各项公安工作任务的完成。

（2）坚持党要管党的原则，加强对党员的教育和管理，严格执行党的纪律，充分发挥党员的先锋模范作用。

（3）密切联系群众，做好公安民警和人民群众的政治工作，调动他们的积极性，为实现党和公安工作的任务而努力。

2．充分发挥共产党员的先锋模范作用

共产党员在革命和建设中要发挥先锋模范作用，这是党对每个党员的基本要求。发挥共产党员的先锋模范作用，就是要求共产党员在群众中起带头作用、骨干作用和桥梁作用。带头作用，就是共产党员在执行党的路线、方针、政策，遵守国家的宪法和法律，维护社会公德和革命秩序方面，在建设社会主义的物质文明和精神文明中，要做群众的表率。骨干作用，就是共产党员凭着对社会主义、共产主义事业的忠诚，全心全意为人民服务的献身精神，在群众中取得信赖，逐渐成为中坚力量。桥梁作用，就是要及时向群众宣传、解释党的方针、政策和决议，及时向党反映群众的意见和呼声，从而把党和群众联系起来，把党的指示变为群众的自觉行动。

（四）公安机关中党组织同政治工作部门的关系

在公安政治工作建设中，公安机关中的党组织同政治工作部门的关系，大致有两种情况：

一是就公安部党委、省级公安厅（局）党委、地（市）级公安局和县级公安局党委同政治工作部门的关系来说，是领导与被领导的关系。各级党委是政治工作的领导者、决策者；各级政治工作部门是被领导者，是公安政治工作的实施者、管理者、组织者。

二是就公安部机关党委、省级公安厅（局）机关党委、地（市）级公安局和县级公安局机关党委同政治工作部门的关系来说，是相互配合的关系，在公安政治工作中有着共同的目标和任务。党中央和各级地方党委，以及公安部党委、省级公安厅（局）、地（市）级公安局和县级公安局党委所确定的每个时期的政治工作任务，既是政治工作部门的任务，也是各级公安机关中党组织的任务。各级公安机关中的党组织在搞好党的建设的同时，必须在所在单位开展政治工作。许多政治工作任务是依靠各级公安机关中党组织的努力实现的。

从组织上来看，政治工作部门的负责人，特别是业务部门和基层单位的政

治工作人员，往往是所在单位党组织的主要负责人或者是领导成员，对党组织的工作和政治工作实行一元化领导，并把这两方面的工作有机结合起来。在长期的实践中，一直把加强党组织的建设作为公安政治工作的一项重要内容，各级党组织也把加强政治工作作为改善和加强党的领导的一项重要内容。

二、公安机关中党组织建设的意义

我国公安事业的发展充分证明，建设一支强大的公安队伍，关键是把公安机关中的党组织建设好。加强公安机关中党组织建设具有十分重要的意义。

（一）坚持党对公安机关绝对领导的需要

作为国家机关之一的公安机关，坚持党对它的绝对领导，是正确地行使职能和进行胜利斗争的根本保证。要从政治上、思想上、组织上保证党对公安工作的绝对领导，就必须充分发挥党组织的战斗堡垒作用和共产党员的先锋模范作用，从而保证整个队伍步调一致地贯彻执行党的公安工作的路线、方针和政策，完成公安任务。

（二）保持公安机关党组织的先进性的需要

各级公安机关的党组织是党的组成部分，必须保持工人阶级先锋队的性质。只有保持党组织的先进性，把各级公安机关的党组织建设成政治上更加成熟、思想上更加一致、组织上更加巩固的，能够团结和领导全体公安民警的坚强核心，才能把公安队伍建设好，才能完成党和国家赋予公安队伍的艰巨任务。这种先进性既不能自然形成，也不会一蹴而就，需要不断地从思想上、政治上、组织上、作风上加强建设才能实现。当前，公安机关党组织中还存在与新形势、新任务要求不相适应的问题，必须不断加强党的建设，才能真正保持党组织的先进性。

（三）提高公安机关党组织战斗力的需要

公安队伍战斗力的强弱，在很大程度上取决于公安机关中党组织的状况。这是由于在公安机关中党员一直占有很大比重，党组织是否坚强，党员是否合格，直接影响着党组织的战斗力，甚至整个公安队伍的战斗力。从各级公安机关中党组织的实际状况来看，不少党组织在群众中是有威信的，有一大批党性强、作风好、工作积极、善于联系群众的优秀党员，这是主流方面。但是也必须看到，有的党组织不同程度地存在着思想不纯、作风不纯、组织不纯的现象，严重地影响着党组织战斗力的发挥。这就要求进一步加强公安机关党的建设，继承和发扬党的优良传统，克服和纠正各种不正之风，建设一支充分发挥先锋模范作用的党员队伍，从而不断提高公安机关党组织的战斗力。

（四）加强和改进公安政治工作的需要

公安机关中的党组织要对公安政治工作有效地发挥领导、管理作用，需要具备一定的条件，这就是党组织应当具备健全的、优化的决策机制，不断提高决策水平。党组织要加强党风建设，树立好的党风，使党组织在政治工作中更好地起到决策和导向作用。有效地开展公安政治工作，要有一个良好的组织环境，加强公安机关中的党组织建设，是加强和改进公安政治工作的客观需要和重要前提。

三、公安机关中党组织建设的基本内容

中国共产党在长期执政中，围绕建设什么样的党、怎样建设党这一重大课题，开创了党的建设新的伟大工程。公安机关中的党组织是党的组成部分，应当从政治上、思想上、组织上、作风上全面加强建设，以崭新的面貌和强大的战斗力，带领全体公安民警完成党和人民赋予的新的历史任务。

（一）加强党的政治建设

公安机关中党的政治建设，是指各级公安机关党组织和全体党员，毫不动摇地坚持和加强党对公安工作的绝对领导、全面领导，确保公安工作始终保持坚定正确的政治方向。牢记公安机关首先是政治机关，政治性是第一属性，讲政治是第一要求，坚持从政治上建设和掌握公安机关，引导全警切实增强“四个意识”、坚定“四个自信”、做到“两个维护”，自觉做到忠诚核心、拥护核心、跟随核心、捍卫核心，始终在思想上政治上行动上同以习近平同志为核心的党中央保持高度一致，坚决听从党中央命令、服从党中央指挥，确保政治上绝对忠诚。

（二）加强党的思想建设

公安机关中党的思想建设，是指各级公安机关党组织和全体党员，坚持不懈地用习近平新时代中国特色社会主义思想武装头脑、统一意志，牢固树立正确的世界观、人生观、价值观，切实筑牢信仰之基、补足精神之钙、把稳思想之舵，确保思想上绝对纯洁。着重从思想上建设党，是我们党在长期奋斗进程

中形成的一条宝贵经验，是我们党的优良传统。党的思想建设贯穿于党的建设的各个方面，是党的政治建设、组织建设和作风建设等各项建设的基础和条件。

（三）加强党的组织建设

公安机关中党的组织建设，是指各级公安机关中的党组织加强自身建设，也就是党组织的结构和整体合力的建设。它是思想建设和提高党组织战斗力的组织保证。其主要内容为：健全各级公安机关中党组织的组织机构；贯彻民主集中制的组织原则，实行党委统一领导下的首长分工负责制，建好领导班子，积极慎重地发展党员。其重点是党的组织原则和组织制度，即民主集中制问题。民主集中制包括民主和集中两个方面，是民主和集中的辩证统一，两者互为前提，互相依存，相辅相成。民主集中制的基本原则：个人服从组织，下级服从上级，少数服从多数，全党服从中央。

（四）加强党的作风建设

公安机关中党的作风建设，要求公安机关中的党组织和全体党员，在政治、思想、工作、学习、生活等方面，不断改进自身存在的不良作风，保持和发扬党在长期革命和建设中形成的优良作风。要通过加强作风建设，发扬求真务实的精神，进一步倡导知实情、说实话、办实事、鼓实劲、求实效的工作作风，形成真抓实干、务求实效的良好风气，注重实际、注重实践、注重实干，狠抓各项工作的落实，求得实实在在的业绩。公安队伍必须具有严明的纪律和良好的作风，才能胜任党所赋予的重任。

第四节　公安政治工作队伍

公安政治工作队伍是公安政治工作主体的战斗骨干。加强和改进新时代公安政治工作，关键在于有一支高素质的政治工作队伍。研究公安政治工作队伍的政治思想、科学文化素质、业务技能及其建设途径，对完善政治工作理论、指导政治工作实践具有重要意义。

一、公安政治工作队伍建设的意义和要求

公安政治工作队伍，是公安队伍的重要组成部分。它的建设首先应当遵循

整个公安队伍建设的路线、方针、政策和方法。同时，由于这支队伍是开展公安政治工作的骨干和主力，他们的素质水平在很大程度上决定着公安政治工作的优劣成败，因此有必要专门探讨这支队伍建设的特殊的意义和要求。建好公安政治工作队伍，是新时期加强和改进公安政治工作的重要环节，是各级公安政治工作机关应高度重视的一项战略任务。

（一）公安政治工作队伍建设的意义

1. 加强公安政治工作队伍建设是时代发展的要求

公安政治工作队伍的建设不是一个静态概念，而是同公安政治工作队伍所处的环境密切相关的动态概念。公安政治工作具有很强的时代性，从内容到形式都在随着时代不断发展，这就要求公安政治工作队伍在各个方面必须适应时代的要求，才能更好地完成时代赋予的使命和任务。

2. 加强公安政治工作队伍建设是改进政治工作的要求

公安政治工作中，经常出现与新形势新任务的要求不相适应的挑战，甚至出现工作软弱涣散、队伍管理不善等问题。这就要求不断加强公安政治工作队伍建设，提升队伍能力素质，才能更好地应对各种挑战、解决各种问题。

3. 加强公安政治工作队伍建设是公安机关的优良传统

党在长期的公安工作中，历来十分重视政治工作队伍建设，注重挑选德才兼备的干部充实公安政治工作队伍，采取各种途径提高公安政治工作队伍水平，培养了一支相当数量和一定质量的公安政治工作队伍，有力推动了公安事业的发展。这一优良传统应当继承和发扬光大。

4. 加强公安政治工作队伍建设是发挥政治工作干部影响力的客观需要

公安政治工作干部主要是做人的工作，他们在同广大公安民警的交往中，需要具有一定的影响力，以改变、引导他们的思想和行为。政治工作干部对工作对象的影响力有权力性和非权力性之分。前者是组织、领导部门赋予的，后者则是政治工作干部自身素质外化形成的。要取得公安政治工作的最佳效应，不能只靠权力、靠命令，而是主要靠广大公安政治工作干部坚定的信念、高尚的品格、良好的作风、广博的知识、丰富的情感，去实现对工作对象的教育、感染、激励和凝聚，这是公安政治工作干部应努力具备的条件，也是公安政治工作机关发挥整体功能的重要基础。

（二）公安政治工作队伍建设的要求

公安政治工作队伍建设的基本要求，就是通过一定的途径和方法，达到一定的目标和标准。它是依据这支队伍在公安政治工作中所承担的职责和形势任务的需要确定的。公安政治工作队伍由领导人员和一般人员构成。他们在公安政治工作中具有不同职责，因而对他们的要求和条件也有所区别。

1. 公安政治工作领导人员的职责

政治部（处）主任的主要职责：

依据公安政治工作基本任务和主要内容，组织领导政治工作机关各部门，执行上级公安政治工作机关的指示、命令和同级公安机关党委的决议、决定、命令和指示，完成政治工作任务，检查政治工作落实情况。

政治委员的主要职责：

（1）领导公安政治工作，对公安政治工作负全责。

（2）领导部署下属各单位贯彻执行党的路线、方针、政策，执行国家的法律、法规，执行上级的决议、决定、命令、指示，保证政令、警令畅通。

（3）领导部署下属各单位认真学习马列主义、毛泽东思想、邓小平理论、“三个代表”重要思想、科学发展观、习近平新时代中国特色社会主义思想，开展社会主义精神文明建设，保证公安民警队伍绝对听从党的指挥。

（4）领导安排各项公安政治工作，并进行总结检查；负责领导班子和党团组织建设，对党员进行组织观念和党性修养教育；对民警进行理想、信念、宗旨、职业道德和遵纪守法教育，树立公安队伍的良好形象。

（5）领导目标责任制工作，建立健全考核评比制度，负责业务、公安政治工作目标制定和协调工作，负责目标考评及立功创模工作。

政治教导员、政治指导员的主要职责：

（1）进行理念、信念、宗旨教育。组织公安民警学习马列主义、毛泽东思想、邓小平理论、“三个代表”重要思想、科学发展观、习近平新时代中国特色社会主义思想，开展社会主义精神文明建设，抵制各种错误思潮的影响和腐朽思想的侵蚀，保持队伍坚定正确的政治方向。

（2）领导公安民警贯彻执行党的路线、方针、政策，执行国家的法律、法规，执行上级的决议、决定、命令、指示，监督检查队伍的纪律作风，纠正、查处违纪行为。

（3）负责党团组织建设，对党员进行组织观念和党性修养教育，领导基层团组织开展工作。

（4）教育公安民警严格遵守《公安机关人民警察内务条令》和有关纪律作风的规定要求，树立公安队伍的良好形象。

（5）掌握队伍中倾向性、苗头性和思想性问题，有针对性地开展日常思想政治工作，引导公安民警正确对待入党、晋升、调动、奖惩和日常工作、生活中的各种问题。

（6）协助行政领导落实目标岗位责任制，建立健全考核评比制度，组织开展立功创模活动，培养先进典型，表扬好人好事，鼓舞士气，激励斗志。

（7）关心爱护公安民警，努力为公安民警解决工作和生活中的困难。积极开展各类文体活动，调动队伍的积极性。

2. 对公安政治工作领导人员的基本要求

政治部（处）主任、政治委员、政治教导员、政治指导员是同级副职领导，必须具有较高的政治理论水平，坚持原则，实事求是，以身作则，勤政廉洁，公道正派，作风民主，联系群众，有较强的组织管理能力和丰富的政治工作经验，必须由具有一定年限党龄的中国共产党党员和一定年限警龄的人民警察担任。

3. 对公安政治工作一般人员的基本要求

公安政治工作机关的一般工作人员，必须是中国共产党党员，应具有一定年限的基层工作经历，应做到：政治坚定，党性观念强，努力学习马列主义、毛泽东思想、邓小平理论、“三个代表”重要思想、科学发展观、习近平新时代中国特色社会主义思想；具有一定的政策理论水平和公安专业知识；具有调查研究和综合分析能力；作风正派，廉洁奉公，实事求是，言行一致，联系群众，团结同志，具有良好的道德品质。

公安政治工作队伍建设，就是依据上述政治工作人员承担的职责、应具备的条件和要求，提出和规定这支队伍在政治思想、科学文化素质和业务技能建设上的内容和要求。

二、公安政治工作队伍的政治思想建设

公安政治工作队伍的政治思想建设，是指对公安政治工作干部在政治立场、观点、思想、品德、作风等方面的教育训练和培养。政治思想建设在政治工作队伍的建设中，与科学文化素质建设、业务技能建设相比较，处于基础地位和主导地位。政治工作队伍的政治思想建设，其内容和要求可以概括为五个方面。

（一）政治上要坚定

政治上要坚定，就是要求公安政治工作干部要讲政治，必须具有坚定正确的政治方向，在政治问题上要态度坚定，是非分明。

（1）要有坚定的政治信念。

（2）要有坚定的政治立场。

（3）要有坚定的政治原则。

（二）思想上要唯实

思想上要唯实，就是要求公安政治工作干部坚持实事求是的思想路线，尊重客观规律，善于调查研究，扎扎实实地办实事。

（1）要坚持实事求是的观点。

（2）要坚持全面的观点。

（3）要坚持发展的观点。

（三）品德上要垂范

品德要垂范，就是要求公安政治工作干部在思想和品格道德方面做表率，成为广大公安民警学习的榜样。

（1）要在行动上垂范，做到以身作则。

（2）要在职守上垂范，做到廉洁奉公。

（3）要在生活上垂范，做到艰苦奋斗。

（四）作风上要民主

公安政治工作干部的作风很广泛，包括思想作风、工作作风、生活作风等。

（1）要有牢固的群众观点。

（2）要有平等待人的态度。

（3）要有团结共事的胸怀。

（五）事业上要进取

事业上要进取，就是指公安政治工作干部要忠诚于党的公安政治工作事业，从党和人民的利益出发，以公安政治工作为己任，积极进取，奋力开拓。

（1）要有强烈的事业心和责任感。

（2）要有开拓创新的精神。

（3）要有百折不挠的斗志。

三、公安政治工作队伍的科学文化素质建设

公安政治工作是一项政治性、思想性、实践性、科学性、艺术性很强的工作，做一名称职的公安政治工作民警，除了具备很强的政治素养，掌握公安工作必要的专业理论，还必须具备相应的科学文化素质，以适应科学技术日新月异的发展趋势。

（一）文化心理素质要扎实

公安政治工作民警要有扎实的基本理论、丰富的文化知识。首先，必须掌握与政治工作密切相关的心理学、教育学、伦理学、社会学、管理学等专业知识，把握广大公安民警的认识、感情、意志、个性等心理特征，了解他们的经济条件、家庭状况、社会关系和社会环境，掌握他们思想和行为活动的客观规律，有针对性地开展思想政治工作。同时，还要具有中外历史、语言逻辑、文学艺术以及现代新兴学科等方面的知识，并运用到实际的工作中去，只有这样才能扩大知识领域，开阔视野，提高知识素养和工作能力，才能适应新形势下政治思想工作的要求。其次，要具备较高的文字表述水平和语言表达能力，练就各种大小场合敢讲话、不怯场的素质。在作演讲报告、个别谈心、主持会议时，言辞明白、口齿清晰、以情感人、以理服人；撰写的材料力求做到观点鲜明准确、文笔生动流畅、结构严谨合理；汇报工作简明扼要、抓住重点、切中要害；做群众工作要有真情实感、亲切和蔼；规劝他人要动之以情、晓之以理，让对方心悦诚服；批评公安民警要善于循循善诱，让人领悟到“言外之意”“弦外之音”，促其幡然醒悟、改正错误；表扬公安民警要激励斗志、鼓舞士气，促使后进公安民警寻找差距、迎头赶上。

（二）科学技术素质要过硬

1. 夯实科技知识基础

公安政治工作民警需要具有以下科技知识技能：①信息技术知识。公安政治工作民警需要了解基本的计算机技术和网络技术，如计算机操作、网络通信、网络安全等，能够处理简单的技术问题，同时也要具备防范网络犯罪和网络谣言的能力。②数据分析技能。公安政治工作民警需要了解如何使用数据分析工具，如 SPSS 和 Python 等，对大量数据进行处理和分析，对现实状况和

未来趋势作出有用的结论。③人工智能和机器学习知识。公安政治工作民警需要了解人工智能和机器学习的基本原理和应用，以便更好地应对新形势下的挑战。④社交媒体管理技能。公安政治工作民警需要了解如何使用社交媒体进行宣传和管理工作，包括社交媒体平台的运营、内容制作、危机应对等。⑤科技伦理知识。公安政治工作民警需要了解科技伦理的基本原则和规范，如隐私保护、数据安全、人工智能的道德规范等，以避免出现伦理问题。

2. 培养智慧政治工作素质

智慧政治工作建设是新时代智慧警务建设的重要组成部分，主要以信息化、智能化、网络化、可视化为特征。智慧政治工作建设需要为队伍管理和公安民警职业生涯发展提供支撑服务保障，实现队伍管理高效化、辅助决策智能化、绩效考核自动化、实战训练一体化、惠警服务精准化。对此，公安政治工作民警需要培养以下智慧政治工作素质：①具有数字化思维模式，善于运用数字技术来解决问题和推进工作。②具备数据分析能力，能够从海量数据中提取有价值的信息，为科学决策提供支持。③具有信息化系统应用能力，不断提高工作效率和质量。④具备信息安全意识，保护信息安全的能力和责任感。⑤善于分享交流案例，能分享数字化工作经验和成果，帮助其他公安政治工作民警共同学习、共同进步。

（三）加强战时动员能力

当面对重大安保工作和突发性重特大事件，要号召公安民警放弃正常休息参加高强度工作，这就需要公安政治工作民警具备强大的战时动员能力。战前动员、战时监督、战后总结，都需要公安政治工作民警应始终保持清晰的思路，严格按照预定的程序和工作规范开展工作，保证每项重大工作任务的顺利完成。首先，要有全面协调能力。针对各种突发事件，明确细化各部门职能，完善动员程序，规范动员环节，为战时动员奠定基础；明确各项动员工作制度，规范动员工作的指挥和管理，提高动员工作的稳定性和实效性。其次，要有动员预案制定能力。按照平时动员准备、战时快速动员的要求，贴近实战需要，采用定人、定时、定点等方法，有序实施战时动员各项工作。最后，要有动员演练组织能力。把全警动员纳入年度演练计划，按动员级别和层次、动员要求和程序，有重点地组织各单位全过程开展战时动员和实战演练，练程序、练方法、练指挥、练协同、练保障，检验动员预案的可行性，确保动员能力的提高和动员任务的完成。

四、公安政治工作队伍的业务技能建设

公安政治工作干部的业务技能，是指他们分析问题、解决问题、胜任工作的本领。公安政治工作队伍的业务技能建设，就是公安政治工作部门领导者采取一定的措施，加强公安政治工作干部自身修养，提高他们独立工作、解决问题、达到预期目的的能力。根据公安政治工作的实践经验和适应新时代政治工作的一般要求，公安政治工作干部的业务技能主要如下。

（一）组织协调技能要高超

公安政治工作干部的组织协调技能主要表现在两个方面。

1. 组织政治工作力量的技能

要完成公安政治工作任务，单靠公安政治工作干部孤军奋战是不够的，还必须善于组织各种力量一道去做，这种能力主要表现在以下几方面：

（1）能够协助行政领导，当好行政领导的助手，出谋献策，引起领导重视和推动政治工作的开展。

（2）能够依靠党、团组织共同开展政治工作；能够组织群众性的宣传队伍，运用群众智慧来共同做好政治工作。

（3）能够组织和调动本单位、本地区的政治工作队伍，抓住重点，解决政治工作中的问题。

公安政治工作干部要充分发挥自己的组织技能和艺术，调动这些力量，不是靠发号施令。

2. 协调各种关系的技能

公安工作是一种群体活动，涉及内部的、外部的各种关系。内部的如领导与被领导之间，领导与领导之间，领导与上级领导、下级领导之间，公安民警与公安民警之间，公安民警中的先进与后进之间，以及各单位各部门之间，等等，无不存在着种种关系。外部的如广大公安民警同人民群众之间，公安机关同其他政府机关之间，等等，同样存在着种种关系。各种关系发生矛盾是经常的，有许多矛盾要靠公安政治工作干部去协调解决，因此协调技能是不可缺少的。解决矛盾，调整好种种关系，是一个较为复杂的过程。不同人的地位、需求、心理状况和工作性质各不相同，如何协调一致，需要公安政治工作干部根据不同对象，分别采取不同的对策，达到弄清情况、明确性质、分清是非、收到良好效果的目的。

（二）调查研究技能要熟练

调查研究是马克思主义思想路线在实际工作中的具体运用，是公安政治工作干部做好政治工作的前提和必须具备的基本功。调查研究的技能，包括调查了解情况的技能、分析研究材料的技能和整理综合材料的技能。这三种技能相互联系，并贯穿于调查研究的全过程。调查了解情况，通常采用典型调查、重点调查、全面调查的方式，以及召开座谈会、听取汇报、个别访问、查阅资料、民意测验等方法，达到全面、及时、准确掌握情况的目的。调查研究不仅表现为正确的思维方式和科学方法，而且是以一定的理论知识和实践经验为基础的。公安政治工作干部的调查研究技能，是以发现、认识事物和求得解决现实问题的方法和措施的水平来衡量的。

（三）分析判断技能要敏锐正确

分析判断技能，就是公安政治工作干部对政治工作中出现的问题、现象、情况，能够做出科学的分析和准确判断，为决策提供可靠依据的本领。公安政治工作的过程往往充满复杂性、多变性和随机性。工作对象又是具有复杂思维活动的人，要正确地处理和解决思想工作和组织工作中的各种问题，正确地提出任务，制订计划，正确地认识形势，抓住新事物，这就要求公安政治工作干部具有较强的分析判断问题的技能。这种技能主要表现为独立思考，观察事物敏锐，善于辨别真伪，有深谋远虑、当机立断的魄力等方面。

（1）能够在复杂的事物中抓住主要矛盾，运用创造思维的方法，进行科学的归纳、判断和分析，提出解决问题的办法。

（2）能够在大量的日常工作中，区分主次和轻重缓急，有秩序地予以安排和解决。

（3）能够在复杂的人际关系中，准确判断每个人的思想态度和表现，分别采取措施，调动他们的积极性和主动性。

（4）能够有预见性，提出本单位、本部门一段时期的工作计划和部署。

（5）能够在公安民警对人对事的认识和评价出现分歧之时，在遇到某种偶发事件或事物迅速变化之时，果断做出判决，迅速处理问题。

（四）表达技能要流畅准确

表达技能是公安政治工作干部应具备的一种重要专业工作能力，是实现公安政治工作目的的重要手段。公安政治工作干部的表达技能，主要包括口头表达技能、文字表达技能和艺术表达技能三个方面。

1. 口头表达技能

口头表达技能就是公安政治工作干部将自己的思想、观点、意见、建议，运用生动有效的表达方式传递给工作对象，并对其产生一定影响效果的能力。口头表达技能，主要包括公安政治工作干部在各种会议上的发言能力，对不同工作对象的说服教育能力，面对复杂情况的应付、咨询、质问、答辩能力。良好的表达技能，是公安政治工作干部实施有效管理活动的武器，有助于提高和发挥公安政治工作部门的组织指挥、疏通协调的效能。所以，如何把话说好，使人爱听，听得明白，公安政治工作干部不得不下一番苦功进行修养。

2. 文字表达技能

文字表达技能也可以称为书面表达技能，就是公安政治工作干部将自己实践经验和决策思想运用文字的方式使其系统化、科学化、条理化的一种能力。或者说是公安政治工作干部能够把自己进行宣传教育的内容，见之于文字，通过报刊、广播、简报、文件等，影响工作对象的本领。政治工作干部掌握较强的文字表达技能，不仅能够准确地对下属部门提出工作要求，对领导机关报告工作情况，而且能够总结提炼自己从实践中产生的经验，使自己的认识水平、工作水平不断向着高层次发展。根据政治工作的客观需要，政治工作干部的文字表达能力主要表现在以下方面：

（1）能够善于把上级的指示、要求和本地区、本部门、本单位的实际情况结合起来，通过书面形式，提出贯彻执行的具体意见和办法。

（2）能够起草重要的文件、讲话、报告、总结、简报、典型材料、规章条例。

（3）能够及时总结工作中的经验教训，写出有条理、有创见的文字材料。

（4）能够有效地处理日常公文和材料的起草、审定、修改。

3. 艺术表达技能

艺术表达技能，也称为形象表达技能，就是政治工作干部善于把思想政治教育的内容，运用电视、电影、图片、图表、幻灯片、书画及其他艺术形式，通过艺术的感染力来影响工作对象的能力。随着现代社会政治、经济的发展，随着公安队伍文化程度的提高，随着广大公安民警艺术爱好的日益增多，公安政治工作干部具有一定的艺术表达能力，将会增强工作的吸引力、感染力和有效性。近些年来，许多公安政治工作部门组织的警乐团、艺术团、歌唱队、卫士书画展览、节日警民联欢等活动，不仅活跃了公安队伍的文化艺术生活，有利于陶冶公安民警的情操，而且对于树立人民警察的良好的形象，加强警民的联系和了解起到了很好的作用，同时也说明了公安政治工作形式的新发展，以及公安政治工作干部进行艺术修养和具备一定艺术表达能力的重要意义。

五、公安政治工作队伍建设的途径

前面我们讨论了公安政治工作队伍政治思想建设、科学文化素质建设、业务技能建设的主要内容，说明了新时期公安政治工作干部应具备的素质要求和知识结构。要达到这一目的，不是一朝一夕能够实现，也不是经过几次学习和训练培养能够得到解决的，而是要经过不断训练和自我修养的长过程。为此，有必要探讨加强公安政治工作队伍建设的基本途径，提高公安政治工作干部素质的方法。

对公安政治工作干部的培养训练，总的目的是实现公安政治工作队伍的革命化、正规化、专业化、职业化，坚持理论和实践相结合的原则，既要加强理论学习，又要亲身参加实践，努力在理论和实践的结合上提高。就其具体途径来说，主要有两种：一是各级领导干部和领导部门应予考虑和采取的措施，二是公安政治工作干部应在自身修养上下功夫。对领导干部和领导部门来说，首先要对造就一支合格的公安政治工作队伍有足够的认识。公安政治工作干部是专业干部，要适应新形势新任务的需要，不能不下大力气进行建设，不断提高他们的素质。近些年的事实说明，公安政治工作干部队伍思想的稳定、作风的良好、工作的深入，对于整个公安队伍的稳定，对于经受住种种政治风浪的冲击起到了重大作用。没有一支精干的公安政治工作干部队伍，公安政治工作必然会受到削弱，公安队伍建设必然会受到影响，公安工作就会缺乏必不可少的保证力量，培育锻造“四个铁一般”公安铁军的目标也会落空。其次要从实际出发，采取各种形式和办法，培养和提高公安政治工作干部的专业水平。

（一）抓好调整充实

公安政治工作队伍是一支兢兢业业、任劳任怨，忠诚于党的公安政治工作的队伍。但是也存在着问题，不论是在数量上还是质量上，都还不能适应新形势新任务的需要，要不断抓好公安政治工作队伍的调整充实。

（1）按照标准选拔公安政治工作干部。

（2）按照需要配足公安政治工作干部。

（3）按照需要合理调配公安政治工作干部。

（二）搞好教育培训

培养、教育、训练，是改善和提高公安政治工作干部素质，加强公安政治工作队伍建设的中心环节。

1. 正规培训

正规培训是一种坚持一定标准和规划，帮助公安政治工作干部较系统地学习基本理论和专业知识的一种方式。公安政治工作干部的正规培训制度，同整个公安机关干部培训制度相一致，过去在原则上做过许多规定，近些年来逐步走上了制度化。公安系统的正规化培训有两种制度：

（1）各级公安院校的多层次、多规格、多形式的正规教育。比如设置公安管理或者公安政治工作专业，培养四年制本科毕业的公安政治工作专门人才；开设公安政治工作班，用3～6个月的时间帮助公安政治工作干部学习基本理论和政治工作专业基础知识；有些地方把公安政治工作干部送往地方院校深造学习1～2年；等等。

（2）干部管理上的培训制度。如分级培训制度，各级公安机关负责培训不同级别的干部；定期轮训制度，每个干部工作一定时期后，必须接受培训学习；晋职培训制度，对拟晋升的干部进行必要的训练；录用培训制度，吸收新公安民警先培训后上岗工作；等等。

上述两个方面的正规的培训制度，还处于不断完善和发展过程中，在内容和管理上还有许多问题，有待在实践中逐步明确和解决。比如，在培训内容和规格方面，如何同公安政治工作的发展水平相适应；在培训教材方面，如何规定和编写统一的教材；在培训方法方面，如何精心设计有效措施，并成为各级公安政治工作机关必须严格执行的制度；等等。不解决这些问题，要改变目前培训公安政治工作干部的落后状况，使之达到正规化的要求，将是困难的。

2. 在职培训

正规培训也可视为脱产学习，在职培训是一种不脱产的进修方式。脱产学习培训，在同一时间、同一部门人数不可能太多，所以有一定限度。对在职干部的培训，通过长期实践已探索出了一些较好的方法，易于普遍实行，能够有效地同工作实际相结合。

（1）业余自学。

（2）专题培训。

（3）专题讲座。

(4) 现场观摩。

此外，组织自学小组、业务测验、技能表演等方法，在一些单位也做过试验，对提高公安政治工作干部的知识、技能水平具有一定的作用。总之，教育培训干部的方式，只要坚持因时因地制宜的原则，就能够不断丰富完善起来。

(三) 完善管理制度

公安政治工作干部素质的提高和公安政治工作队伍的稳定，除了抓好调整充实、搞好教育训练之外，还要靠公安政治工作部门和领导干部的科学管理，让他们在工作实践中锻炼，这是培养人才、发现人才、使用人才，有利于公安政治工作队伍成长不可缺少的一环。

1. 建立岗位责任制

建立公安政治工作干部的岗位责任制，贯彻职责、权力、利益相统一的原则，使每个公安政治工作干部都有确定的可以考核的具体责任、为完成任务的办事权力、根据工作优劣得到的奖惩，从而大大增加公安政治工作干部的事业心和责任感，有利于克服工作中职责不清、分工不明、办事拖拉的弊端，使工作更有秩序、更有效率。需要认真总结经验，使岗位责任制更加符合制度化、科学化的要求，更易于推广和坚持。

2. 关心切身利益

公安政治工作干部是做人的工作，经常要关心公安民警的生活，这是他们的光荣职责，但他们也有许多实际问题需要关心和解决。公安政治工作干部多数是党员，基于职业心理的原因，他们往往不大愿意表露自己的困难，这就需要领导部门和领导干部主动去关心他们的实际困难，在评定工资、晋级、晋衔、奖励时，注意到同其他公安民警一样。当前，需要更多地尊重和爱护公安政治工作干部，大力表彰公安政治工作干部，才能更好地维护公安政治工作权威，加强政治工作队伍建设。

复习思考题：

1. 怎样理解公安政治工作主体、客体各自的含义、结构和特点？
2. 公安政治工作机构是怎样设置的？其性质和职能是什么？
3. 公安政治工作机构建设的基本内容有哪些？
4. 公安机关中的党组织是怎样设置的？其任务和作用是什么？
5. 你认为做一名合格的公安政治工作者应具备什么样的素质？

第四章　公安政治工作客体

本章所阐明的公安政治工作客体，侧重于民警工作和群众工作。民警工作是公安政治工作的直接客体和主要对象，群众工作是公安政治工作客体的重要组成部分。

第一节　公安政治工作的民警工作

民警工作是公安政治工作的直接客体和主要作用对象。其主要任务是揭示公安政治工作的民警工作的含义和意义，阐述民警工作的基本要求和基本内容，最终从共性上阐明民警个体和群体的特点，并根据这些特点提出有针对性且便于操作的基本的公安政治工作方法。

一、民警工作的含义和意义

（一）民警工作的含义

公安政治工作中的民警工作，是指公安政治工作主体对广大公安民警进行教育、组织、协调、管理等全部活动和行为的总称。这个定义有三层意思：第一，民警工作是公安政治工作的直接客体和主要对象。第二，公安政治工作主体是开展民警工作的主要实施者。第三，公安政治工作主体对广大公安民警开展政治工作的内容主要包括思想教育工作、组织管理工作、沟通协调工作、监督管理工作等。

（二）民警工作的意义

维护国家政治安定和社会稳定离不开强有力的公安工作，而强有力的公安工作离不开广大公安民警的共同努力。做好民警工作，对建设一流的公安队伍，创造一流的公安工作业绩，具有十分重要的意义。

1. 民警工作是公安政治工作客体中的主要成分

在公安政治工作领域里，民警工作是公安政治工作的直接客体和主要对象。与群众工作相比，民警工作在公安政治工作客体中处于领先的地位，是公安政治工作客体中的主要组成部分。只有做好了广大公安民警的政治工作，才能建设强大的公安队伍。

2. 民警工作是建设强大公安队伍的决定因素

全面建设社会主义现代化国家，离不开国家安全和社会稳定；维护国家安全和社会稳定，离不开强大的公安队伍。建设强大的公安队伍，必须靠强有力的公安政治工作来保证。加强民警工作，有利于严密公安组织，增强公安队伍的凝聚力，着力锻造一支有“铁一般的理想信念、铁一般的责任担当、铁一般的过硬本领、铁一般的纪律作风”的公安铁军。

3. 民警工作是提高公安机关整体战斗力的主要环节

公安机关整体战斗力，是指公安机关内部经过科学组合，并在实践中充分发挥各组成部分的作用，所形成的大于各部分功能相加之和的整体力量。公安机关整体战斗力是由管理体制、警民数量、公安民警素质、战略战术、科技装备、后勤保障等诸多要素构成的。其中，公安民警的数量和素质，是公安机关整体战斗力构成的根本要素。因为，人的因素第一，人决定事，事在人为。加强民警工作，对于提高公安机关的整体战斗力，开展强有力的公安工作具有根本性的意义。

二、民警工作的基本要求和基本内容

（一）民警工作的基本要求

民警工作的基本要求，来自党和人民的意志、利益及国家的法律规范，是由公安机关的性质、职能和历史使命决定的，是公安政治工作主体对广大公安民警开展政治工作的内在根据和基本规律的反映。

1. 政治要求的纯洁性

公安机关是人民民主专政的重要工具，担负着维护国家安全和社会稳定的重大使命。政治性是公安机关的第一属性，讲政治是公安民警的首要要求。绝对忠诚、绝对纯洁、绝对可靠，坚决听党指挥，永远对党忠诚，是公安队伍最重要的政治品质和精神本色。政治要求的纯洁性对于公安民警来说至关重要。如果不强调这个原则问题，公安工作就会偏离政治方向，就不能发挥人民民主专政重要工具的职能作用。

2. 组织管理的严密性

公安政治工作的组织管理，是指公安政治工作主体在公安政治工作中建立和运用公安组织机构的过程，主要包括根据公安机关的职能，设计合理的机构编制、安排合适的公安人员、规定必要的组织纪律等问题。公安机关是人民民主专政国家政权的重要组成部分，必须进行严密的组织管理，才能把广大公安民警的力量整合起来，形成向着共同目标前进的统一整体；否则，公安队伍就是一盘散沙，形不成合力，公安工作就难以开展。

3. 专业才干的多样性

专业才干，是指在某一专业领域里的素质和才能。公安民警的专业素质和才能不同于一般专业人才。一般专业人才的专业才干往往比较单一，而公安民警面临的对象是纷繁复杂的，工作是多种多样的，这就决定了公安民警必须具备多样性、综合性的才干。尽管在公安机关内部有不同警种之分，但公安业务往往是密切相关和交叉渗透的。因此，公安政治工作的民警工作要从专业才干的多样性出发，教育培养“一专多能”的复合型人才。只有这样，才能做到一警多能、一警多用，适应纷繁复杂的公安工作需要。

4. 素质要求的先进性

公安民警的素质，是指具有良好自然基础的人，经过后天的公安工作实践锻炼所形成的，能胜任公安工作的政治、思想、品德、文化、心理素养以及公安业务技能和身体状态的总称。公安机关是人民民主专政的重要工具，决定了对人民警察素质要求的先进性。一要有过硬的政治素质，永葆忠于党、忠于祖国、忠于人民、忠于法律的政治本色；二要有高尚的思想品格和道德素质；三要具备精深的公安业务素质、法律素质和较高的文化素质；四要具备良好的心理素质、体能和技能；等等。只有具备了先进的素质，公安民警才能胜任现代警务工作。公安政治工作的民警工作，要实现素质先进性的要求，就要坚持依法从严治警、科教强警的战略方针，通过强有力的政治工作和教育训练，使公安民警人人素质优良，个个精明强干。

5. 工作对象的层次性

系统论认为，任何一个系统，不仅具有整体性特点，而且具有鲜明的层次性特点。社会学认为，由于社会结构的复杂，决定了人与人之间的层次差别。公安民警这个群体，与其他社会群体一样，也存在着不同的层次，主要有身份层次（干部、公安民警、离退休人员等）、年龄层次、文化层次、能力层次、心理层次等。公安政治工作的民警工作，不仅要善于运用党的创新理论回答广大公安民警普遍关心的问题，而且要针对公安民警的不同层次特点开展工作。例如，针对不同公安民警的思想认识问题，进行说服教育；针对不同公安民警的实际困难，提出解决办法。只有注重工作对象的层次性，公安政治工作才有针对性，才能取得理想效果。

（二）民警工作的基本内容

民警工作的基本内容，是实现民警工作基本要求应发挥的职能及运作指向。换言之，即公安政治工作主体通过发挥其职能作用和科学运作，去实现民警工作的基本要求。

1. 教育工作

教育工作是公安政治工作中民警工作的一项重要职能，指的是公安政治工作主体对广大公安民警进行宣传、动员、培养、训练，全面提高他们的素质，以适应公安工作的实践需要。教育工作主要包括思想政治教育和业务技能教育。

2. 组织工作

组织工作是公安政治工作中民警工作的又一项重要职能，指的是公安政治工作主体对所属公安机关的人和事进行科学有效的整合，以发挥民警个体和群体的最大效能。民警工作中的组织工作是一项系统工程，主要包括以下几方面：

（1）研究、选择公安体制。研究、选择科学的公安体制是组织工作中一项十分重要的内容。公安政治工作主体在研究、选择公安体制时，要把握下列基本原则：一是要与公安机关的性质、职能、任务相适应，二是要保证中国共产党对公安机关的绝对领导，三是要有利于践行全心全意为人民服务的宗旨，四是要有利于贯彻民主集中制原则。

（2）研究、确定公安队伍的合理构成。公安队伍的合理构成，是指根据公安机关的职能和实际需要，把不同年龄、不同专业、不同能力的公安民警，按照一定的比例有机地组织起来，形成一个适应现代公安工作需要的最佳结构。

（3）公安人事管理。这是指为实现公安队伍的合理构成，全面提高公安机关的整体战斗力，发挥最佳功能而进行的一系列组织管理活动。公安人事管理的主要任务：一是协助地方党委管理省、地、县公安领导干部，二是协助政府人事部门做好编制、人事管理工作。公安政治工作主体要按照权限划分，根据公安民警的工作性质、任务和特点，做好组织人事管理工作。其主要内容有：

①预测、制定公安人才规划。

②确定合理的编制。

③录用、选配公安民警。

④准确任用公安民警。

⑤考核公安民警。

⑥按照党、团章的规定，开展公安机关的党、团组织建设。

⑦按照《中华人民共和国人民警察警衔条例》和《中华人民共和国人民警察警衔条例实施细则》的规定，做好警衔的管理工作。

⑧根据《中华人民共和国公务员制度（暂行办法）》及有关人事政策、法规，做好离退休公安民警的组织管理工作。

3. 协调工作

公安政治工作中的民警工作的协调职能，是指公安政治工作主体在民警工作中，对出现的不平衡或矛盾，通过及时调整、沟通，使上下之间、部门之间、公安民警个人之间和谐相处，为着共同的目标而努力奋斗。协调的意义在于能使个人服从集体、局部服从全局，使各局部、个人消除相互之间的矛盾和内耗。通过协调，搞好单位之间、个人之间的协作、配合与平衡，增进内部团结，公安队伍可良性运转，发挥最佳的整体功能。公安政治工作的民警工作是做人的工作的，而人的工作是很复杂的，这就决定了公安政治工作主体需要协调的领域较多，既有内部协调，又有外部协调。就内部而言，主要有公安系统内部整体与部分、全局与局部、两种不平衡状况以及具体利益关系的协调等。

4. 监督工作

监督，即监察和督导。公安政治工作中民警工作的监督职能，是指公安政治工作主体根据集体决策、计划规定的目标、任务及其规范，在执行过程中经常检查广大公安民警的贯彻落实情况，及时总结推广经验，发现问题，查明原因，并采取有效措施，以确保公安政治工作目标的实现。

公安政治工作的民警工作之所以需要发挥监督职能，是因为监督是公安决策、计划得以实现的必要手段。如果没有监督，将失掉控制；失掉控制，就无法实现公安政治工作目标。监督是保证公安队伍健康向上的必要手段。它可保证广大公安民警的正确政治方向；保证广大公安民警严格执行党的路线、方针、政策，国家法律和组织纪律；保证广大公安民警正确认识并运用好法律赋予的权力，清正廉洁。实践证明，没有监督的权力必然走向腐败。公安政治工作的监督工作对于约束权力、预防腐败是十分重要的。

公安政治工作主体发挥监督职能作用，可分为三个阶段：一是制订监督计划；二是观察评价；三是实施监督控制，包括总结推广经验、纠正偏差。在监督过程中，要遵循四项原则：服从服务于公安政治工作目标，实事求是，及时有效，连续进行。实践表明，做好监督工作，一方面，组织、责任、手段、方法要配套；另一方面，公安政治工作主体要自觉接受监督。

第二节　根据民警个体特点开展公安政治工作

一、民警个体的特点

民警个体的特点，是指民警个体在一定的时间、空间条件下所表现出来的特定属性。这个定义表明，首先，民警个体的特点是以一定的时间、空间条件为依托的。其次，民警个体的特点是以民警个体表现出的特定属性为内容的，并区别于民警群体的特点。

（一）独立性与依赖性并存

这个特点是民警个体与组织相比表现出来的。一般说来，我们的公安民警大多是 20 岁以上的成年人，通过党的教育和自身的实践，其思维、工作、生活、社交、处理个人问题等方面都有一定的主见，具有较成熟的判断是非的能力，不轻易听信别人说三道四，呈现出较强的独立性特点。但是，当他们在政治上、思想上发生困惑，在工作上遇到困难，在生活上出现波折时，就会产生强烈的求助感，其中依赖组织帮助解决尤为明显。尽管这种依赖性有隐蔽和外显之分，但依靠组织帮助指点、求助组织解决困难的心情是十分迫切的。

（二）稳定性和可变性相随

这个特点是民警个体思想情绪的表现。一般而言，公安民警经过长期学习和磨炼，其思想和情绪已不同于少年儿童那样脆弱，而是相对稳定，较为成熟和老练。同时，这种稳定又是相对的，一旦遇到大环境的变化，如突如其来的打击、不幸或灾祸，又暴露出不稳定、可变性的一面。

（三）外倾性与内倾性各异

这个特点是民警个体心理素质的表现。管理心理学认为，气质是人的个性心理特征之一，指某个人典型地表现于心理过程的强度、心理过程的速度和稳定性以及心理活动的指向性等特点。人的气质是客观存在的，民警个体同样具有不同类型的气质，有的公安民警外倾性气质明显，有的公安民警内倾性气质突出。一般说来，人的气质是通过人与人之间的互相交往显示出来的，是可以被人认识的。通过研究人的气质，正确认识不同气质的优缺点，更好地了解公安民警个体的气质类型和特点，可以帮助我们更准确地开展公安政治工作，科学用人。

（四）理想性与现实性同具

这个特点是民警个体人生理想的表现。现实生活中，人们大都有一定的理想，公安民警也不例外。公安民警的理想，是他们对客观事物发展的现实可能性的反映，是对客观事物发展趋向与结果的描绘和向往。公安民警的理想作为一种社会意识，其内容是多方面的，主要包括社会理想、道德理想、职业理想和生活理想。事实证明，凡是有作为的公安民警，都是树立了坚定正确的理想，并在实践中努力为实现理想而奋斗的人。同时，公安民警又是现实生活中的人，他们的理想没有脱离现实，而是建立在现实基础之上。具体表现为考虑问题比较实际，工作上讲实干、求实效，更多的是用行动而不是言语来证明自己，等等。

二、针对民警个体具体情况开展公安政治工作

公安政治工作要加强针对性，这是不言而喻的。只有加强针对性，才能触动公安民警的内心，抓住公安民警的思想和心理。只有符合客观实际，满足公安民警的主观需要，解决公安民警最关心、最迫切的现实问题，才能真正做好民警工作。针对民警个体具体情况开展公安政治工作，是公安政治工作客观规

律的反映。

（一）针对民警个体不同需要开展公安政治工作

需要是管理心理学的一个概念，是指人对某种目标的渴求或欲望，是个体的一种主观状态，是客观的反映。人的需要是多方面的，主要有物质需要、精神需要、信息需要、工作需要等。研究公安民警的个体需要，了解公安民警的心理和行为规律，目的是有针对性地开展公安政治工作，激发公安民警的动机和行为。具体工作中，应注重五个方面：一要给公安民警必要的物质条件，包括工作和生活条件；二要给公安民警充分的精神条件；三要给公安民警准确的信息条件；四要给公安民警自主管理的条件；五要合理正确地安排公安民警的工作。

公安政治工作主体要针对民警个体不同需要开展公安政治工作，其基本原则是：从实际出发，正确处理国家、集体、个人三者之间的关系。满足公安民警需要的方法主要有：首先从调查研究入手，了解和掌握公安民警在想什么、有什么需要解决的问题；其次对个体需要进行综合分析，逐步地、合理地解决有关问题。在对待“需要”这个问题上，必须处理好个人需要与集体、国家需要，目前需要与长远需要的关系。当有些需要不能满足或一时不能满足时，应向公安民警解释清楚，做好思想疏导工作。

（二）针对民警个体不同思想行为开展公安政治工作

思想和行为是两个既有区别又有密切联系的概念。人们的一切行动是受思想支配的，而支配行动的思想，是人们所处的社会条件、生活条件、文化教养以及环境影响等客观条件作用于大脑的结果。这个思想和行为活动的基本规律，与公安民警的思想行为是一致的。公安政治工作的对象主要是公安民警，其主要任务是研究公安民警的思想和行为的活动变化规律，并针对不同的思想行为开展公安政治工作。针对公安民警不同的思想行为开展公安政治工作，是公安政治工作主体的基本职责。

（三）针对民警个体不同业务任务开展公安政治工作

公安政治工作要与业务工作结合起来去做，是党的政治工作优良传统和一贯要求。公安民警是公安工作的主体，其职业行为是通过其开展公安业务和完成任务来实现。公安政治工作的最终目的是要保证公安业务正确开展和任务的顺利完成。针对民警个体不同业务任务开展公安政治工作的总要求是，根据各警种的业务工作规范要求和完成各项任务的要求，开展卓有成效的公安政治工作，充分调动广大公安民警工作的积极性、主动性和创造性，以保证各项业务和各种任务的圆满完成。公安政治工作主体要深入公安业务工作和完成任务的第一线，将公安政治工作融入公安业务工作和完成任务的全过程和各方面，尤其要抓住最能激励公安民警的最佳时机。如在重大行动前，要抓好重大意义和决策意图的教育；面对急难险重任务时，要抓好党员带头和攻坚克难的教育；取得重大胜利时，在庆功表彰的同时要做好反骄破满的教育；对廉政风险高的岗位和人员，要进行反腐倡廉教育和强有力的监督；等等。

（四）针对民警个体所处不同环境开展公安政治工作

公安民警接触社会面广，工作环境分散，因此针对民警个体所处不同环境开展公安政治工作是十分重要的。其主要任务是，帮助公安民警正确认识各种环境，适应环境，利用环境的积极因素，防止各种消极因素的影响，做到在艰苦环境中任劳任怨，在任何环境中都能信念坚定，一身正气，出淤泥而不染。

第三节　根据民警群体特点和层次开展公安政治工作

一、民警群体的特点

民警群体的特点，是指民警群体在一定的时间、空间条件下所表现出来的特定属性。我国是以工人阶级为领导的人民民主专政的社会主义国家，在这种社会制度条件下的民警群体，具有下列主要特点。

（一）鲜明的政治性

《中华人民共和国人民警察法》第二条规定：“人民警察的任务是维护国家安全，维护社会治安秩序，保护公民的人身安全、人身自由和合法财产，保护公共财产，预防、制止和惩治违法犯罪活动。”这一规定鲜明地体现了人民警察性质、任务的阶级性，民警群体的政治性。

（二）正确的思想性

人民警察是我国人民民主专政国家政权的重要组成部分，必须忠于党、忠于祖国、忠于人民、忠于法律。长期的实践表明，公安队伍之所以有坚强的战斗力，就是因为这个群体始终以科学理论作为行动指南。习近平新时代中国特色社会主义思想是马克思主义中国化时代化的最新成果，必须坚持用习近平新时代中国特色社会主义思想武装头脑，切实筑牢人民警察高举旗帜、听党指挥、忠诚使命的思想根基。

（三）明确的目标性

目标，是人们为之努力奋斗的方向所要达到的目的和结果。当前，民警群体的目标十分明确，就是依法充分发挥人民警察的职能作用，切实维护国家安全、社会安定、人民安宁，为全面建成社会主义现代化强国、实现第二个百年奋斗目标、以中国式现代化全面推进中华民族伟大复兴创造安全稳定的政治社会环境。

（四）严密的组织性

民警群体是国家为实现政治安定和社会稳定的目标，依照法定程序和特殊模式组合起来的，具有特殊职权、功能和高度权威性的系统。因此，民警群体的组织性是十分严密的。只有按照民主集中制原则进行严密组织，才能形成一个结构合理、信息畅通、指挥灵敏、高效多能的战斗群体。

（五）严格的规范性

民警群体不仅组织是严密的，而且还有一套严格的制度规范，保证这一群体科学、规范地运行，做到办事有程序、检查有标准、评比有尺度。

（六）清晰的层次性

民警群体为了发挥其职能作用，不仅具有整体性，而且在组织上实行纵向分层负责制，从中央到地方大的层次有 4 级，每一级又分 2 至 4 层。同时民警群体按年龄可划分为青年、中年、老年几个层次。可见，民警群体的层次性是十分清晰的。

二、针对民警群体不同层次特点开展公安政治工作

作为公安政治工作客体的民警群体，根据年龄、思想、经历及心理构成，呈现出不同层次和特点。公安政治工作主体只有把握了这些层次和特点开展公安政治工作，才能收到良好的效果。

（一）针对青年民警群体的特点开展公安政治工作

我国现阶段，青年民警的年龄为 18 至 35 岁。这个群体的基本特点：文化层次较高，思想活跃，接受新事物快，精力旺盛，行动敏捷；但社会阅历浅，易感情用事，自制力差，有时不能控制自己的行为等。公安政治工作主体要根据青年民警的上述特点，采取对应的方式开展公安政治工作。主要做法有：

（1）强化固本教育。

（2）建立激励机制。

（3）加强感情投入。

（4）采取灵活方式。

总之，培养教育青年民警是一项光荣艰巨的战略任务，关系到公安工作和队伍建设的未来。对此我们必须有清醒的认识和行动。

（二）针对中年民警群体的特点开展公安政治工作

我国现阶段，中年民警的年龄为 36 至 50 岁。这个群体的基本特点：世界观基本定型，心理结构比较稳定，思想情绪稳定，判断是非和自制力强，在事业上积极进取，精力充沛，工作成果大，是公安队伍的中坚骨干力量。同时，这个群体在工作上是骨干，担子特别重；在家庭上是支撑，上有老下有小，负担重、压力大。公安政治工作主体要根据中年民警的上述特点，采取对应的方式开展公安政治工作，主要做法有：

（1）继续引导，固本强基。

（2）知人善任，用好骨干。

（3）热情帮助，排忧解难。

总之，对中年民警群体开展公安政治工作，只要对他们稍加引导，紧紧依靠，多办实事，就会卓有成效。

（三）针对老年民警群体的特点开展公安政治工作

我国现阶段，老年民警的年龄为 51 岁至 60 岁。这个群体的基本特点：经验丰富，思想和作风老练，处理问题比较稳重和妥当，遇事不盲目随从。但由于自然规律，身体和精力开始衰退，感官功能降低，思想反应迟钝，有时表现出固执和偏狭等。公安政治工作主体要针对老年民警群体的上述特点，采取对应的方式开展公安政治工作，主要做法有：

（1）发挥优势，灌输新思想。

（2）积极开展保持青春活力的活动。

（3）关怀帮助，尽量满足需要。

总之，对老年民警群体开展公安政治工作，做到了上述三点，就会有很好效果。

（四）针对离退休民警群体的特点开展公安政治工作

随着离休、退休制度的实行，我国离退休民警的数量不断增多。针对这部分老同志的特点认真做好工作，是公安政治工作的一项重要任务。离退休民警的特点很多，主要表现为：他们大多接受了党的长期教育，对党和社会主义有很深的感情，工作上有丰富的经验和才能。他们保持着多年革命生涯所养成的关心政治的习惯和兴趣，珍惜自己的荣誉，有保持晚节、继续谱写光荣历史的愿望。在心理上，一方面自尊心强，渴望得到他人的尊重；另一方面部分人又存有失落感，在战斗岗位上奋斗了一辈子，一旦退下来，往往会感到无所适从，有时还会比较抑郁和痛苦。公安政治工作主体要针对离退休民警群体的特点，采取对应的方式开展公安政治工作，主要做法有：

（1）加强组织建设。

（2）注意思想建设。

（3）政治上多关心。

（4）生活上多照顾。

（5）积极组织开展有益于离退休民警身心健康的文体活动，使他们老有所乐，延年益寿，欢度晚年。

（五）针对党团员民警群体的特点开展公安政治工作

党团员民警群体是公安队伍中的中坚骨干，这两个群体具有政治强、组织纯、要求高、规范严的特点。针对党团员民警群体开展公安政治工作，主要是按照《中国共产党章程》和《中国共产主义青年团章程》的规定，加强思想、组织、作风建设，充分发挥党团组织的战斗堡垒作用和广大共产党员、共青团员的先锋模范作用。

第四节　公安政治工作的群众工作

一、群众工作的意义

公安政治工作客体中的群众工作，是指公安政治工作主体或通过组织广大公安民警对人民群众进行宣传、教育、组织、协调、沟通、服务等活动和行为的总称。这个定义说明以下问题：第一，公安政治工作客体中群众工作的主体，既包括专门从事公安政治工作行为的诸方面力量，又包括通过组织起来的广大公安民警；第二，群众工作的对象是除公安民警之外的广大人民群众；第三，群众工作的内容包括宣传、教育、组织、协调、沟通、服务等活动和行为。公安政治工作之所以要做好群众工作的意义如下。

（一）依靠群众、做好群众工作是公安政治工作客体的重要组成部分

党的十一届三中全会以后，公安工作的党委领导、群众路线、专门工作和广大群众相结合等优良传统，不仅得到了全面恢复，还有了重大发展。其中，党中央提出的社会治安综合治理的方针，就是党委领导下的专门工作与群众路线相结合路线的创造性运用和发展。尤其是 1991 年底党中央作出的《关于加强公安工作的决定》，提出发动群众，依靠群众，共同维护社会治安的方针。这是社会主义制度优越性在公安工作中的具体体现，是中国公安工作的特色和优势，是做好公安工作的重要途径。要真正依靠群众，坚持群众路线，首先必须做好群众工作。只有做好了群众工作，才能得到广大人民群众对公安民警的理解、支持和爱戴，坚持群众路线才能落到实处。同时，要真正做好群众工作，又必须有一个组织来实施。这个组织就是公安政治工作主体及其组织下的广大公安民警。所以，群众工作又是公安政治工作客体的重要组成部分。

（二）群众工作是中国特色公安工作的基础和力量源泉

公安政治工作做好群众工作的根本意义就在于，人民群众是我们社会主义国家的主人，是中国特色公安工作的基础和维护国家政治安定和社会稳定最伟大的力量源泉。首先，保卫国家安全与维护社会治安秩序，打击违法犯罪，彻底消灭社会丑恶现象，是人民民主专政的重要任务。其次，社会治安问题是各

种社会消极因素的综合反映，解决社会治安问题要靠全党、全社会的努力，实行综合治理，这是维护稳定的一个重要方面。最后，公安工作从本质上讲，是运用法律和政策来调整国家安全和社会治安方面的各种社会关系的。要调整好上述关系，首要问题是处理好公安民警与人民群众这个最基本的关系。警民关系密切了，就为解决其他各种社会矛盾打下了良好基础，公安工作就会得到人民群众的广泛拥护和普遍支持，各种困难和问题就能得到顺利解决。这就是公安工作最可靠的后盾和最大的政治优势。

（三）群众工作是做好民警工作的重要依靠

当今世界正经历百年未有之大变局，我国发展面临着复杂严峻的国内外形势和诸多不确定、不安全因素，给公安队伍建设提出了新的挑战，公安民警也面临着多方面的考验，迫切需要加强公安民警的政治工作。新形势下要搞好公安队伍建设，不仅要在思想上、组织上、作风上练好内功，还要紧紧依靠人民群众来做公安民警的政治工作，从制度上公开接受人民群众的监督。这是因为人民群众是社会实践的主体，公安民警在人民群众中开展工作，最终要由人民群众来检验和评价。公安民警虚心接受人民群众广泛的监督，就可避免错误或少犯错误。即便犯了错误，也容易得到纠正。还有许多公安政治工作的内容需要直接依靠社会力量和人民群众来开展。因此，做好群众工作是做好民警工作的重要依靠。

二、群众工作的特点

公安政治工作的群众工作特点，是指群众工作本身的阶级性、人民性等内在本质。公安政治工作中的群众工作是一个广泛的范畴，在其对象、内容、政策、知识、运作、效益等方面都具有自身的特点。

（一）对象的广泛性

这一特点是由公安机关的性质、职能和公安工作的空间范围决定的。我国是人民民主专政的社会主义国家，决定了公安机关的性质和职能。第一，从性质上看，公安机关是我国人民民主专政国家政权中具有武装性质的治安行政和刑事司法专门机关。第二，从职能上看，公安机关要在党和政府的领导下，紧紧依靠人民群众对敌人实行专政和对人民实行民主。在对敌专政方面，要依法对蓄意破坏和推翻社会主义制度的敌对分子和敌对势力实施打击、制裁和改造，解决有关国家安全和社会治安中敌我性质的社会关系问题，以捍卫党的领导，保卫人民民主专政的社会主义制度，维护国家政治安全。在对人民民主方面，要通过各种专业手段，管理社会公共安全事务，实施预防、监督、控制、协调和服务等方面的行政管理活动，维护人民群众的生产、工作、教育、科研和社会生活等方面的正常秩序，保护人民民主、安全和合法权益。第三，从公安工作的空间范围上看，在我国凡是有人的地方，都有公安民警的足迹。正是基于上述原因，公安民警执行公务，需要发动和依靠人民群众，处处离不开人民群众的支持和帮助。

（二）内容的多样性

这一特点是由公安工作的广泛性决定的。如前所述，公安工作要依法对敌对分子实行专政，对治安秩序实行管理，对人民内部矛盾进行调节和处理，对灾害事故进行处置等。所有这一切牵涉群众的政治、经济、文化、人身等利益，要得到群众的帮助和支持，这就决定了群众工作的内容具有多样性。

（三）政策的严肃性

这一特点是由党的工作路线、政策决定的，关系到群众工作的方向和宗旨。在长期的实践中，党在马克思主义指导下，形成了“一切为了群众，一切依靠群众，从群众中来，到群众中去”的群众路线，全心全意为人民服务的根本宗旨，以及人民的利益高于一切，不得侵犯群众利益等理念。公安机关是党直接领导的队伍，为了保护人民群众的利益，国家法律赋予公安民警权力。为使这些权力正确行使，国家制定了许多保护群众利益的政策法规，如《公安人员八大纪律十项注意》等。这些政策法规是做好群众工作的方向和准绳，而且具有很强的严肃性，不能违反。实践证明，只有严格执行这些政策，才能做好群众工作。

（四）知识的广博性

这一特点是做好群众工作在技能上的要求。公安政治工作的群众工作主要是做人的工作，人是有生命、有思想、有感情、有创造力的复合体。由于各人的先天条件、后天努力、环境、机遇、年龄、资历、知识水平等不同而千差万别。正因如此，做好群众工作必须有广博的知识和能力，既要懂政治、经济、文化、法律、政策等一般常识，还要懂得处理各种情况的特殊知识，如各种公安业务知识和技能，心理学、公共关系学知识等。只有掌握了广博的知识和技能，才能得心应手地做好群众工作。

（五）工作的艰巨性

这一特点是由人民群众的主客观情况决定的。从客观上讲，人民群众分散在社会面上，有的居住分散，有的流动性大，加之交通、通信不便，有时很难找到。从主观上讲，人的思想、心理状态等差异不同程度地存在。上述主客观原因决定了群众工作运作起来并非易事。但应当看到，无论多么艰巨，公安民警都要知难而进，努力做好群众工作。

（六）效益的社会性

这一特点是群众工作最终目的的表现。做任何工作都应讲究、追求效益，群众工作也是如此。不同的工作有不同的效益标准，公安政治工作的群众工作所追求的是社会性效益，即通过一系列群众工作，看人民群众满意不满意、高兴不高兴、赞成不赞成。因为社会治安秩序的好坏，直接关系到群众的利益。他们有没有安全感，反映最敏锐也最客观。可见，效益的社会性是群众工作的一大特点，也是衡量群众工作质量的一面镜子或尺度。

三、群众工作的主要内容

公安群众工作是公安机关及其人民警察在依法履行职责过程中，贯彻党的群众路线要求，开展的警务沟通、宣传教育、组织动员和服务群众的工作，以获得群众理解、认同、配合和支持的各项活动的总称。

（一）警务沟通

警务沟通，亦指联系群众，通过良好的沟通密切联系群众，一直是公安机关的优良传统，是做好群众工作的基本前提。公安机关和公安民警要始终与人民群众保持血肉联系，深入基层开展调查研究，真正走进群众、了解民情、倾听群众呼声、掌握实际情况，要畅通沟通渠道，多方沟通群众，密切与人民群众的感情，建立良好的警民关系。

（二）宣传教育

宣传教育，包括宣传群众和教育群众，是指公安机关和公安民警采用一定的方式方法，通过社会主义法治、社会主义道德、公安政策、公安法规、警务公开、警务规范化、安全防范知识和技能的宣传教育，提高群众的法治意识、安全防范意识和见义勇为意识。此外，公安机关向群众报告工作，宣传公安民警在对敌斗争以及与犯罪作斗争中的英勇事迹，通过一系列的公共关系活动，维护和塑造公安机关的良好形象，也是群众宣传的重要内容。

（三）组织动员

组织动员，包括发动群众和依靠群众，就是围绕公安工作的任务和目标，调动群众维护社会治安的积极性，把群众的力量和公安机关的专门力量结合起来，把群众组织到治安防范、邻里守望的社会网络中，形成社会化的治安防范体系，共同维护社会治安和打击犯罪。

（四）服务群众

服务群众，是全心全意为人民服务的具体体现，也是公安机关所担负的职责所决定的。公安机关和公安民警必须为群众提供优质高效的服务，为人民群众的生活和工作提供便利。利用各种可能的机会热情服务人民群众，努力做一切有益于人民群众的事情，给人民群众带来实实在在的好处。

四、提升公安群众工作能力的要求

（一）坚持党的领导的要求

政治坚定、对党忠诚是建警之魂。要毫不动摇地坚持党对公安工作的绝对领导，铸牢对党绝对忠诚的政治灵魂。绝对忠诚于党是公安工作的根本原则，是公安群众工作一切实践活动的原则。公安群众工作必须以中国特色社会主义理论、马克思主义群众观、党的群众路线为指导思想，充分发挥公安机关、公安工作接触社会面广、与广大人民群众联系密切的优势，真正做到从群众中来，到群众中去，在广大人民群众的支持和积极参与下，让公安工作更加卓有成效。

（二）坚持人民主体的要求

坚持以人民为主体就是要把群众工作贯穿于各项公安工作之中。必须牢记人民公安为人民的初心和使命，把以人民为中心的发展思想贯彻落实到护安全、保稳定、促发展的各项工作中。群众路线的核心是坚持人民群众的主体地位，将人民群众的治安积极性调动起来，发挥其维护社会治安的主体作用。在实际工作中，要做到把宣传群众、发动群众、依靠群众与实现群众利益、满足群众需要相结合；把尊重群众与及时、正确引导群众相结合；把创新方式和注重实效相结合，避免各种官僚主义、形式主义问题出现。

（三）坚持依法平等的要求

依法办事是公安群众工作的基本价值取向，也是人民警察的基本职业操守。要准确把握和全面贯彻“严格、规范、公正、文明”执法要求，把打击犯罪同保障人权、追求效率与实现公正、执法目的和执法形式有机统一起来，坚持有法必依、违法必究、执法必严，坚持以法为据、以理服人、以情感人，努力实现最佳的法律效果、政治效果、社会效果。民警要严格依据法律开展执法活动，做到法律面前人人平等；要深入群众开展普法工作，提高群众的守法意识，以保证社会秩序的正常运行，保障人民群众的合法权益。

（四）坚持严守纪律的要求

纪律严明、作风过硬是公安群众工作的优良传统，也是新时代坚持从严治警方针，加强公安队伍革命化、正规化、专业化、职业化建设的重要保证。在开展群众工作时，一方面公安民警要严守公安机关的政治纪律、组织纪律、群众纪律、保密纪律、工作纪律；另一方面要实现公安群众工作的制度化建设，制度化管理是实现公安机关内部高效运转的工具。进一步完善公安群众工作制度，包括联系群众制度、服务群众制度、矛盾纠纷排查化解制度、评估监督和信息反馈制度等，实现公安决策尊重群众意愿，公安工作接受群众监督的格局。同时，必须加强对公安群众工作的管理和领导，对群众工作进行长期常态谋划。

（五）坚持继承创新的要求

继承与创新的关系，实质上是人们对社会发展客观规律的认识不断深化、不断扬弃的一个过程。公安群众工作创新也同样面临着这样一个继承与创新相结合的问题。坚持继承创新的要求，就必须认真回顾过去几十年来总结和形成的公安群众工作方法和经验，继承其精华，与时俱进把握群众工作的新变化。要掌握公安群众工作的基本理念，如社区警务战略理念，其核心是以预防和减少犯罪为目标，把警务工作的重点由传统的事后打击转移到事前防范上，依靠社会公众力量抑制犯罪；要坚持和发展新时代“枫桥经验”，要求公安机关及民警善于发挥群众工作优势，加快培育与现代社会治理结构相适应的基层社会组织，壮大平安志愿者、治安积极分子等队伍，调动各行业力量，打好防范化解风险的人民战争。通过加强公安基层基础建设，落实“矛盾不上交，平安不出事，服务不缺位”要求，把社区警务全面融入社区治理当中，坚持统一性与分散性相结合的治安治理，完善社会治安组织发展制度，让人民群众更有安全感、幸福感、获得感，提升对公安工作的满意度。

提倡和鼓励基层民警在群众工作中“微创新”，拓宽群众工作渠道，实现群众工作方法创新，提升群众工作能力。由于公安群众工作方法内容丰富、方式灵活，公安机关和民警要在不同的具体事务、对象、区域、情境中使用不同的方法。群众工作能力，就是指“着力练就懂群众心理、懂群众语言、懂沟通技巧，会化解矛盾、会调处纠纷、会主动服务、会宣传发动”即“三懂四会”能力。如今，群众工作能力更是一种专业化能力，要突出实战、实用、实效导向，促进民警群众工作能力提升。公安机关及公安民警还要适应新时代群众工作的新特点、新变化，更加注重运用现代化科技手段和新媒体技术，建立健全畅通民意、方便警民沟通互动的网上群众工作平台，通过运用新技术和新平台，创新互联网时代群众工作机制。

五、群众工作的方法

群众工作的方法，是公安政治工作主体为了实现群众工作目标，按其规律性所采取的运作方式和手段，是做好群众工作的桥梁。根据已有的成功经验和新的历史条件的客观要求，公安政治工作主体以及广大公安民警开展好群众工作的方法主要有以下几种。

（一）用新媒体技术宣传发动群众

随着社会的发展和信息技术的进步，网络媒体发展迅速。它以其独特的优势，如实时性、跨地域性、及时性、可视性、交互性等，大大增强了传播效果，受到人们越来越多的关注，成为当今社会宣传的重要媒介。新媒体时代的公安宣传媒介生态环境的变换，基层公安民警从聚光灯的背后走向传播舞台的中央。“传播好警察声音，讲好警察故事”成为警察群体走进新媒体时代的宣言。先进的传播技术引导公安宣传群众工作方法和手段创新，激发基层警务体制和机制的嬗变，从“两微一端”到“微警务”，从大数据、云计算到“智慧警务”，公安群众工作不失时机地将主阵地转移到新媒体，网络媒体在公安机关宣传发动群众中起着越来越重要的作用。首先，可以及时发布公安工作的新进展和新成果，让社会关注公安工作的动态，增强公众对公安工作的认同感，从而推动公安工作发展。其次，可以有效传播公安宣传的知识和理念，让更多的公众了解公安知识和理念，提高社会的安全意识，增强社会的凝聚力。最后，可以为公安工作提供资源支持，让更多的公众参与到公安工作中来，共同守护社会治安。网络媒体是公安机关宣传发动群众的重要媒介，公安机关应当在利用网络媒体进行宣传时，制订宣传计划，突出重点，加强舆论监督，建立完善的宣传机制，达到宣传发动群众的目的。

（二）用战略眼光组织群众

经验证明，广泛宣传发动群众对维护社会治安是必要的，但还远远不够，因为人民群众虽然通过宣传发动起来了，但其意志和力量还是分散的，难以形成统一意志和整体力量，难以把社会治安维护好。所以，必须面向基层，组织群众，实行群防群治，才能实现长治久安。现实还告诉我们，随着社会主义市场经济体制的建立，社会治安形势发生重大变化，原有的群众治保组织，如治安保卫委员会，对社会主义市场经济条件下的治安管理已不太适应，需要丰富其内涵，组织应更严密。

（三）用社区警务联系群众

在社会主义市场经济条件下，基层行政组织和企业行政职能，已不像计划经济条件下那样集中，许多情况下，基层公安机关、广大公安民警要和作为个体存在的公民打交道。因此，新形势下的群众工作要形成新的组织形式和运作方式。其中“社区警务”就是各地探索中的一种。所谓“社区警务”是一种以治本为主的预防犯罪战略，立足于公安民警所在的社区，实行公安民警和人民群众的合作。通过公安民警的优质服务来联系群众，密切警民关系，增强人民群众对社会治安的参与意识，形成治安防控网络，为创造稳定的社会治安环境打下坚实的群众基础。

（四）用责任制的方法依靠群众

维护良好的治安秩序，需要建立人人有责、人人尽责的社会治理共同体。必须在用宣传的方式发动群众、用战略眼光组织群众、用社区警务联系群众的同时，用责任制的方式依靠群众。实行严格的责任制，既是党和政府提出的社会治安“谁主管、谁负责”的原则要求，又是新形势下强化社会治安管理，调动社会各方面工作积极性的重要手段。

（五）用灵活多样的活动吸引群众

开展群众工作，要举办人民群众喜闻乐见、丰富多彩的活动。因为这些活动具有较强的吸引力、感染力，容易加强警民之间的关系。我们可以用化整为零的方法，收到聚零为整的效果。根据已有的形式和经验，要坚持开展一年一度的“爱民月”“警民亲”活动，“警民共建”活动，“我为警徽添光彩”活动，“学雷锋，树新风”活动，“青年文明号”活动等，大力开展“有困难找人民警察”的活动和“社会承诺服务”活动等。有条件的公安机关可创建警察公共关系机构，广泛开展“警察公共关系”活动。

（六）用自身的形象赢得群众的信任

加强公安队伍廉政勤政建设，树立公安民警良好形象，是赢得人民群众欢迎和爱戴的要诀。公安队伍中的许多先进群体，锐意改革、攻坚克难、严格执法、热情服务，创造了可喜的“公安效应”，构建了鱼水般的警民关系。当前警民关系中还存在一些问题，重要原因之一就是少数公安民警对群众态度不佳，存在不廉洁、不勤政的现象。因此，抓好公安队伍的廉政勤政建设，树立良好的公安民警形象，已经成了新时期坚持公安工作群众路线，开展好群众工作的迫切任务。

复习思考题：

1. 什么是公安政治工作的民警工作？加强民警工作有何重要意义？
2. 民警个体有哪些特点？对其开展公安政治工作的主要方法是什么？
3. 民警群体有何特点？如何根据不同层次民警群体的特点开展公安政治工作？
4. 什么是公安政治工作的群众工作？开展群众工作有何意义？
5. 联系实际，试述开展群众工作的主要方法。

第五章　公安政治工作的本质、功能、方针

第一节　公安政治工作的本质

公安政治工作的本质，是公安政治工作区别于其他事物的根本属性。它具有全局性和稳定性，体现公安政治工作的根本特征，决定公安政治工作的基本原则，规定公安政治工作的发展方向，是研究公安政治工作学最重要的理论内容。

一、公安政治工作本质概述

（一）公安政治工作本质的含义

本质即事物的根本性质，是构成事物各种要素的内在联系，是事物内部所固有的一种质的规定性。正是这种规定性，把一事物与他事物区别开来。公安政治工作作为一种社会现象，有其自身的本质。从一般的意义上讲，警察政治工作，是一定阶级、政党、国家或政治集团，为了使警察服务于自己的政治目标，采用各种政治的、思想的和组织的手段与形式，将自己的政治主张和思想意识贯注于警察之中的一种社会活动。警察是国家政权的重要组成部分，属于上层建筑。古今中外，任何一个已经掌握了国家政权的阶级，为了巩固政权，都需要建立一支为本阶级服务的警察机关和警察队伍，并从政治上、思想上、组织上加以全面领导和控制，以贯彻统治阶级意志，要求警察忠实地执行统治

阶级或集团的政治意志，保证警察机关作为政治斗争工具的职能实现。这是所有警察政治工作的共同本质。

我国的人民警察，是在中国共产党领导的新民主主义革命和社会主义革命过程中，随着人民政权的建立与发展，而相应地建立、发展和完善起来的，是在中国共产党的绝对领导之下，为了保卫和巩固人民政权而建立的。前面已经论述，党在公安队伍中进行的政治工作是党的工作，是党在公安部门进行的思想工作和组织工作，是党的政治工作的方针、原则和制度在公安部门的具体运用。因此，公安政治工作的本质，就是党在公安部门的思想工作和组织工作，目的是保证党对公安工作的绝对领导。

认识了公安政治工作的本质，就会使我们更加深刻地理解为什么坚持党对公安工作的绝对领导是我国公安工作的根本原则。如果我们不坚持这一根本原则，公安政治工作就没有存在的意义；如果离开了这一根本原则，公安政治工作的其他原则就没有依据和保证。

（二）公安政治工作本质的内容

坚持党对公安工作的绝对领导，是公安工作的一项根本原则和优良传统。党对公安工作的绝对领导有三层含义：一是无条件性，不得以任何理由和借口，削弱、摆脱、抵制或损害党的领导。二是全面性，要在政治上、思想上、组织上和工作上接受党的领导。三是直接性，不仅首先要自觉地接受党的路线、方针、政策的领导，而且要接受党中央和各级党委对公安机关的实际工作的直接领导。

公安工作必须坚持党的绝对领导，这是因为：第一，公安机关是保卫人民民主专政制度的重要工具，不是一般的国家行政机关。公安队伍是一支具有武装性质的维护社会治安的战斗队伍，必须服从党的领导和指挥。第二，国家赋予公安机关特殊权力。这些权力和手段，运用得正确与否，对党、国家、社会、人民有着直接的重大的利害关系。只有坚持党的绝对领导，才能使“刀把子”牢牢地掌握在可靠人员手里。第三，公安机关要处理斗争中具有对抗性、隐蔽性、腐蚀性的问题。只有党才能高瞻远瞩，掌握斗争的全局和各个重要环节，作出正确的决策，开展卓有成效的斗争。

政治工作是实现党对公安工作绝对领导的重要保证。

党的领导，主要表现为政治上、思想上和组织上的领导。实现党对公安工作的绝对领导，需要多种条件和途径，其中重要的一条，就是必须加强公安机关的政治工作。在新的历史时期，政治工作在保证党对公安工作的绝对领导方面主要体现为：

（1）保证党的政治领导。

（2）保证党的组织领导。

（3）保证党的思想领导。

（4）从制度上保证党的领导。

（三）公安政治工作本质的依据

保证党对公安工作的领导，是公安政治工作本质的根本属性，其主要依据如下。

1. 公安政治工作是党为实现对公安工作的领导而建立的工作

党是领导我们事业的核心力量，公安机关必须置于党的绝对领导之下。党对公安工作的领导主要是政治思想和组织领导。要实现和加强这种领导，需要多种条件和途径，其中最重要的一条就是建立强有力的政治工作。具体来说，就是运用政治工作方法，对广大公安民警进行马列主义、毛泽东思想、邓小平理论、“三个代表”重要思想、科学发展观、习近平新时代中国特色社会主义思想的教育，不断提高他们的政治觉悟和思想道德水平，宣传解释党的路线、方针、政策，使他们认识党的路线、方针和政策代表了人民群众的根本利益，关系到国家的前途和命运，从而自觉地为实现党所提出的任务而奋斗。唯有这样，党为公安工作制定的正确路线、方针、政策才能得以贯彻执行，党对公安工作的绝对领导才能真正得到落实而不会落空。

2. 公安政治工作是以党的政治任务为中心的工作

公安政治工作是党的工作的一部分，必须以党的任务为中心工作。在现阶段，必须坚持以建设社会主义现代化强国为中心而开展工作，坚持党的基本路线，用习近平新时代中国特色社会主义思想教育全体公安民警，使全体公安民警自觉地做到服从和服务于这个中心工作。

3. 公安政治工作是公安机关中以党组织为主体进行的工作

公安政治工作是以直接从事党自身的工作即党的思想工作和组织工作为特征的，是党从政治、思想和组织上领导公安工作的途径和手段。公安政治工作的主体是党，是党在公安机关中的各级组织。公安机关中各级政治机关是党的工作机关，从事公安政治工作的公安民警大多是共产党员，这一主体与党具有直接同一性，属于政治性组织或人员。我们强调公安政治工作是党的工作，是为了更准确地把握公安政治工作的性质，自觉地做好公安政治工作，保证党的路线、方针、政策的贯彻执行，并将其作为公安机关各级党组织的一项根本任务。

4. 公安政治工作是党在公安队伍中进行的思想工作和组织工作

所谓思想工作，实质上是中国共产党在公安队伍中进行的意识形态方面的工作。它是为了实现党的纲领、路线、方针和政策，完成公安机关担负的各项任务，对公安队伍进行政治思想建设，是实现党的政治思想领导的基本手段，是从根本上提高公安民警政治觉悟，提高公安队伍战斗力的基本形式。

所谓组织工作，实质上是党为实现其纲领、路线、方针和政策，从组织上建设公安队伍的工作，是公安政治工作不可缺少的组成部分。它是我们党以思想政治教育为基础，以党的组织为核心，对公安机关进行的组织协调和力量整合的社会实践活动。它是以加强公安机关党的建设为重点，同时加强干部队伍和各种群众组织的建设，把广大公安民警紧密地团结在各级党组织周围，使之成为坚强的战斗集体，从而保证各项公安任务的完成。

二、公安政治工作本质的体现

（一）忠实地体现党的性质，贯彻党的宗旨

警察是阶级社会的产物，有了国家政权，就产生了警察。人民警察作为人民民主专政的重要工具，毫无疑问地要接受无产阶级意识形态的灌输，并忠实地为无产阶级的利益服务。人民警察的阶级性质，决定了它的政治工作也有其鲜明的阶级属性，决定了公安政治工作必须反映和维护无产阶级的阶级利益和政治要求，必须保证公安机关坚定地履行和完成无产阶级及其政党所赋予的历史使命和职能。这种阶级属性，也是同无产阶级政党的阶级性质紧密相连的。因为公安政治工作是由无产阶级政党领导的，作为无产阶级政党领导的公安政治工作，也必然要贯彻无产阶级意志，体现党的性质，贯彻党的宗旨，忠实地为无产阶级的利益服务。为把握这一本质，公安政治工作应当注意提高人民警察的政治觉悟，牢固树立为无产阶级和广大劳动人民利益努力奋斗的思想。

（二）注重灌输革命精神

人民警察处在打击、惩治各种刑事犯罪活动的第一线，这就要求公安队伍的每位成员必须具备高昂的士气、顽强的斗志，一不怕苦、二不怕死的革命英雄主义精神。这种精神力量，不可能自发生长，必须依靠强有力的政治工作的灌输和培育。公安政治工作的重要作用，就是为公安民警和各项业务工作提供

精神动力。只有加强政治工作，才能调动、激发公安民警的工作积极性、创造性、主动性，激励革命精神，促进战斗力的提高。无数事实和经验证明，在物质条件和其他条件大体相同的情况下，人们的思想觉悟不同，精神状态不一样，工作的效果会大不一样。在社会主义市场经济体制建立过程中，通过强有力的政治工作，将党的路线、方针、政策，将马列主义、毛泽东思想、邓小平理论、“三个代表”重要思想、科学发展观、习近平新时代中国特色社会主义思想的立场、观点、方法，将崇高的共产主义理想、信念，将强烈的革命事业心和政治责任感，将同人民警察使命相适应的警察职业道德，贯注于公安民警的头脑中，就能使他们身上蕴藏着的力量充分激发出来，成为公安队伍提高战斗力的精神源泉。

（三）保证党对公安工作的绝对领导

公安工作为什么要坚持党的绝对领导，公安政治工作怎样保证党的绝对领导，我们在第五章第一节已作讨论。需要进一步明确的是，作为无产阶级政党领导的公安政治工作，保证党对公安工作的绝对领导是其最根本的任务，也是公安政治工作的本质特征。公安政治工作只有坚持政治上、思想上、组织上和制度上保证党对公安工作的绝对领导，才能使公安工作始终保持坚定正确的政治方向，更好地服从和服务于党的总目标和总任务，政治工作也才能体现其鲜明的性质，充分地实现其自身的价值。

（四）坚持思想工作和组织工作的统一

公安政治工作是思想工作和组织工作的统一。公安政治工作中的思想工作和组织工作，两者既各有特点、相互区别，又密切联系，互相贯通、相辅相成。思想工作要以组织工作作保证，组织工作又要以思想工作为前提，从而构成公安政治工作有机统一的整体。

三、把握公安政治工作本质的意义

（一）对公安政治工作主体的指导意义

公安政治工作本质的意义，首先表现为对增强政治工作主体的工作意识具有重大的影响作用。政治工作主体，作为政治工作的管理者和组织者，必须处在主动的地位上，才能使政治工作进入实际的活动状态。主体的主动性，总是首先表现为主动意识。如果所有从事公安政治工作的个人和群体能够深刻地认识到公安政治工作的本质，理解到政治工作是实现党的绝对领导的途径，就会形成自觉做好公安政治工作的主动意识。

做好公安政治工作，是公安机关党的各级组织、党的干部、全体党员必须承担的义务和应尽的责任。如果轻视政治工作，那就必然要在事实上削弱党的领导作用。如果我们的党员、党的干部和党的组织对公安政治工作不去身体力行，或者是不热心去做政治工作，就是对党的领导的不负责任的突出表现。要纠正忽视政治工作的现象，必须认清公安政治工作本质所在，以增强公安政治工作主体的责任感和主动意识。

（二）对公安政治工作实践的指导意义

公安政治工作的本质决定了公安政治工作的基本任务、基本原则和主要内容。它对公安政治工作实践的指导意义首先表现为把握公安政治工作本质，对人们正确地认识和掌握政治工作的因变性有指导意义。公安政治工作是党的工作的一部分，党的纲领路线决定着公安政治工作的任务和内容，因此，公安政治工作必须随着形势的发展、历史任务的变化，而转变服务目标、工作内容以及方式方法。政治工作的因变性告诉人们，政治工作不可能有脱离党的任务、脱离整个公安工作的任务的独立任务。因此，整个公安工作的方向就是公安政治工作的方向。政治工作要同其他工作一道去做，并不仅是方法问题，而是由公安政治工作的本质属性决定的。

（三）对公安政治工作理论的指导意义

公安政治工作本质是公安政治工作学的基本理论问题之一。对公安政治工作本质的深刻认识，有助于进一步阐释公安政治工作基本规律，弄清公安政治工作主体和客体的基本关系，自觉地按政治工作规律办事。把握公安政治工作本质，有助于加强公安政治工作主体的建设，去适应党、国家和公安工作的客观需要，建设强大的公安队伍和强有力的公安工作。把握公安政治工作本质，还有助于进一步深刻认识公安政治工作的地位、作用、任务和方法，促进公安政治工作理论的系统化、科学化。

第二节　公安政治工作的功能

公安政治工作之所以是公安工作的生命线，是因为它具有特殊的社会功能。本节探讨的公安政治工作功能的含义、依据、表现形式及其实现条件，是公安政治工作理论与实践研究中的重要问题。

一、公安政治工作功能概述

（一）公安政治工作功能的概念

功能是一事物具有的能力，以及它在整体中的地位和作用。公安政治工作的功能，是指它在公安工作和公安队伍建设中所处的地位和发挥的作用。

地位，通常是指人或团体在社会关系中所处的位置。公安政治工作的地位，是指它在整个公安工作中，以及它同其他业务、技术工作的关系中所处的位置。中国共产党历来将政治工作视为其他一切工作的生命线。公安政治工作在公安工作中处于生命线的地位。

作用，是指人或团体对事物产生的某种影响。公安政治工作的作用，是指在一定的环境和条件下，通过它的活动，给予公安队伍及公安工作的影响。具体地说，就是对公安队伍的性质和公安工作的方向和发展，进行“服务”和“保证”。

（二）公安政治工作功能是“生命线”地位和“服务保证”作用的统一

从二者的含义上讲，“生命线”是形象的概括，“服务保证”是具体的阐述，体现着共同的本质。“生命线”地位寓于“服务保证”之中，“服务保证”作用是“生命线”地位的载体，它们相互包含，密不可分。

从二者的关系上讲，用“服务保证”作用体现“生命线”地位，是对政治工作地位和作用恰如其分的表述。它既可避免片面夸大其地位和作用，又可避免忽视、否定政治工作的倾向。

从具体内容上讲，“服务保证”作用不是单一的，而是综合的；不是局部的，而是全局的；不是个别的，而是整体的。

（三）公安政治工作的“生命线”地位

“生命线”是一个借用语，一般是指保证事物生存和发展的最根本的因素。它形象地说明了公安政治工作与公安工作的关系，就像阳光、空气和水是维护生命不可缺少的因素一样，是维护公安工作的政治生命、关系其生存和发展的根本因素。公安机关历来坚持政治工作是“生命线”的观点。

政治工作是我们党的优良传统和政治优势。人心是最大的政治，政治工作以人为对象，是其他一切工作的生命线。公安机关要抓好公安政治工作，在发扬光大优良传统的基础上，研究新情况、解决新问题，不断增强公安政治工作的时代性和感召力。

（四）公安政治工作的服务保证作用

公安政治工作要为国家的社会主义现代化建设服务，为建设一支革命化、正规化、专业化、职业化的公安队伍服务，保证党对公安工作的绝对领导，保证公安队伍战斗力的提高，保证公安机关的社会主义精神文明建设，保证各项公安工作任务的顺利完成。这里讲的服务和保证，不是一般意义的服务和保证，而是关系着公安队伍的性质，关系着公安工作的方向和发展的根本所在。

二、确立公安政治工作功能的依据

（一）符合马克思主义关于物质与精神、经济与政治关系的基本原理

物质决定精神，精神对物质具有能动的反作用。人们的思想来源于客观物质世界，并受其影响和制约，精神力量建立在物质力量的基础之上。同时，精神作用在人类社会发展中，表现为一种能动力量，这种能动力量推动着人类社会的发展。否认精神是物质的产物，是主观唯心主义；不承认或低估精神的能动作用，也是违背唯物辩证法的。政治工作就是建立在物质决定精神和精神对物质具有反作用这个基本原理之上，是发挥人的精神能动性的工作。公安政治工作正确地把握精神对物质具有反作用的原理，运用精神的能动作用，将马克思主义先进思想“灌输”到广大公安民警中去，帮助他们掌握共产主义的科学理论，树立起坚定的共产主义世界观。坚持这一原理，在实践中必须注意划清精神能动作用与“精神万能论”的界限。精神的能动作用，或认识对实践的反作用，要受社会存在、社会物质生活方式的制约，不能随意夸大它的作用，不能超越历史发展所能提供的客观物质条件。这种反作用所能达到的程度，最终仍然由物质来决定和制约。

（二）符合公安政治工作的历史实践

公安政治工作的历史实践证明，要使党和国家对公安工作和公安队伍的要求为全体公安民警真正理解和接受，并转化为他们的自觉行动，离不开强有力

的思想政治教育和严密的组织工作加以服务和保证。

（三）符合公安政治工作性质的内在要求

国家安危，公安系于一半。公安机关担负着打击敌人、惩罚犯罪、保护人民、维护国家安全和社会治安秩序的重要任务，工作的战斗性、政策性、法律性很强。公安机关处于斗争的前沿，要同各种犯罪分子进行特殊的斗争，活动比较分散、隐蔽，接触社会阴暗面多。公安机关行使人民民主专政职能，必须做到有法必依、执法必严、违法必究。在全面深化改革的新的历史时期，公安机关更要依法对国内国际的敌对势力，如国内各种刑事犯罪活动、国际犯罪集团、国际反动宗教势力、国外间谍特务以及黑社会势力的不断渗透做斗争。这种斗争形式多种多样，有公开的，也有隐蔽的，错综复杂、五花八门。事实表明，人民警察在履行职责的过程中，稍有疏忽和大意或徇私办事，就会给国家的形象和尊严带来损害，给人民的利益造成危害。所有这些都需要有强有力的公安政治工作做保证。

（四）符合公安政治工作本质的规定性

公安政治工作是党的政治工作的组成部分，是党的政治工作的方针、原则、方法和制度在公安部门的具体运用，也是党的政治工作的基本理论与公安队伍、公安工作实际的具体结合。公安政治工作的基本任务，就是搞好“两个服务”和“四个保证”，公安政治工作的一切活动都是为了保证这一性质和这一任务的。

三、公安政治工作功能的表现形式

（一）指引导向功能

公安政治工作的指引导向功能，是指通过对公安民警个体和群体政治方向的把握和引导，来保持公安队伍的性质和正确方向。对于公安队伍来讲，主要是贯彻全心全意为人民服务的宗旨，实现党对公安工作和公安队伍的绝对领导，以及落实党的路线、方针、政策，提高整个公安队伍的政治素质，增强公安队伍的向心力；对于公安民警个体来讲，主要是保证在政治上思想上同党中央保持高度的一致，树立起为人民的利益、民族的利益、国家的利益而奋斗的思想，保持人民警察的荣誉感和责任感，努力完成各项任务。

公安政治工作之所以具有指引导向功能，首先，是由政治工作的基本属性决定的，政治工作是党的工作，是党从政治上、思想上、组织上建设公安队伍的工作。离开了政治工作，公安队伍就会脱离党的领导，脱离人民群众，就会迷失方向。其次，党的基本路线规定了公安队伍的政治方向，而政治工作则是贯彻党的基本路线的可靠保证。最后，从公安政治工作的直接目的上讲，政治工作就是要巩固和提高公安队伍的战斗力，保证党和国家赋予的业务工作顺利完成。

（二）组织协调功能

政治工作的组织协调功能，是公安政治工作的本质要求。公安政治工作的根本目的是保证党对公安队伍的绝对领导。党对公安队伍的领导，主要是政治领导、思想领导和组织领导。而组织领导则是政治领导和思想领导的物质保证。实现党对公安队伍的组织领导，是公安政治工作的组织协调功能的应有之义。它主要是通过加强中国共产党在公安队伍中各级组织建设，充分发挥党委的核心领导作用、党支部的战斗堡垒作用和党员的先锋模范作用。公安政治工作还担负着对各级党团组织和政治工作机构的管理工作，对各级组织和全体公安民警贯彻执行党的路线方针政策进行检查监督的任务。这种管理和检查监督作用，也体现着公安政治工作的组织协调功能。从公安队伍组织管理的角度上讲，最核心、最重要的还是对人的管理。公安政治工作对公安民警的管理，是对公安民警思想和行为的管理，这实际上是用先进的政治精神和思想道德把全体公安民警的积极性调动起来，用党的各级组织和干部队伍把各种力量凝聚起来，顺应时代的需要，推进公安队伍的现代化建设。公安政治工作的组织协调功能，还表现在组织内部的交流中，通过对各警种、各部门和各个工作环节进行科学的协调和组合，增强内外团结和组织的吸引力、凝聚力，使各级组织形成上下统一、步调一致的战斗集体，以发挥整体效能，提高队伍战斗力。

（三）教育转化功能

公安政治工作的教育转化功能，就是通过直接、间接的多种渠道，向广大公安民警传播马克思主义，造就有理想、有道德、有文化、有纪律的高素质的人民警察。公安政治工作的教育转化功能根本在于为公安队伍建设和公安民警的行为指明方向，提供精神动力。因此，在思想政治教育中，必须深入宣传共产主义思想和党的路线方针政策，启发公安民警的思想政治觉悟，提高他们认识世界和改造世界的能力，激发和培养公安民警为实现党和国家的利益而奋斗的革命精神。

1. 启蒙作用

政治工作的启蒙不同于一般意义上的教育启蒙，是人的阶级觉悟、立场、观点、方法、道德意识的启蒙，是属于树立无产阶级世界观、人生观和价值观的问题。一般意义上的教育启蒙是知识文化启蒙，是用科学和文化知识启迪人的智慧，使人摆脱愚昧和落后。

2. 教化作用

教化，指政治教育一方面固有的“润物细无声”的潜移默化作用，另一方面又有教育感化的意义。教育感化就是运用感情的互感作用，以高度的责任心和同情心对同志动之以情的说服教育，促使受教育者发生情感共鸣，以收到教育的效果。

3.“正风”和“正人”作用

“正人”，一方面指用科学理论教育人、培养人；另一方面指帮助工作对象解决主客观的矛盾，使其观念随着客观实际的变化而变化，使其思想同客观实际相一致，克服思想和行为上的保守和盲动。政治工作的“正风”作用，是改变社会风气以适应新时代事业发展的需要。

（四）激励强化功能

激励，管理学上是指从分析和满足人的各种需要出发，以引起某种理想的动机的动力，进而形成有效的激励，激励人们向目标努力并取得好的行为效果。公安政治工作作为公安民警思想和行为的指示器、动力源，时刻起着激励作用。这种作用，往往要通过扶植或强化某种正确的观念、积极的心理状态和良好的行为活动表现出来。公安政治工作的激励，主要是以扶植一种积极向上的思想和行为，通过精神和物质的形式，体现对民警个体或群体的工作能力、劳动成果的承认，体现对社会贡献大小的一种标志。公安政治工作的激励强化功能，旨在把马克思主义关于激励的基本观点与公安政治工作的实践紧密结合，灵活地运用各种激励的方法和手段，充分调动广大公安民警为公安保卫事业献身的积极性和自觉性。公安政治工作主要的激励方式如下：

（1）目标激励。

（2）情感激励。

（3）奖惩激励。

（4）物质激励。

（5）榜样激励。

（6）领导行为激励。

四、发挥公安政治工作功能的条件

（一）发挥公安政治工作功能的内部条件

发挥公安政治工作功能的内部条件，是指进行政治工作的具体实践本身，必须符合公安政治工作的本质要求，达到公安政治工作功能得以发挥的需要。

1. 明确的目的性

公安政治工作同其他社会实践活动一样，是自觉地有目的的活动。目的是公安政治工作具体实践的出发点和归宿。公安政治工作的一切具体实践，都是在特定目的的推动和支配下进行的，并直接受着特定目的的规范和制约。目的是政治工作的内在动力。政治工作者有明确端正的目的，做起工作来才有很高的积极性、主动性，才能千方百计克服一切困难把工作做好。目的是政治工作的“方向盘”“指示器”，直接决定着政治工作具体实践的社会价值。有了明确的目的，政治工作才有明确的方向，才能确保使其对公安队伍建设和完成各项业务工作起到积极的促进作用。目的又是确定政治工作途径、方法的前提和依据。有了明确的目的，做起政治工作来才能找到正确的途径和方法，确保政治工作收到实际效益。

2. 严格的科学性

政治工作是一门科学，进行政治工作实践活动，必须遵循科学规律，运用科学的途径、方法和手段，才能达到预期的目的，收到良好的效果；反之，就不能发挥好政治工作应有的功能。公安政治工作是专业性很强的实践活动，有自己科学的专业理论知识，必须善于用科学的理论知识来指导政治工作的具体实践。要坚持实事求是的原则，从实际出发制订政治工作的实施计划，确定政治工作的具体内容和具体方法。只有符合客观现实和客观规律的工作内容和工作方法，才是科学的工作内容和工作方法。要依靠事实和真理的力量做好政治工作，增强公安队伍的向心力。公安民警的一切思想都是对客观存在事实的反映，事实胜于雄辩，做政治工作最有说服力的是事实。因此，正视事实，尊重事实，善于摆事实，用事实说话，是做好政治工作的诀窍之一。因此，在政治工作中坚持摆事实与讲道理的统一，依靠事实和真理的力量去说服人、教育人，才是科学的，才能有效地发挥政治工作的功能。

3. 高度的一致性

公安政治工作是一项综合性的系统流程，其功能的发挥是多种因素综合起作用的结果。只有政治工作内部各个方面的力量、各个环节密切配合、协调一致，形成综合力量，才能有效地发挥政治工作的功能。首先，从事政治工作的各方面的组织和人员必须密切配合，协调一致。公安政治工作的具体实践，是由公安部门的各级党组织、各级政治工作机关、各级政治工作干部以及分布在各个单位的人员分工合作进行的。只有各方面的组织和人员都按照统一的目标和计划来做政治工作，既充分发挥各自的主观能动性，又密切配合、协调一致，才能对政治工作对象的思想和行为形成强大统一的影响力。其次，政治工作者自身的言与行必须保持一致。政治工作者既是教育者，又是被教育者；既要做别人的政治工作，又要接受别人给自己做政治工作。当政治工作者处于教育者的地位，做别人的政治工作时，自然少不了用言语来发号召、讲道理、提要求，而政治工作对象对于政治工作者总是要听其言、观其行的。政治工作者自身的行为，往往比其言语对政治工作对象的影响和作用更大。“身教重于言教”这一古训，在政治工作中的生命力是永存的。只有当政治工作者的言与行这两个方面的影响能保持一致时，政治工作才能收到良好的效果，充分发挥其功能。

（二）发挥公安政治工作功能的外部条件

公安政治工作并不是封闭地孤立地进行的，而是在与之密切联系的纷繁复杂的社会环境中进行的。公安政治工作功能的发挥，不仅受着其内部多种因素的制约，同时也受着周围环境中多种因素的制约。因此，公安政治工作功能的发挥也必须具备多方面的外部条件：一是党的正确方针和政策，二是良好的党风，三是完备的法规和制度，四是公平合理的利益调整措施。

第三节　公安政治工作的方针

从严治警是我国公安队伍建设的基本方针。公安政治工作方针是为达到公安政治工作目标而确定的指导原则。它是公安队伍思想建设和组织建设的本质和规律的反映，是公安政治工作实践经验的科学总结。掌握和贯彻公安政治工作方针，对完善公安政治工作理论研究和保证公安政治工作按照正确方向健康发展，具有重要意义。

一、从严治警的基本内涵

从严治警、治警必严，是我国公安队伍建设实践中的一项优良传统和宝贵经验。坚持从严治警，毫不松懈地抓好队伍建设，不断提升公安队伍的整体素质和战斗力，努力打造一支信念坚定、执法为民、敢于担当、清正廉洁的公安队伍，是我国公安建警治警的基本方略。

（一）从严治警的提出

“从严治警”明确作为公安队伍建设的基本方针，始于党的十一届三中全会之后，并经历了一个提出和逐步完善的发展过程。

进入改革开放的新时期，在公安队伍面临的形势深刻变化、任务日益繁重的历史条件下，在总结公安队伍建设历史经验的基础上，基于改革开放条件下保持公安民警本色的需要，基于依法治国条件下保证公安民警秉公执法的需要，基于社会主义市场经济条件下完成繁重的公安保卫任务的需要，1984 年的第五次全国公安政治工作会议首次明确提出，将“从严治警”作为公安队伍建设的一项重要方针。会议指出，从严治警就是按照革命化、现代化、正规化和军事化的要求，对广大公安民警严格教育、严格管理、严格训练、严格纪律，提高政治素质和业务素质，提高战斗力。

1995 年我国颁布的《中华人民共和国人民警察法》第一条明确规定：“为了维护国家安全和社会治安秩序，保护公民的合法权益，加强人民警察的队伍建设，从严治警，提高人民警察的素质，保障人民警察依法行使职权，保障改革开放和社会主义现代化建设的顺利进行，根据宪法，制定本法。”之后，各级公安机关坚持贯彻从严治警的方针，在公安队伍建设中取得了巨大成绩。

党的十五大正式将依法治国确立为党的治国方略。公安机关作为国家重要的执法机关，承担着广泛而重要的执法任务，公安队伍建设需要纳入法治化轨道成为各界共识。

依法治国首先要依法治警，把依法治国落实到具体公安工作中去，成为治警方略。2003 年 11 月召开的第二十次公安政治工作会议进一步强调，坚持从严治警，依法治警，大力加强公安队伍的革命化、现代化、正规化建设。由此，作为新时期公安队伍建设的重要方针，从严治警被赋予了依法治警的新内涵。

（二）从严治警的内涵

所谓从严治警，就是依照法律、法规和规章制度的要求，坚持从严抓教育、抓管理，从严强作风、强素质，通过对公安民警实施严格教育、严格管理、严格训练、严格纪律，努力打造一支政治强、业务精、纪律严、作风硬、形象好的过硬队伍。

正确理解从严治警的建警治警方针，需把握以下几个方面：

第一，从严治警的实质，是要求依照法律、法规和规章制度的规定治理公安队伍。这是党和国家领导和管理公安队伍的基本方针。

第二，依法从严治警，赋予了从严治警方针以新的内涵，将从严治警建立在法律的基础之上，是从严治警方针的发展和完善，反映了公安建警理论与实践的不断探索和认识升华，也是新时期公安队伍建设经验的积累和总结。

第三，将从严治警与依法治警两者有机结合，通过严格的法律管理公安民警、约束公安民警，限制公安民警的特权，把公安民警的一切行为纳入法治化的轨道。这是依法治国基本方略在公安工作和队伍建设中的具体体现，体现了公安队伍正规化建设与国家法治建设同步运行的内在要求。

第四，坚持从严治警与从优待警相结合。从严治警作为加强公安队伍建设的基本方针，其本质意义在于从严“建”警。因此，在从严治警的同时，又必须坚持从优待警，从而调动公安民警自身的积极性，激活公安民警的主观能动性，最大限度地挖掘、开发公安民警的内在潜能，不断增强公安队伍的凝聚力和向心力。

二、从严治警的基本内容

从严治警是保持公安队伍的先进性与纯洁性、增强公安队伍的凝聚力和战斗力的重要保证。这一方针的核心内容体现在以下四个方面。

（一）严格教育是基础

公安民警是从严治警的主体，也是从严治警的客体，公安民警的素质直接关系到从严治警的成效。严格教育，就是根据党和国家对公安民警的要求，从公安民警的思想实际和工作需要出发，通过多种形式和途径，进行政治理论、形势任务、法律业务等多种教育，着力提高公安民警的思想觉悟、法纪观念和执法水平。严格教育既包括经常性的思想政治教育，又包括系统的专业培训。无论是哪个方面，都要求高标准、严要求，有系统性、科学性、针对性，讲究方法，注重实效。严格教育是从严治警的一项基础工程，是强化公安队伍的政治建设，提升队伍依法履职能力，培养过硬队伍的根本措施。

（二）严格管理是关键

严格管理，就是根据公安工作的性质和特点，在对公安民警严格教育的基础上，进行科学、高效的管理，从多方面建立起完整的管理体系，使队伍建设的各个环节都有明确的法律、法规和规章制度，既保证公安队伍的纯洁性、战斗力，又保证其能够依法正确地行使职权，将公安机关依法履行职责、行使权力及队伍管理的方方面面纳入严格管理范畴，做到有法可依、有章可循，管理有规章、行为有规范、培训有计划、考核有标准、监督有措施。认真执行一系列公安组织人事管理制度，积极推进公安队伍正规化建设，对公安队伍实行统一、规范、严格管理。

（三）严格训练是中心

严格训练就是从严、从难、从实战需要出发，从必备的基础知识、基本技能入手进行严格而正规的训练，不断提高公安民警的履职能力和公安队伍的整体素质。进入新时期，面临对敌斗争出现新动向、反恐怖战争面临新挑战、社会矛盾呈现新趋势、社会治安出现新特点、网络安全面临新考验的形势变化，公安队伍尤其要清醒认识自身不足，通过严格训练，不断加强能力建设，提升队伍素质和整体战斗力，以适应新时期公安工作的需要，为此，必须将严格训练提升到从严治警的中心位置。

（四）严格纪律是保证

公安队伍是一支执法队伍，严格纪律关系到党对公安工作的绝对领导，关系到人民群众对公安队伍的信任和支持，关系到公安机关职能作用的有效发挥。严格纪律的基本要求，就是《中华人民共和国人民警察法》的规定："人民警察必须以宪法和法律为活动准则，忠于职守，清正廉洁，纪律严明，服从命令，严格执法。"具体而言，就是一切行动听指挥，坚决执行命令，做到令行禁止，保持人民公安队伍的高度的集中统一。必须认真遵守国家的法律和法规，全面严格地执行公安机关的各项纪律和规定，大力加强纪律作风建设，包括严格执行"五条禁令"和"十个严禁"等纪律规定，围绕人民群众反映强烈的突出问题深入开展专项整治，围绕重点岗位建立健全明确具体的制度规定，把监督制约机制贯穿到公安民警执法办案的全过程，延伸到人、财、物管理的各个方面，真正让铁规发力、让禁令生威，确保公安队伍讲纪律、守规矩、听指挥。

总之，从严治警的目的在于提高公安队伍战斗力，打造一支信念坚定、执法为民、敢于担当、清正廉洁的公安队伍。因此，严格教育、严格管理、严格训练、严格纪律，就其内涵和作用而言，是相互关联、互为作用、不可分割的整体。只有对这四个方面进行协调贯彻，才能全面、完整体现从严治警方针的基本内容。

三、从严治警的实施

坚持从严治警，毫不松懈地抓好队伍建设，不断提升公安队伍的整体素质和战斗力，既是公安队伍建设的永恒主题，又是时代发展的强烈呼唤。公安机关要适应当前公共安全形势、执法环境和队伍结构的重大变化，努力在更高层次、更高起点上推进平安中国建设，坚定不移地贯彻落实从严治警方针，做国家政权的捍卫者、平安中国的建设者、公平正义的维护者、群众权益的保障者。

（一）健全的法规体系是从严治警的前提条件

在从严治警中，“严”是治警之道，“法”是治警之准绳。以健全的法规制度为从严治警提供依据，以严格的组织纪律推动“从严治警”落到实处，是公安队伍建设实施从严治警的首要条件。

从严治警首先要做到的是要依照国家的法律、法规和公安部的条令条例严格管理公安队伍。制度问题带有根本性、全局性、稳定性和长期性，制度建设应当着眼长远、解决根本、坚持始终。公安队伍建设要避免头痛医头、脚痛医脚，就必须建立健全队伍管理的各项规章制度，这是严格管理队伍的前提和保证。

从严治警要始终强调以下两个方面：一方面，要有法可依、有章可循，制定严格的警纪和制度。目前，公安队伍的法治建设取得了很大的成就，虽先后出台了《中华人民共和国人民警察法》《公安机关组织管理条例》《公安机关督察条例》《公安机关人民警察纪律条令》《公安机关人民警察内务条令》等一系列法律条令，公安部“五条禁令”，新时代政法干警“十个严禁”等纪律规定，为依法从严治警提供了较为全面准确的依据；但还需要各地区各部门结合工作实际，进一步加强队伍管理长效机制建设，实现无论是教育训练、公安保卫，还是内务秩序、作风养成均有法可依、有章可循。另一方面，要有法必依、严明纪律、严格执法。要严格执行法律条令和纪律要求，强化公安队伍纪律观念，依法规范公安民警言行举止，坚决防止作风松散和纪律松弛的现象出现。

为切实保障从严治警的法规制度落到实处，必须针对公安队伍中的薄弱环节，完善各种监督管理和责任追究制度，紧紧抓住人权、财权、物权、事权等关键环节和廉政风险大的重点岗位，建立健全明确具体、操作性强、切实管用的制度规定，着力提高制度建设的针对性、实效性，做到用制度管权、按制度办事、靠制度管人。要进一步强化监督制约，统筹整合纪检、监察、督察、审计、巡视、信访等监督力量，加强事前防范、事中监督、事后问责，确保权力运行到哪里，监督就延伸到哪里，努力让权力在阳光之下运行、在法治轨道内行使。

（二）从严治长是从严治警的关键

治警先治长。要建设一支高素质的公安队伍，关键是要把政治建警放在首位，抓好公安机关党的建设和领导班子的建设。

从严治长首先在于加强领导班子建设，公安机关领导班子尤其是“一把手”的素质如何，直接关系着队伍的战斗力和公安工作全局。习近平总书记深刻指出：“党要管党，首先是管好干部；从严治党，关键是从严治吏。”[①] 各级公安机关领导班子是公安队伍的领导核心，是推动公安事业发展进步的关键所在。领导班子软，不敢抓、不敢管，队伍就容易出问题；领导班子散，队伍就没有凝聚力。必须从增强公安机关党组织的原则性、战斗性入手，增强贯彻执行上级指示的能力，增强抓工作落实的能力，增强管好队伍的能力，切实打造讲政治、顾大局、重团结、守纪律的坚强领导集体。要树立正确的用人导向，切实把那些政治上靠得住、工作上有本事、作风上过得硬、群众信得过的同志选拔到各级领导岗位上来。从严治长，在于各级领导以身作则，模范带头，严格自律。各级公安机关班子成员尤其是主要领导，既是落实党的各项法规制度的领导者和组织者，又是指挥者和执行者。领导干部带头执行不执行、落实不落实法规制度，不只是个人问题，而且是关系到法规制度能否在公安机关得到贯彻落实的问题。因此，要把从严治警要求落到实处，必须首先把“长官”管好。领导干部要强化法规党纪意识，带头用党章党规党纪和工作制度来规范自己的言行；要严格要求自己，要求公安民警做到的自己首先要做到，树好形

① 中共中央文献研究室：《习近平总书记重要讲话文章选编》，中央文献出版社，2016年，第72页。

象，起好表率，增强在广大公安民警中的权威性和感召力。领导和机关要起模范带头作用，要求基层做到的，自己首先做到，只有这样才能有说服力、号召力，基层公安民警才能上行下效。如果对基层公安民警要求严，对领导干部管理宽，从严治警也就无从谈起。对于违法违纪干部，要敢于较真，严肃查处，切实以党组织的原则性、战斗性来维护法规制度的严肃性和权威性。

（三）强化思想政治工作是从严治警的思想保证

从严治警，既有赖于严肃法纪、加强管理，也需要通过严格、持之以恒的教育，牢固筑起公安民警思想道德防线，增强其拒腐防变的能力。

思想政治工作是公安工作的生命线，加强思想政治工作是公安队伍建设和公安工作取得胜利的根本保障。当前，少数公安民警违法违纪甚至极个别公安民警沦为黑恶势力的“保护伞”，其中一个重要原因就是所在公安机关的思想政治工作非常薄弱。因此，加强思想政治工作，切实打牢公安民警的思想基础，具有重要意义和重大作用。

思想教育的首位是理想信念教育。理想信念是一个人的价值准则和精神支柱，在其人生观、世界观中具有主导作用。各级公安机关要大力开展忠诚教育，自觉用习近平新时代中国特色社会主义思想武装公安民警头脑，在公安民警思想上筑起一道抵御各种错误思潮的堤坝，增强其政治鉴别力，培养其政治敏锐性。

思想教育的基础是道德教育。要按照《公民道德建设实施纲要》和《人民警察职业道德规范》，对公安民警有组织、有计划地进行道德教育，使其进一步提高道德素养，增强廉洁自律的自觉性，消除特权思想，自觉做到严格执法，热情服务。

思想教育的主线是作风教育，公安机关作为党领导下的武装性质的纪律部队，队伍作风状况的好坏，不仅关系到公安事业的成败，而且也直接影响到党和政府的形象。因此，各级公安机关要大力加强对广大公安民警的作风教育，对于自身存在的突出问题，有针对性地采取措施切实加以解决，努力使公安机关的作风有新的进步，警民关系有新的改善。

思想教育的重点是公安法治教育。公安机关是国家重要的执法力量，在依法治国进程中担负着重大的历史责任，必须坚持依法治警的方针，严格用法律规范一切警务活动。公安民警是执法主体，法律就是立身之本，执法水平的高低直接反映出公安队伍素质的高低。当前少数公安民警法治观念不强，执法水平不高，甚至知法犯法、徇私枉法，后果十分严重，教训十分深刻。为此，必须大力加强对公安民警的法治教育，使其不断增强法治观念，提高执法水平，真正做到严格、规范、公正、文明执法。

复习思考题：

1. 什么是公安政治工作的本质?

2. 公安政治工作本质体现在哪些方面?

3. 什么是公安政治工作的功能?

4. 如何理解公安政治工作功能是“生命线”地位和“服务保证”作用的统一?

5. 怎样理解从严治警方针的含义、发展过程和依据?

6. 你认为坚持从严治警方针，对公安队伍建设有何意义?

第六章　公安政治工作的目标、任务、方法

公安政治工作的目标、任务、方法是公安政治工作学的重要研究内容之一。目标是预期结果，任务是为实现目标而要做的具体工作，方法是实现目标、完成任务的手段。公安政治工作的目标、任务、方法是互相联系、互相影响的。明确公安政治工作的目标、任务、方法，以及相互之间的关系，对做好公安政治工作具有重要的意义。

第一节　公安政治工作的目标

公安政治工作目标，规定着公安政治工作的方向和内容，影响着公安政治工作的途径和方法。因此，研究公安政治工作目标的意义、内容和依据，是研究公安政治工作实施理论的首要问题。

一、公安政治工作目标的重要性和依据

目标，作为哲学范畴，是指人们根据自身和社会的需要，借助意识观念的中介作用，对实践结果的预先设想，是人们通过实践活动所力求达到的境界。科学合理、切实可行的目标是激励人们进行创造性实践的动因，具有规定实践发展方向和协调控制人们行为方式的功能。没有明确的目标，人们的活动就无法避免盲目性和随意性。

公安政治工作的目标，就是公安政治工作主体，在一定时间内采取各种措施，进行各种活动，使公安政治工作客体在思想和行为方面要达到的预想的结

果。公安机关高度集中统一的组织特性，决定了公安政治工作尤其需要确立科学严谨的目标。只有这样，公安政治工作才能取得令人满意的效果。

（一）确定公安政治工作目标的重要性

1. 确定公安政治工作的前提

辩证唯物主义告诉我们，有目的性是人的活动特点之一。在人类社会中，不管是群体还是个体，不论在做什么事情以前，一般都要确定自己的行动目标。一个国家、一个政党如此，一个单位如此，一个人也是如此。科学合理、确实可行的目标可为人们的行动指明方向，成为激励人们进行创造性实践的动因，使人们为实现这个目标而奋斗，从而产生巨大的物质力量。如果没有目标，就没有方向，就不能把人的潜力调动起来，沿着共同的方向形成一致的行动。如果没有正确的目标，不论是目标定错了，还是不切合实际目标定得太高或太低，都会阻碍工作的顺利进行，使事业遭受损失。

公安政治工作的目标，是决定公安政治工作的方向和任务，规定公安政治工作的内容，影响公安政治工作途径、方式和方法，因此它是公安政治工作的一个前提性问题。

2. 提高公安政治工作效果的关键

对于公安政治工作，不论是主体还是客体，如果没有一个明确的目标，或是对目标的重要性认识不足，都难以产生强烈的动机，付出艰苦不懈的努力，取得令人满意的效果。

做任何事都必须讲效果，公安政治工作也必须讲有效性。一般说来，自觉性和有效性是紧密相关的，无数事例都证明自觉性越高，有效性就越好。在公安政治工作中，只有主客体双方都有明确的目标，才能产生自觉性；反之，如果没有明确的目标，工作将是盲目的。盲目性是不可能产生有效性的，甚至还会产生预想不到的不良后果。另外，有效性还有赖于达到目标的途径和手段，如果目标不明确或没有目标，选择途径和手段就无从谈起。

3. 检验公安政治工作效果的依据

公安政治工作的效果是好是差，是否令人满意，不是由某个人兴致所至。

什么才是检验公安政治工作效果的科学依据呢？一个重要的依据和标准，就是公安政治工作的目标。公安政治工作效果如何，不能由谈了多少次话、开了多少次会这些简单的表面数据而定，而是看实际上是否达到了原来确定的目标。值得注意的是，检验公安政治工作效果是一件复杂的事情，其效果往往既有显露的也有潜在的，有时并非当时就能看出效果来，需要在很长时间和多次反复后才能显露出来，所以公安政治工作不能搞“立竿见影”，否则就会犯急功近利的错误。

（二）确定公安政治工作目标的依据

公安政治工作的目标定得是否科学，关键在于制定目标所依赖的依据。公安政治工作的目标受多方面因素的制约，总的来说包括：一是由现实的政治、经济情况而定，二是由公安政治工作的规律而定，三是由公安政治工作对象的具体条件而定。不论公安政治工作目标多么美好，一旦脱离公安民警的实际情况，都不可能取得令人满意的效果。具体而言，确定公安政治工作目标的依据有：

（1）党和国家的奋斗目标。

（2）公安政治工作的特点。

（3）公安政治工作客体的实际情况。

二、公安政治工作的基本目标和具体目标

目标具有多样性，按作用范围和时间划分，有基本目标和具体目标之分。公安政治工作的目标同样如此，可分为基本目标和具体目标两个层次。

（一）公安政治工作的基本目标

2017 年 5 月 19 日，习近平总书记在会见全国公安系统英雄模范立功集体表彰大会代表时强调，坚持人民公安为人民，做到对党忠诚、服务人民、执法公正、纪律严明。[①] 2020 年 8 月 26 日，习近平总书记向中国人民警察队伍授旗并致训词，再次强调我国人民警察要对党忠诚、服务人民、执法公正、纪律严明。[②]“四句话十六字”总要求是党在新形势下加强公安工作和公安队伍建设的总纲领，是建警治警的总方略，是立警从警的座右铭。建设一支“对党忠诚、服务人民、执法公正、纪律严明”的公安队伍，是公安队伍建设的基本目标，也是公安政治工作的基本目标。

---

① 徐隽：《习近平在会见全国公安系统英雄模范立功集体表彰大会代表时强调　始终坚持人民公安为人民　做到对党忠诚服务人民执法公正纪律严明》，《人民日报》，2017 年 5 月 20 日第 1 版。

② 《习近平向中国人民警察队伍授旗并致训词强调　对党忠诚服务人民执法公正纪律严明　坚决完成党和人民赋予的使命任务》，《人民日报》，2020 年 8 月 27 日第 1 版。

（二）公安政治工作的具体目标

公安政治工作的具体目标，是在一定时间、一定地区、一定部门和单位所要完成和实现的政治工作的具体要求，它在不同时间、地区、部门和单位，各有差别，具有较大的灵活性、变化性，依据当时当地的具体形势、任务而定。但是它们必须服从和服务于公安政治工作基本目标的指导和实现，必须同基本目标的要求相一致。

三、公安政治工作基本目标和具体目标之间的关系

在实际工作中，认真掌握和处理好政治工作目标层次之间的区别和联系是十分重要的，必须正确认识和处理好以下两个问题。

（一）正确认识和处理基本目标和具体目标之间的关系

公安政治工作是直接的、具体的，它在发挥对各项公安工作的服务、保证作用中，有它直接的、具体的目标和任务。因此，公安政治工作者应当自觉地、有意识地把政治工作的基本目标寓于具体目标之中，并且通过若干具体目标去实现。如果不这样做，就会出现两种情况：一种是只承认政治工作的基本目标，不了解它必须通过具体目标才能实现，往往不从实际出发，说大话、空话，搞形式主义，“一刀切，齐步走”，对于解决现实的思想问题和工作问题收效甚微。另一种是仅仅着眼于本部门、本单位政治工作具体目标的实现，忽视通过实现一个个具体目标来达到基本目标的要求，把政治工作降低为完成某项任务的临时手段，缺乏长远的打算和目标。因此，只有把两者有机地结合起来，才能做好政治工作。

（二）正确认识和处理基本目标与实现这一目标的直接的、具体的手段之间的关系

在政治工作中，由于对基本目标的认识不深，常常把政治工作的具体目标与基本目标等同起来，认为组织公安民警听一次形势报告、搞一次政治学习、开展读一本书活动、表扬好人好事、批评不良现象、调动任免干部等，就达到了政治工作的基本目标。诚然，这些活动、措施都是活生生的政治工作，有利于具体目标的实现，但仅仅这样认识和这样做是不够的，还应当把这些活动和措施同政治工作的基本目标联系起来，提高公安民警的思想境界和认识世界与改造世界的能力，力求每次具体活动都成为实现基本目标的一次积累。

第二节　公安政治工作的任务

公安政治工作的任务受公安政治工作的目的制约，为实现公安政治工作的目标服务。科学地规定公安政治工作的任务是有效实施公安政治工作的重要环节，是公安政治工作理论研究的重要问题。

公安政治工作的任务是指为实现公安政治工作的目的必须承担的工作，包括进行教育、宣传、组织等各方面的工作和理论、业务的研究工作。在实践中，通常把政治工作任务分为根本任务、基本任务、具体任务三个层次。这种区分之所以必要，一是可以区分任务的轻重缓急；二是可以把长远任务和近期任务有机地联系起来；三是便于科学地安排工作，避免顾此失彼。

一、公安政治工作的根本任务

公安政治工作的根本任务是指为实现党的工作以及公安工作的中心任务而承担的责任。不同历史时期，不同历史发展阶段，党的工作以及公安工作的不同的中心任务，确定了公安政治工作在不同历史时期、不同历史发展阶段所必须承担的根本责任。政治工作的根本任务在不同时期有不同表现。但是，服从和服务于党的工作以及公安工作各个历史时期总目标和中心任务的实现，作为它的本质内容，在任何时候都是一样的。

公安政治工作的根本任务，包括两个方面：一是必须服从和服务于党的中心任务，二是必须服从和服务于公安工作的使命任务。

（一）公安政治工作必须服从和服务于党的中心任务

1. 党在新时代的中心任务和公安政治工作的根本任务

党的二十大报告指出："从现在起，中国共产党的中心任务就是团结带领全国各族人民全面建成社会主义现代化强国、实现第二个百年奋斗目标，以中国式现代化全面推进中华民族伟大复兴。"[①] 党在新时代新征程的中心任务决定了公安政治工作的根本任务。公安政治工作必须自觉服务和服从于这个中心，为全面建成社会主义现代化强国创造稳定的政治环境、良好的治安环境。

① 习近平：《高举中国特色社会主义伟大旗帜　为全面建设社会主义现代化国家而团结奋斗——在中国共产党第二十次全国代表大会上的报告》，人民出版社，2022年，第21页。

要在宣传贯彻党的理论路线和方针政策、激发广大公安民警投身社会主义现代化建设事业的积极性上下功夫。只有这样，公安政治工作才能在为实现第二个百年奋斗目标、实现中华民族伟大复兴中国梦保驾护航的伟大实践中，找准自己的位置，发挥自己特有的作用，体现自己存在的价值。

2. 公安政治工作服从和服务于党的中心任务的基本要求

公安政治工作始终要围绕社会主义现代化建设，遵循党的中心任务的要求，结合各项公安工作来展开。第一，要高举习近平新时代中国特色社会主义思想伟大旗帜，教育公安民警增强政治上的坚定性，坚持党对公安工作的绝对领导，在思想上、政治上与党中央保持高度一致，不折不扣地贯彻执行党中央的指示、决策，服从命令，听从指挥，做党的基本路线的忠实执行者和坚决捍卫者。第二，要教育公安民警正确认识和处理改革、发展、稳定的关系，始终把维护国家稳定摆在工作的首位，努力创造一个安定的社会治安环境，保证人民群众安居乐业。第三，公安政治工作为党的中心任务服务，不是消极被动地服务，更不是要去直接创造物质产品，而主要是通过教育广大公安民警，把党的方针政策变为公安民警的自觉行动，激发广大公安民警的积极性、创造性，调动一切积极因素，动员大家投身到保障中国式现代化建设的实践活动中去。这样才能使公安政治工作在服从服务党的中心任务中，履行职能，体现特色，发挥优势，显示威力。

3. 公安政治工作服从和服务于党的中心任务的依据

（1）政治工作必须为社会主义现代化建设服务，这是局部与全局的关系决定的。一定时期党的中心任务，是全党全国的大局，政治工作是一个局部，同其他工作一样，都应当服从和服务于这个大局。

（2）政治工作必须为社会主义现代化建设服务，是上层建筑为经济基础服务的体现。根据马克思主义的基本原理，生产力决定生产关系，经济基础决定上层建筑。上层建筑在经济基础之上产生后，就相对独立起来并反作用于经济基础。政治工作作为上层建筑领域一项重要的实践活动，它的产生、发展都离不开经济对它的制约，归根结底是由经济决定的，总是要为社会主义经济建设服务的。

（二）公安政治工作必须服从和服务于公安工作的使命任务

1. 公安工作在新时代的使命任务

《公安机关人民警察内务条令》明确规定，公安机关肩负的新时代使命任务是，坚决捍卫政治安全，全力维护社会安定，切实保障人民安宁，为全面建设社会主义现代化国家，实现中华民族伟大复兴的中国梦创造安全稳定的政治社会环境。这就要求新时代公安政治工作必须服从和服务于公安工作的使命任务，铸牢忠诚警魂，培育优良警风，严明纪律规矩，提高职业素养，树立良好形象，着力锻造具有“四个铁一般”的高素质专业化过硬公安队伍。

2. 公安政治工作服从和服务于公安工作使命任务的依据

(1) 公安工作任务决定公安政治工作任务。公安政治工作从来没有离开党、国家和公安工作中心任务而提出所谓独立的任务。

(2) 公安工作的使命任务是公安政治工作发挥作用的对象和条件。如果离开了公安工作使命任务，公安政治工作就会失去存在的意义。公安政治工作只有结合公安工作各项任务去做，才能及时掌握在公安工作各个不同岗位上不同人员的思想及其表现，把工作做到点子上，调动其积极性，取得最佳效益。只有这样，才能使政治工作的“生命线”作用在公安工作各项任务中显示出来。

(3) 公安政治工作服从和服务于公安工作使命任务，是局部服从全局的要求和体现。全局规定局部，局部必须服从全局。公安机关担负着预防和打击各种刑事犯罪活动，“坚决捍卫政治安全、全力维护社会安定、切实保障人民安宁”的重要任务。公安政治工作是公安工作中的一项重要实践活动，在完成公安工作使命任务中占有着重要地位。然而，作为公安工作任务全局的一个局部，它总是要同公安工作的使命任务以及由此而决定的各个历史时期的基本任务和具体任务相联系。它的任务只有根据公安工作的使命任务来规定，才能真正在公安工作任务全局中显示自己的地位。

3. 公安政治工作服从和服务于公安工作使命任务的基本要求

(1) 牢固树立为公安工作使命任务服务的观念。公安政治机关和政治工作人员要端正政治工作的基本指导思想，摆正政治工作与公安业务工作的关系，自觉地坚持公安政治工作与公安工作使命任务的一致性，为完成公安工作使命任务服务。这是实现公安政治工作与公安工作使命任务相一致的思想基础。

(2) 政治工作渗透到各项公安工作任务中去，结合各项工作一道去做。这是实现政治工作与公安工作使命任务相一致的基本途径。政治工作要取得实效，就要渗透到公安工作使命任务的各领域、各方面、各环节，贯穿每项工作的始终。这不仅是实现政治工作自身职能的要求，也是完成公安工作使命任务的客观需要。政治工作要研究不同时期公安工作使命任务的特点，努力在“渗透”“结合”上下功夫。

二、公安政治工作的基本任务

公安政治工作基本任务，就是在实现党的工作以及公安工作对公安队伍建设提出的基本要求中所承担的责任。党的十八大以来，中国特色社会主义进入了新时代。新时代公安政治工作的基本任务就是紧紧围绕对党忠诚、服务人民、执法公正、纪律严明总要求，坚持政治建警、全面从严治警，不断深化公安队伍“革命化、正规化、专业化、职业化”建设，努力锻造让党和人民信赖的公安铁军。建设一支“四化”公安铁军是以习近平同志为核心的党中央对公安机关的要求，是实现全党的工作以及公安工作总的奋斗目标的需要。

公安政治工作的基本任务与根本任务之间的关系，是个性与共性、个别与一般的关系。公安政治工作的基本任务如果离开了根本任务，就会迷失方向。而根本任务只有通过基本任务的实现而实现，如果离开了公安政治工作的基本任务，根本任务就会落空。

党的十八大以来，以习近平同志为核心的党中央高度重视新时代公安工作和公安队伍建设，作出一系列重大决策部署。牢牢把握党在新时代的建警治警方针，紧紧围绕对党忠诚、服务人民、执法公正、纪律严明总要求，坚持政治建警、全面从严治警，不断深化公安队伍革命化、正规化、专业化、职业化建设，努力锻造让党和人民信赖的新时代公安铁军，是公安政治工作的基本任务。它对于保证公安政治工作根本任务的完成具有重要意义。

公安队伍的革命化、正规化、专业化、职业化建设，不仅是公安工作近期的目标而且是长远目标，是新时代公安政治工作的方向，具有战略意义。

（一）公安队伍的革命化建设

革命化是新时期公安队伍建设的首要一条。它的基本要求是对党忠诚、政治合格。具体要求就是公安队伍必须忠于党、忠于祖国、忠于人民、忠于法律，全心全意为人民服务，在思想上、政治上、行动上同以习近平同志为核心的党中央保持高度一致，具有崇高的理想、严明的纪律、优良的作风、高尚的道德，为保卫国家和人民的利益而英勇斗争。革命化在“四化”中起着统帅作用，是公安队伍实现正规化、专业化、职业化的前提条件和政治保证，也是公安队伍的优良传统和巨大优势。如果在公安队伍建设中没有革命化，就失去了灵魂，失去了坚定正确的政治方向。如果没有革命化，正规化、专业化、职业化建设搞得再好，也不可能建设起一支政治合格的优秀的公安队伍。

（二）公安队伍的正规化建设

正规化的基本要求是公安队伍管理的规范化、制度化、法治化。它的具体要求就是按照警种的不同特点，实行统一编制、统一训练、统一制度、统一纪律和统一指挥，使整个公安队伍成为高度统一而又机动灵活的正规化队伍，做到有法必依、执法必严、违法必究，一切依法办事。也就是说，所谓正规化是要求逐步建立有中国特色的、符合公安工作性质和任务要求的统一的人民警察体制；在队伍的组织管理上要建立起一套符合公安工作实际的、有利于提高和发挥战斗力的制度和方法。正规化，是公安队伍革命化、专业化、职业化建设的必然要求。公安队伍要革命化、专业化、职业化，必须正规化。革命化、专业化、职业化程度越高，对正规化的要求也就越高。

（三）公安队伍的专业化建设

公安队伍专业化建设就是以提升能力、素质、职业精神为核心，以建成独立、高效、公正的专业化队伍为目标，努力使每个专业的公安民警逐步发展成为行家里手，并建成各种专业队伍，不断推进公安队伍专业化水平和社会满意度的提升。公安队伍专业化建设是法治中国建设的迫切需要，是应对治安形势变化的必然要求，是公安民警正确行使职权的必然选择，是提高公安民警工作效率和质量的必由之路。专业化是公安队伍革命化、正规化、职业化建设的基础条件，面对新的形势和任务，公安机关必须走专业化发展道路，才能不断提升公安队伍的专业能力和水平，履行好党和人民赋予的维护国家政治安全、确保社会大局稳定、促进社会公平正义、保障人民安居乐业的职责使命。

（四）公安队伍的职业化建设

职业化是社会现代化的必然要求和趋势，是构建社会主义和谐社会的客观需要，是公安工作改革创新的客观需要，也是提升公安队伍形象的客观要求。在一定意义上，警察是法律的化身，警察职业是一个特殊的职业，它在职业准入、职业意识、职业道德、职业技能、职业形象、职业保障和职业监督方面不同于其他国家公务员。人民警察职业化就是要求从公安民警的特性出发，建立一整套符合公安民警职业特点，保障公安民警依法独立、公正行使公安权的有效机制，造就一支对党忠诚、服务人民、执法公正、纪律严明的公安铁军，为公安工作提供保障。加强公安队伍职业化建设，提升公安队伍职业化素养，关键是要树立崇高的职业追求，坚定正确的政治方向，核心是要强化忠诚警魂。

三、公安政治工作的具体任务

具体任务是根本任务和基本任务的具体化。公安政治工作具体任务是指在实现公安队伍建设的目标中所承担的保证责任。一般来说，其主要内容是：保证党对公安工作的绝对领导，保证公安队伍的思想政治建设，保证公安队伍内部的团结和密切警民关系，保证公安队伍战斗力的提高和各项公安工作任务的完成。

公安政治工作的具体任务，会随着客观形势的发展而发展，随着客观形势变化的需要而变化。但是，任何时期具体任务的提出和实现，其内容和需要达到的目的，都与根本任务、基本任务的方向相一致。这些具体任务，就是根本任务和基本任务在特定条件下的具体化。只有实现这些具体任务，才能保证根本任务和基本任务的实现。

公安政治工作的具体任务是由公安政治工作的根本任务和基本任务决定的。公安政治工作的具体任务会随着客观形势的发展而发展，随着客观形势变化的需要而变化。总的来说，公安政治工作的具体任务有以下内容。

（一）保证党对公安工作的绝对领导

由于公安机关性质和任务的特殊性，特别强调党对公安工作和公安队伍的绝对领导。保证党的绝对领导，既是公安政治工作本质和根本任务的体现，又是公安政治工作首要的具体任务，就是要保证党对公安工作绝对领导从政治上、思想上、组织上和制度上予以具体落实。如果不能作为具体任务加以具体落实，保证党的绝对领导就会落空，当然也就不能体现公安政治工作的本质和保证根本任务的完成。

（二）保证公安队伍内部的团结和密切警民关系

正确处理内部矛盾，调整内部关系，是公安队伍思想建设的一个重大课题，是公安政治工作的重要任务。公安队伍内部人与人之间、人民警察和人民群众之间的关系，是一种新型的同志式的互助合作关系，这是由我国社会主义制度决定的。但是由于公安队伍是社会的一部分，它在警务活动中与社会各阶层有着广泛和密切的联系，自身又是一个多层次多序列的有机整体。它不仅存在着社会上共有的矛盾，如个人、集体、国家三者利益的矛盾，民主与集中的矛盾，纪律与自由的矛盾，等等。而且在其内部，还存在种种特殊的矛盾和关系，如常常在上下级之间、各单位之间、领导与被领导之间、警民之间，产生这样或那样的矛盾，引起这样或那样的思想和行动的不一致。要真正建立起团结一致、互助友爱、共同奋斗、并肩前进的新型关系，需要强有力的政治工作来保证和协调。这就是公安政治工作起到的“调整”作用或“协调”作用，即调整公安队伍内部的人际关系。正确处理内部关系，才能减少和消除内耗，增强团结。

在新的历史时期，搞好警民关系具有重要的现实意义。警民关系在一定意义上说，是党群关系的重要组成部分。搞好警民关系，有利于促进党群关系的改善和加强；警民关系不好，则会直接损害和破坏党和人民群众的关系。公安政治工作在调整警民关系中具有重要作用：可以经常对公安民警进行热爱人民、忠于人民的思想教育，增强群众观念，提高其执行群众路线的自觉性；可以纠正少数公安民警违法乱纪、侵占群众利益的行为，密切警民关系；可以提倡和组织公安民警为群众办实事、做好事、解难事，开展爱民活动，在群众中树立人民警察的良好形象；可以加强廉政建设，让公安民警自觉接受群众监督。

（三）保证提高公安队伍战斗力和完成各项公安工作任务

公安队伍的战斗力，是指公安民警在同各种敌对势力、犯罪分子和危害社会治安秩序的行为进行斗争的能力和本领。公安队伍的战斗力主要包括人的因素和物质因素。

人的因素，包括公安民警的政治觉悟、思想水平、纪律作风、工作态度、献身精神、业务知识和工作能力等方面。高度的政治觉悟和思想水平是战斗力的思想基础，是保证战斗力的正确方向的首要因素；严明、优良的纪律作风是战斗力的重要组织保证；严肃认真的工作态度和忘我的献身精神是高度政治觉悟的外在表现，也是我们党的宗旨在公安工作中的具体体现；丰富的业务知识和出色的工作能力是战斗力的技术保证。它们紧密联系，相互作用，相互影响，缺一不可。

物质因素，包括武器装备、交通装备、通信装备和后勤保障等方面。在科学技术高速发展的条件下，公安队伍如果没有精良的武器装备、先进的交通装备、高效的通信装备、充足的后勤保障，就会给工作带来极大的困难，甚至会贻误战机，造成不可弥补的损失。

我们强调物质因素的重要，绝不意味着降低人的因素的重要地位。恰恰相反，在现代条件下同犯罪行为作斗争对物质因素的依赖性越大，对人的作用的要求就更高。决定斗争胜负的关键在于人，在于人的政治觉悟、组织纪律和业务技术水平。人的因素是公安队伍的战斗力和完成各项公安任务的决定因素。

第三节　公安政治工作的方法

公安政治工作是一种复杂的社会实践活动。公安政治工作的目标、任务、方针，最终都要通过具体的工作去贯彻落实。工作方法是否科学、得当，直接关系到政治工作的成效。公安政治工作在长期实践过程中，把马克思主义的普遍原理同公安工作与队伍建设的实际相结合，形成了一套科学的工作方法，成为公安政治工作理论的重要组成部分。

一、公安政治工作方法的含义、特点和意义

（一）公安政治工作方法的含义

公安政治工作方法，就是公安政治工作主体在开展公安政治工作活动中，以马克思主义世界观和方法论为指导，遵循公安政治工作的基本原则，为实现公安政治工作目的而采取的各种措施、手段、办法、技巧的总称。公安政治工作是有目的的活动，正确有效的公安政治工作方法，有助于公安政治工作目的的实现。方法是实现目的的桥梁，是实现目标的途径，是完成任务、解决问题的方式。方法必须与目的相适应，必须服从、服务于目的。

（二）公安政治工作方法的特点

公安政治工作方法作为人们认识世界和改造世界多种工作方法中的一种，除具有一般工作方法的共同特征外，还具有自身一系列鲜明的特点。

1. 客观性

政治工作方法，是不以人的意志为转移的客观存在。当我们从事任何一项政治工作活动时，总要通过一定方法去实现。从形式上看，采取什么方法，是主体为实现自己工作目的而确定的，方法是主观的产物。但是，方法具有客观性，即科学的方法是以对客观的规律性认识为依据的。为了求得正确的方法，必须认真研究客观环境和各种客观因素条件的变化，使自己的主观认识和客观条件相符合，使采取的方法适应客观的要求。如果方法脱离客观实际，是注定要碰钉子的。

2. 双向性

在政治工作中，不论是思想工作还是组织工作，主体与客体之间是不断进行双向交流的。方法的好坏在很大程度上取决于它能否促进双向交流协调一致。好的政治工作方法不仅能调动主体的能动性，更能调动客体的能动性。在双向交流过程中，主体在向客体传达信息的同时，不断接受客体的反馈信息，从而为方法的改进和创新奠定基础。

3. 层次性

公安政治工作是一个多层次的有机系统。公安政治工作方法也具有层次性，表现为各个不同层次的方法，组成一个各具自己特点和功能又相互结合的整体。公安政治工作方法一般分为三个层次：最高层次是哲学指导方法。它是最根本的方法，对其他层次工作方法具有指导作用。中间层次是专业工作方法，它也有高低不同的层次。最低层次是具体工作方法，如个别谈话方法等。专业工作方法是在本专业各种具体方法的基础上抽象出来的，哲学指导方法又是在各种专业方法的基础上抽象出来的，它们的基础都是具体工作方法，反过来又对具体工作方法起指导作用。

4. 科学性与艺术性

公安政治工作关系到贯彻党的纲领路线，关系到建设强大公安队伍。公安政治工作方法作为实现目的的手段，必然受到公安政治工作原则的指导，并作为其成立和运用的前提。因此，公安政治工作方法及其运用，必须充分反映工作过程中主客观条件与客观规律的要求，绝不是主观随意的，而是有科学规律的。同时，公安政治工作方法作为解决矛盾、处理问题的办法，应当因时因地而异，因人因事而异，具有策略性和灵活性，富于艺术性。因此，公安政治工作方法是科学性与艺术性的统一。

（三）研究公安政治工作方法的意义

1. 加强和改善新时代公安政治工作的重要保证

学习和掌握公安政治工作方法，是使党的纲领路线、国家的法规政策以及政治工作的原则和方针转化为现实状态的媒介，是实现政治工作保证作用的基本途径。讲究公安政治工作方法，有助于公安政治工作进一步科学化，提高其战斗性和有效性；有利于更好地继承和发扬公安机关优良传统，克服形式主义弊端；有利于公安政治工作的开拓创新，以适应当今社会的快速发展变化。今天，公安政治工作面临的形势变了，担负的任务变了，社会环境变了，工作对象也变了，出现了大量的新情况、新问题。我们要在认真总结和继承党的政治工作优良传统的基础上，立足现实，着眼未来，改革创新。由于政治工作是一门综合应用科学，要求综合运用新的科学知识，创立政治工作的新方法。例如，可以吸收社会学、心理学、行为学、信息论、控制论、系统论等现代科学中的有关知识，建立起新的社会调查法、思想预测法、心理分析法、行为分析法、系统分析法等科学方法，使政治工作的方法更加灵活多样、富有吸引力，提高政治工作效果。

2. 提高公安政治工作干部能力、改进工作作风的有效途径

正确的领导都同正确的工作方法紧密相连，有效的工作都是同有效的工作方法分不开的。如果工作方法不对，单凭良好的愿望，往往事倍功半，甚至事与愿违。工作方法是工作能力和工作作风的外在表现，掌握了科学的思想方法和工作方法，就会做深入细致的思想工作，会处理和解决各种矛盾问题，使政治工作同其他业务工作紧密结合起来，因此，政治工作干部务必重视工作方法问题。政治工作者作为政治工作的组织者、实施者，必须不断提高工作能力，改进工作作风，善于在实际工作中对正反两方面的经验教训进行反复比较，从中找出公安政治工作的规律，在实践中学习和掌握正确有效的工作方法，不断提高自身认识问题和解决问题的能力。

二、公安政治工作的宏观方法和微观方法

（一）公安政治工作的宏观方法

公安政治工作的宏观方法是指处理公安政治工作全局性问题时运用的手段。它是根据公安政治工作的总任务、总目标来观察、分析、综合和处理公安政治工作问题的工作方式，是公安政治工作中一般的、普遍的方法。它要求人们按照客观世界的本来面貌来反映世界，根据具体情况作具体分析，严肃认真地探求公安政治工作的特点和规律，以求达到科学的认识和有效的解决。宏观方法具有全局性（适用于全部公安政治工作领域）、指导性（对微观方法及其运用具有指导意义）、综合性（对众多微观方法共性原则的抽象）的特点，但它必须依靠微观方法的配合才能得以实现。

1. 哲学指导方法

马克思主义哲学的主体部分是辩证唯物主义和历史唯物主义，落实在工作方法上，归纳起来就是实事求是、全面分析和群众路线的方法。公安政治工作

活动中正确有效的多样性的方法，都必须根植于哲学指导方法。

2. 全面分析方法

全面分析方法，就是对公安政治工作中的问题进行辩证分析的方法，即用一分为二的观点，具体问题具体分析的观点，抓主要矛盾的观点去认识事物，分析问题，解决矛盾。

3. 群众路线方法

公安政治工作的全部实践，都应当贯彻尊重和信任群众的思想观点。广大公安民警不仅是政治工作的客体，而且是开展公安工作的主体。因此，群众路线既是党的工作以及公安工作必须遵循的根本路线，又是公安政治工作能够永远富有生命和活力的工作方法，是实现主观与客观、理论与实践相统一的保证，是公安政治工作方法的核心内容。

4. 系统分析方法

公安政治工作的系统分析方法是借助系统论、控制论、信息论等现代科学管理方法，高瞻远瞩地考察政治工作这一系统工程的全局和整个运行过程，从整个系统上对公安政治工作进行宏观管理和协调，并在政治工作系统内部建立起科学的管理机制，加强与其他并列系统的联系与协作，从而调动各方面的积极因素，形成政治工作的强大合力。公安政治工作是一项系统工程，不但具有一般系统的共性，而且具有自身系统的特点。公安政治工作系统属于社会系统的一个分支，在政治工作系统内部还可以再分为若干子系统，子系统内部还可以再分为若干系统要素等。系统的整体性、有序性、关联性等特性，维系着系统的存在与运行。

（三）公安政治工作的微观方法

公安政治工作的微观方法，是指为了完成全局性任务，在处理局部性、个别性问题时，采取的不同途径、形式和程序的统称。公安政治工作的微观方法，是政治工作自身的各种要素在不同组合中的动态展开，是政治工作的外观形态，是实际的应用形式。对各种不同的工作对象、环境、任务和要求，采用不同的、恰当的具体方法，才有可能取得最佳效果。公安政治工作活动的广泛性与复杂性，决定了公安政治工作微观方法从内容到形式具有多样性。微观方法是以宏观方法为基础，直接受宏观方法的影响和制约，服从宏观方法，并为宏观方法服务。微观方法比较精细，操作性强，是完成某种特殊任务的具体手段与方式，具有局部性、个别性、灵活性、技术性的鲜明特点。

1. 思想教育方法

思想教育是思想工作的基本形式，是解决公安民警中带普遍性、倾向性的思想问题和认识问题的有效方法。所谓思想教育方法，是指政治工作主体从内容和形式上体现出有目的地、有领导地对政治工作客体施加影响的手段。

（1）情理相融方法。

（2）因人施教方法。

（3）读书陶冶方法。

（4）寓教于乐方法。

（5）言传身教方法。

2. 心理平衡方法

人的行为是人对某种客观事物的特定反应，是受人的心理支配和调节的，是人心理活动的直接表现。我们认识了客观事物、心理活动与行为的内在联系，就能通过观察人们的行为变化，了解人们的心理活动，并通过掌握人的心理活动规律，及时抓住思想和行为的苗头，增强政治工作的预见性、针对性，做好调节、转化工作。所谓心理平衡方法，就是通过了解和掌握人的心理活动过程，把心理活动规律和思想教育规律结合起来，调节心理状态和培养良好心理品质的手段。

（1）心理短期调节方法。

（2）心理长期调节方法。

3. 行为引导方法

行为引导方法，就是遵循人的行为过程的发展规律，激发和调动公安民警的积极性和创造性，组织和引导每个公安民警为实现公安工作目标和个人目标作出贡献的方法。

（1）目标激励方法。

（2）典型示范方法。

（3）竞赛评比方法。

4. 组织管理方法

组织管理方法，就是将严格的组织管理手段与思想政治教育相结合，综合运用政治的、思想的、行政的因素，形成目标一致的强大合力，引导和规范公安民警的思想和行为。组织管理方法具有某种指令性和行政性的功能，它能增强思想教育效果，促进公安队伍的建设和发展。实践证明，公安队伍中的许多思想问题的理顺和解决，不能只靠说教，还要依靠组织管理手段才能奏效。

（1）民主决议方法。

（2）责权对应方法。

（3）联络沟通方法。

（4）纪律约束方法。

5．人事调整方法

人事调整方法，就是为实现公安队伍在动态中的合理构成，全面提高公安队伍的战斗力和生命力而进行的人事管理活动，是公安政治工作中经常使用的方法。人事调整方法应根据工作任务的变动、形势发展需要、公安队伍发展变化和建设要求进行。调整的内容是把不同年龄、不同专业、不同能力的公安民警，按一定的比例有机地组合起来，形成一个适应现代公安工作任务需要的最佳结构，在动态中发挥出公安系统整体的最佳功能。人事调整方法要求对公安民警定岗、定员、定责，调整的核心是正确任用公安民警，人尽其才，各得其所。人事调整原则：坚持任人唯贤，反对任人唯亲；坚持用人所长，扬长避短；坚持量才任用，用人不疑，疑人不用；坚持用养并重，在实践中培养人才；等等。

6．监督考评方法

监督考评方法，就是对人民警察的政治、思想、纪律、工作表现进行监察、考查和评比的方法。这是公安政治工作的重要内容，是任用、调整公安民警的基础工作。对公安民警实行严格的监督考评，有利于从严治警，密切警民关系，树立执法者的良好形象；有利于公安民警各尽所能，尽职尽责；有利于了解干部、使用干部，提高整个公安队伍的素质；有利于依法保护公安机关和公安民警依法享有的权益，维护公安机关和公安民警的执法权威。监督考评方法包括外部监督考评和内部监督考评。外部监督考评包括党委、人大、政府，国家检察机关、行政监察机关和公民、社会组织对公安机关及其个人实施的监督考评。内部监督考评包括公安机关以及公安民警内部实施的自我约束的监督考评和督察。

复习思考题：

1．什么是公安政治工作目标？

2．公安政治工作基本目标的内容和依据是什么？

3. 怎样理解公安政治工作的根本任务、基本任务和具体任务的含义？
4. 公安政治工作的具体任务有哪些？它的基本内容和要求是什么？
5. 公安政治工作方法的含义、特点和结构是什么？
6. 公安政治工作的宏观方法和微观方法的含义和基本内容是什么？

第七章　公安思想政治工作

公安思想政治工作是党在公安机关进行的理论武装、思想引导和教育管理工作。公安思想政治工作是公安政治工作的重要内容，是增强公安队伍创造力、凝聚力、战斗力的重要支撑，是实现党对公安工作绝对领导的重要保证。

第一节　公安思想政治工作概述

公安机关作为国家政权的重要组成部分，始终坚持和发扬党的优良传统，高度重视思想政治工作。一方面，围绕保障党的各个历史时期中心任务完成，向广大公安民警宣传党的路线、方针、政策，进行科学的理论灌输，充分调动广大公安民警建设和捍卫社会主义事业的积极性；另一方面，紧密结合公安工作特点，卓有成效地开展了思想政治工作，形成自己的鲜明特色。全面掌握公安思想政治工作，应重点认识以下几个基本问题。

一、公安思想政治工作的属性

属性是指对象（事物本身）所固有的性质，公安思想政治工作具有许多属性，从不同的方面表现出来。

首先，从社会形态的角度来考察，公安思想政治工作有着同其他上层建筑一样的共同属性。上层建筑的一个重要特点，就是以政治、法律、美学等思想为社会服务。社会服务即社会属性，是公安思想政治工作同其他上层建筑的共同属性。在阶级社会里，各种思想无不打上阶级的烙印，所以，社会属性一般地表现为阶级性。而公安思想政治工作是在无产阶级专政的国家机器中向广大公安民警灌输、传播社会主义意识形态，无疑具有更强烈的阶级性。阶级性是政治最主要、最直接的规定性，在不同的历史条件下有着不同的内涵。所以，为社会主义建设事业服务是公安思想政治工作阶级属性的体现，如果不为这个“最大的政治”服务，公安思想政治工作就会失去自身特点和存在价值。

其次，从物质和意识关系的角度考察，精神动力是公安思想政治工作具有的自身的特殊属性。物质是第一性的，物质决定意识，意识可以能动地反作用于物质。公安思想政治工作可以在不同的方面表现出各种能动作用。例如，使广大公安民警绝对服从党的领导和指挥的向心力；塑造有理想、有道德、有文化、守纪律的公安民警的影响力；促进公安民警业务提高、技能精进的创造力；增强公安民警分散活动时接触社会阴暗面的自控力；等等。这些相互交错且方向一致的力量，融合成一个总的合力，推动广大公安民警为自己肩负的使命而努力奋斗。

公安思想政治工作的社会属性和精神动力属性，既相互独立又相互联系。前者体现性质，后者体现机制。没有社会属性的精神动力，就会迷失方向；没有精神动力的社会属性，就无法体现无产阶级性质。因此，在公安思想政治工作中，要把握好它的性质与机制。研究、把握公安思想政治工作的属性，还有助于提高公安思想政治工作的科学化水平。一方面，要坚持公安思想政治工作服从和服务于党在各个不同历史时期的总任务，坚持把思想政治工作视为经济工作和其他一切工作的“生命线”；另一方面，有助于防止片面性，既反对忽视物质动力而片面夸大精神动力的“左”的倾向，又反对忽视甚至否定精神的反作用。

二、公安思想政治工作的功能

公安思想政治工作的功能，是指这项工作所蕴藏的力量和所发挥的作用。当公安思想政治工作与其工作对象——公安队伍的人民警察发生联系时，就能发挥其功能。

（一）认识功能

人的思想和行为具有指向性，一些指向外部世界，以改造自然和社会现实，为人类服务为目的；另一些则指向自身的内心世界，目的在于评价自己的品性、能力、行为的可行性，在改造客观世界的同时改造主观世界。

公安思想政治工作的认识功能，就是引导广大公安民警既认识客观世界，又认识自己，自觉掌握、运用马克思主义理论，提高科学文化知识水平和对客观事物的科学准确分析、判断、综合能力，使思想行为的指向性符合当今时代的客观实际。

认识功能的内容具有三个层次：

（1）使广大公安民警的工作、学习能符合客观实际，以达到预期的效果。

（2）使广大公安民警坚信共产主义社会是人类历史发展的必然，坚定共产主义信念，立足本职岗位建设中国特色社会主义现代化，实现中华民族伟大复兴的中国梦并推进共产主义事业的发展是自身的历史责任。形成适应新时代的新思想、新观念，锐意进取、努力开拓，实事求是，为捍卫党、国家和人民的利益，捍卫法律，保障现代化建设的社会、政治秩序而献身。

（3）使广大公安民警懂得，只有成为高素质的人民警察，才能在与日益复杂的犯罪斗争中形成并保持实力优势。智慧与能力的不足，不仅在日益复杂的犯罪形势面前会越来越感到力不从心，难负重任，而且可能会因之流血，甚至丧失生命。所以，要克服一切困难，讲学习、讲政治、讲正气，努力提高知识智慧和专业技能，使自己在与违法犯罪进行的斗争中游刃有余。

（二）教育功能

教育功能就是通过直接、间接、技术、情感的多种渠道，向广大公安民警灌输、传播马列主义、毛泽东思想、邓小平理论、“三个代表”重要思想、科学发展观、习近平新时代中国特色社会主义思想，认识社会历史发展规律，造就一大批既有理想、有道德、有文化、有纪律，又讲学习、讲政治、讲正气的高素质公安民警。

教育功能的内容有三个层次：

（1）使广大公安民警了解科学的革命理论教育对自己成为合格的公安民警、肩负起自己的神圣职责，不走邪路，不误入歧途，进而在全面建设社会主义现代化国家的伟大事业中输出自己的价值，有着十分重要的意义。激发起他们对科学的革命理论教育、对真理追求的渴望。

（2）促使广大公安民警自觉提高思想觉悟、进行道德情操修养、砥砺自己的智慧与才能，从而更大限度地发挥出他们的创造力和潜能，提高自身的能力素养。

（3）不断强化广大公安民警对共产主义的信仰，自觉捍卫科学的革命旗帜，从而巩固马克思主义在公安队伍中的指导地位。

（三）调节功能

公安思想政治工作的调节功能，就是通过鼓励和约束等形式，使广大公安民警的个体意识与社会主义意识相协调，个体意志和行动与党的路线、方针、政策相协调；从而使广大公安民警的思想与行动同社会主义现代化的发展方向相一致，成为推动历史发展的动力。

调节功能的内容有三个层次：

（1）科学调节个人利益与集体、国家利益的关系，鼓励公安民警在发扬社会主义集体主义精神的基础上，充分发挥个人的聪明和才智。既要提倡公安民警具有大公无私、艰苦奋斗的品德，又要支持公安民警独立探索、开拓进取，敢于维护自身正当权益，形成自己鲜明独特的个性与作风。

（2）调节政治思想，使公安工作促进社会主义现代化建设的发展，为党和国家的中心任务服务。其中最重要的内容是四个保证，即保证公安队伍的无产阶级性质，保证党的路线、方针、政策在公安机关的贯彻执行，保证党的公安工作任务的完成，保证公安队伍战斗力的不断提高。

（3）调节公安民警的世界观、人生观和价值观。

三、保障党对公安队伍的绝对领导

作为具有武装性质的国家治安行政力量和刑事司法力量，公安队伍在服从中国共产党领导方面的绝对性毋庸置疑。公安思想政治工作的重要任务之一，就是保障党对公安队伍的绝对领导。

（一）教育广大公安民警牢记党对公安队伍的领导具有无条件性

在任何情况下，不允许有丝毫脱离、削弱和损害党的领导的偏向。无条件地服从并捍卫党的领导是每个公安民警的神圣职责。

（二）教育广大公安民警懂得党对公安队伍的领导具有全面性

公安队伍和公安民警必须在政治上、思想上、组织上全面接受党的领导，只有这样，公安事业才会朝着正确的方向前进，公安工作才会取得成效，公安队伍才能不断提高战斗力，公安民警才能在社会主义现代化建设事业中实现自己的人生价值。

（三）教育广大公安民警深知党对公安队伍的领导具有直接性

各级公安机关必须实际地置身于党中央和各级地方党委的直接领导之下。不仅是共产党员，就是普通公安民警也必须自觉尊重和服从党组织的实际领导。要是做不到这一点，就不适宜从事公安工作。

四、始终坚持把公安队伍的政治建设放在首位

公安思想政治工作始终坚持把政治建警作为头等大事来抓，并在实践中逐渐形成了独特的工作内容和要求。

（一）始终坚持把公安队伍政治建设放在首位，把思想政治工作视为公安工作的“生命线”

长期以来，我们党一直用“生命线”来说明思想政治工作在党的事业中的地位和作用。这既是对历史经验的科学总结，又是对当今思想政治工作的地位和作用的高度概括。

为了加强公安思想政治工作，公安队伍的各级党组织和政治工作机关始终坚持把政治建设放在首位，把思想政治工作视为公安工作的生命线。2019 年，习近平总书记在全国公安工作会议上强调：“要从政治上建设和掌握公安机关，引导全警增强‘四个意识’、坚定‘四个自信’、做到‘两个维护’，始终在思想上政治上行动上同党中央保持高度一致。”① 公安队伍的政治建设任务，就是在坚定地贯彻执行党的路线、方针、政策的基础上，在党的领导下，通过各级公安机关的党组织、党员领导干部和政治工作队伍的共同努力和勤奋工作，保证公安队伍在政治上永远合格。

（二）重视政治建设是公安思想政治工作的优良传统

共和国诞生以来，我们党从未放松过公安队伍的政治建设。进入新的历史时期，党在加强公安队伍的业务建设的同时，继续强调加强公安队伍的政治建设。

公安机关遵循毛泽东、邓小平等老一辈无产阶级革命家的指示和习近平总书记有关重要论述精神，牢记公安队伍作为人民民主专政的工具，是国家意志

---

① 张洋：《习近平在全国公安工作会议上强调　坚持政治建警改革强警科技兴警从严治警　履行好党和人民赋予的新时代职责使命》，《人民日报》，2019 年 5 月 9 日第 1 版。

的忠实执行者，必须忠于党、忠于国家、忠于人民、忠于法律。政治建设是公安队伍战斗力的重要保证，公安队伍政治思想素质最核心的是坚定的政治立场和明确的政治方向。增强广大公安民警的政治坚定性，保证让无产阶级的“刀把子”握在可靠的人手中，是任何时候都不能忽视的头等大事。因而，有必要从思想、组织、作风、制度等方面全面加强公安队伍的政治建设，保持队伍的政治纯洁性，增强凝聚力和战斗力，使广大公安民警懂得公安工作的意义，克服重重困难，心甘情愿地献身于人民公安事业。

（三）公安队伍政治建设的主要内容

1. 坚持不懈地用科学理论武装广大公安民警的头脑

对投身社会主义建设事业的人来说，没有正确的政治观点，就等于没有灵魂。要用马列主义、毛泽东思想、邓小平理论、“三个代表”重要思想、科学发展观、习近平新时代中国特色社会主义思想来武装广大公安民警的头脑，提高他们的政治理论素质，提升其政治判断力、政治领悟力、政治执行力，这是公安队伍政治建设的基础，是解决公安队伍政治方向的大问题。

2. 不断强化广大公安民警坚持党对公安队伍绝对领导的意识

要使广大公安民警深深懂得，不论在什么形势下，公安队伍只有在政治上、思想上、组织上、行动上自觉接受党的领导，无条件服从党的指挥，才能保证公安队伍无产阶级性质，才能保持人民民主专政卫士的性质，经受住各种考验、诱惑和挑战，不辱使命地肩负起党、国家和人民赋予的历史重任。

3. 加强广大公安民警的党性教育和锻炼

公安机关的党性，即工人阶级先进性在公安机关中的集中反映。它要求公安机关坚持无产阶级立场、观点和方法，充分发挥人民民主专政对敌人的专政和对人民的民主的双重职能，成为敌人惧怕、人民喜爱的机关。公安思想政治工作的重要任务之一，就是要教育广大公安民警讲理想、讲信念、讲宗旨，逐渐树立并不断巩固科学的世界观、人生观和价值观，自觉抵制各种迷信的、腐朽的思想的侵蚀和诱惑，始终保持公安民警的政治本色。

4. 坚持实事求是的思想路线

求真务实，敢于捍卫真理，坚持原则，依法办事，自觉遵从科学规律，把维护党和人民的根本利益视为不可推卸的责任。公安队伍把政治建设作为一项系统工程，从政治、思想、组织、纪律、制度、行动各个方面加强建设、持久不懈地坚持下来，保证了人民公安队伍在警力不足，物质装备条件相对落后，犯罪形势呈现新特点的形势下，承担起了肩负的重任。

五、新中国成立以来公安思想政治工作的开展历程

新中国成立70多年来公安思想政治工作发展历程大致可分为公安思想政治工作初期创立与发展时期（1949—1976年）和公安思想政治工作发展与完善时期（1977年至今）两个时期，取得了令人瞩目的成就，积累了大量的宝贵经验。

（一）公安思想政治工作初期创立与发展时期（1949—1976年）

这一时期包括我国从新民主主义向社会主义过渡的时期、开始全面建设社会主义时期。其间，公安政治工作围绕着党的工作中心，取得了显著的成绩。

1. 公安政治工作机构和公安政治工作专职干部队伍的设立

1949年11月，中央人民政府政务院批准公安部成立人事局，大部分省（区、市）先后成立了人事处、科。1951年6月，公安部召开第一次公安人事工作会议。会议强调公安人事工作机关应是政治的、思想的工作机关，其主要任务是加强公安部门的思想领导和政治领导。1952年10月，第五次全国公安会议通过了《关于建设公安部门政治工作的决议》，决定各级公安部门一律设立政治工作机关或专职政治工作人员。1961年3月，第十一次全国公安会议决定县公安局设教导员、派出所设指导员。1962年11月，公安部印发了《公安派出所政治指导员暂行工作细则（试行草案）》。

2. 召开全国公安会议和全国公安政治工作会议，通过有关公安政治工作的重要决议，对全国公安思想政治工作进行全面部署

召开了3次全国公安政治工作会议，分析公安政治工作开展的基本情况，总结成绩，研究一个时期公安政治工作的基本任务、中心任务和具体任务，对全国公安政治工作进行部署。特别是第五次全国公安会议（1952年10月）和第十一次全国公安会议（1961年3月）分别通过了《关于建设公安部门政治工作的决议》和《加强公安政治工作的决议》。这两个决议是公安思想政治工作历史上具有政治工作条例性质的纲领性文件。决议强调了建设公安政治工作的必要性，明确了建设公安政治工作的指导思想和基本任务，确定了公安政治工作体制，建立了公安干部统一管理制度，规定了公安政治工作的方向、性质、地位、作用、方法，为公安政治工作的理论研究奠定了重要基础。

3. 重视公安队伍建设，出台公安队伍建设的相关规定

1957 年 6 月，第一届全国人民代表大会常务委员会第 76 次会议通过了《中华人民共和国人民警察条例》；1958 年 6 月，第九次全国公安会议通过了《关于公安人员八大纪律十项注意的决议》。这些规定是公安思想政治工作的重要成果，也是公安思想政治工作的重要依据。

4. 围绕公安核心工作，有计划地部署并开展思想政治教育活动

1951 年，配合三大运动（抗美援朝、镇压反革命和土地改革）对公安民警进行了有计划、有步骤的审查和清理工作，开展了政治、思想和纪律作风教育。1958 年 6 月，第九次全国公安会议提倡学习解放军拥军爱民的光荣传统，在全国公安系统开展了爱民月活动。1962 年，在县级公安机关开展社会主义教育运动。

“文化大革命”对本来已走向规范化与科学化的公安思想政治工作造成极大的扰乱和危害。

（二）公安思想政治工作发展与完善时期（1977 年至今）

在中国特色社会主义建设进程中，公安思想政治工作得到了历史性的大发展。

1. 召开思想政治工作相关会议，总结经验教训，部署公安思想政治工作

召开了第四次（1979 年）、第五次（1984 年）全国公安政治工作会议以及全国公安基层政治工作会议（1986 年）、全国公安政治工作座谈会（1989 年）、全国公安宣传工作会议（1986 年）、全国公安宣传思想工作会议（1998 年）、全国公安廉政建设工作会议（1990 年）、基层公安队伍建设座谈会（1995 年）、全国公安会议（1996 年、2003 年）、全国公安工作会议（2019 年）等，对新时期公安队伍建设及公安政治工作提出了新要求。

2. 出台一系列公安队伍建设的相关规定，明确了公安队伍建设的发展目标，为公安思想政治工作指明了方向

《中共中央关于加强公安工作的决定》（1991 年）、《中共中央关于进一步加强和改进公安工作的决定》（2003 年）确定了公安队伍建设的目标，强调要成为一支忠诚可靠、训练有素、精通业务、纪律严明、作风过硬，能够统一指挥、快速反应、秉公执法，具有坚强战斗力的队伍。《中共中央关于加强新时代公安工作的意见》（2019 年）强调公安队伍要做到对党忠诚、服务人民、执

法公正、纪律严明。《中华人民共和国人民警察警衔条例》(1992年)、《人民警察职业道德规范》(1994年制订,2011年修订)、《中华人民共和国人民警察法》(1995年)、《公安机关人民警察纪律条令》(2010年)的颁布实施,有力地促进了公安执法工作的规范化和公安队伍“四化”建设。公安部政治部陆续印发了《关于进一步加强和改进公安思想政治工作的意见》(2005年)、《关于进一步加强思想政治工作落实从优待警的若干意见》(2006年)、《关于进一步加强公安民警身心健康保护工作的意见》(2007年)、《基层公安机关思想政治工作规范》(2011年)、《公安部关于加强公安机关战时思想政治工作的意见》(2012年)、《公安机关录用人民警察政治考察工作办法》(2020年)等文件,要求各地加强思想政治工作的正规化建设,努力把思想政治工作提高到一个新的水平,有效增强了队伍的凝聚力、战斗力和快速反应能力,有力保障了各项公安保卫工作的圆满完成。

3. 围绕公安基础工作,拓展公安思想政治工作的途径与方法,大力推进公安队伍正规化建设

2004年举行大练兵活动。2005年启动“全国公安机关开门大接访”工作。2006年起开展为期3年的以抓基层、打基础、苦练基本功为主要内容的“三基”工程建设。2007年开展了以“基本法律知识考试、执法办案卷宗考评、信访工作考查”为主要内容的“三考”工作。2008年开展了以“公安信息化建设、执法规范化建设、和谐警民关系构建”为主要内容的“三项建设”重要工作。2009年开展了“全国公安民警大走访”爱民实践活动。2010年紧密结合“社会矛盾化解、社会管理创新、公正廉洁执法”三项重点工作,对公安工作进行总体布局,为各级公安机关切实履行好职责指明了方向。2011年开展深化“大走访”开门评警活动。2012年开展“三访三评”深化“大走访”活动。2013年全面推进平安中国建设。2014年深入推进平安中国、法治中国、过硬队伍建设。2015年全面深化公安改革,深入推进“四项建设”。2016年全面深化公安改革,着力健全“一大体系”“三大机制”。2017年深入推进警务机制改革与现代科技应用深度融合,创新社会治理方式。2018年深入开展扫黑除恶专项斗争。2019年开展“践行新使命、忠诚保大庆”主题实践活动,为新中国成立70周年创造安全稳定的政治社会环境。2020年深入开展“全警实战大练兵”,大力推进公安工作现代化和公安队伍革命化、正规化、专业化、职业化建设,着力锻造“四个铁一般”的高素质过硬公安铁军。2021年全面抓好庆祝中国共产党成立100周年活动安保维稳、党史学习教育、公安队伍教育整顿。2022年开展“喜迎二十大、忠诚保平安”主题实践活动,为党的二

十大胜利召开创造安全稳定的政治社会环境。2023 年奋力推进公安工作现代化，为全面建设社会主义现代化国家开好局起好步创造安全稳定的政治社会环境。所有工作中，公安政治工作人员都积极宣传动员、认真部署落实，充分利用网络，挖掘人才，发挥了公安思想政治工作的明确目标、激励引导、加压鼓劲的积极作用。

4. 开展主题教育，突出思想政治教育的“生命线”作用

1982 年开展“以教育为主、惩办为辅”的纪律作风教育与整顿。1987 年开展坚持四项基本原则、反对资产阶级自由化的教育。1995 年开展向济南交警学习活动。1996 年开展“为人民服务、树公安新风”活动。1997 年开展“爱民月”活动。1999 年开展“讲学习、讲政治、讲正气”的“三讲教育”。2000 年开展以“全心全意为人民服务的宗旨教育，实事求是的思想路线教育，严格、公正、文明执法的法制教育”为主要内容的“三项教育”。2003 年开展“学习十六大，全面建小康，公安怎么办”大讨论。2007 年开展社会主义法治理念教育。2011 年开展“发扬传统、坚定信念、坚持执法为民、树立良好警风”主题教育实践活动。2012 年开展“忠诚、为民、公正、廉洁”人民警察核心价值观教育实践活动。2013 年开展“中国梦”主题学习活动，并在全国开展党的群众路线教育实践活动中，组织全国公安机关开展“为何从警、如何做警、为谁用警”大讨论。2015 年，开展“三严三实”专题教育。2016 年，开展“两学一做”学习教育。2019 年，开展“不忘初心、牢记使命”主题教育。2021 年，开展党史学习教育和公安队伍教育整顿。2023 年，开展学习贯彻习近平新时代中国特色社会主义思想主题教育。通过一系列主题教育，公安民警进一步增强了政治意识、大局意识、群众意识和服务意识。

第二节　公安思想政治工作的原则、方针、任务

公安思想政治工作只有紧密结合公安实践，作用于广大公安民警，才能实现其价值和目标，作用的过程就是公安思想政治工作实施的过程。为了保证公安思想政治工作实施的效果，应当把握以下几个基本方面。

一、公安思想政治工作的原则

原则是观察、分析、处理问题的准则。公安思想政治工作的原则，是实施公安思想政治工作时必须遵循的准绳和基本要求，是处理思想政治工作过程中

各种矛盾、提高工作水平、增强工作效果的标准。

（一）方向性原则

公安思想政治工作的方向性原则，即共产主义方向性和社会主义现实性相结合的原则，就是在公安思想政治工作中既要坚持用共产主义思想教育广大公安民警，又要从社会主义现实出发，照顾多数，讲求实效。这个原则充分体现了公安思想政治工作的性质和方向，在公安思想政治工作的各项原则中居于主导性地位。

（二）整体性原则

整体性原则是指公安思想政治工作要有全局观念。这个全局观念包括：一是在处理思想政治工作与其他工作的关系时要考虑整体性，二是在处理思想政治工作本身各项具体的工作中也要有整体观念。

（三）求实性原则

求实性原则就是实事求是的原则。实事求是是马克思主义的思想基础，是我们党的思想路线。公安思想政治工作采取的方法、措施、步骤必须符合广大公安民警的思想实际，要切实可行，讲实效，摈弃形式主义的“花架子”。

（四）团结性原则

团结性原则，是指在解决公安民警的思想认识问题和思想意识问题时，必须坚持“团结—批评—团结”的模式，也就是从团结的愿望出发，经过批评和自我批评，使矛盾和问题得到解决，从而在新的基础上达到新的团结。公安队伍的团结，是公安队伍战斗力的重要保证，是公安工作取得成功的基础。作为公安思想政治工作者，要成为公安队伍中团结的模范，要鼓励公安民警在坚持党的政治原则的基础上相互爱护、相互帮助、真诚合作；要引导广大公安民警关心、珍视队伍的团结；对思想认识上存在问题的公安民警，要真心引导、耐心帮助，从团结的愿望出发，经过有针对性的、以理服人的批评和教育，促使其转化。

（五）民主性原则

民主性原则，是指在公安思想政治工作的过程中，必须建立起平等、团结、和谐、互助的思想政治工作者与思想政治工作对象之间的新型关系。在公安思想政治工作的过程中，要真正发扬民主精神，要尊重公安民警，相信公安民警，依靠公安民警，要着眼于正确教育，提高认识，以便达到公安民警自己教育自己的目的。

公安思想政治工作不仅需要坚持民主的原则，而且必须把民主与指导很好地结合起来。我们讲的民主，是有领导的民主。离开了党的领导，民主就不可能深入、持久和健康地发展。为此，各级公安思想政治工作者，必须在广泛地发扬民主的同时，积极认真地做好指导工作，把充分发扬民主与实行正确指导密切结合起来，更有效地开展公安思想政治工作。

（六）渗透性原则

渗透性原则，指公安思想政治工作一定要渗透到各项公安业务工作中去，渗透到公安民警的日常生活中去，也就是思想政治工作要结合公安业务工作、后勤保障等工作一道去做。公安思想政治工作的课题大量地来源于公安民警在公安业务工作中的实践活动；而公安业务工作在自身的发展过程中，也需要思想政治工作来保证。这种密切的联系，要求其在各自的工作进程中，必须像一辆车上的轮子一样，相互协调、相互配合。公安思想政治工作一旦脱离了公安业务工作，就会失去生命力，就不能发挥它应有的作用。

（七）教育性原则

教育性原则，是指公安思想政治工作要以教育为主要手段，坚持引导、启发自觉。在一定的意义上说，公安思想政治工作的过程，是运用各种形式、方法对公安民警进行教育的过程。

（八）有效性原则

有效性原则，是指公安思想政治工作要讲究工作效率和实际效果，要以“三个有利于”为根本标准，实事求是，努力追求实效，以工作效率和实际效果为主要尺度来衡量公安思想政治工作的成绩。

以上公安思想政治工作的基本原则，既相互联系，又各自具有相对的独立性。在公安思想政治工作中，方向性原则是根本，整体性原则是全局，求实性原则是基础，团结性原则是保证，民主性原则是关键，渗透性原则是途径，教育性原则是手段，有效性原则是归宿。

二、公安思想政治工作的方针

思想政治工作的正确方针，是思想政治工作客观规律的反映，也是做好公安思想政治工作的指导思想。

（一）坚持为党的中心任务服务的方针

思想政治工作要为实现党的政治任务服务，这是党在各个历史时期长期坚持的基本指导方针，也是党的思想政治工作的根本职责。党的二十大报告指出，从现在起，中国共产党的中心任务就是团结带领全国各族人民全面建成社会主义现代化强国、实现第二个百年奋斗目标，以中国式现代化全面推进中华民族伟大复兴。公安思想政治工作无疑必须为之服务，要充分调动广大公安民警的积极性和创造性，以保障社会主义建设事业秩序的形式，来为党的中心任务服务。

（二）疏导方针

疏导方针是指思想政治工作要坚持疏通引导的方针。疏通，就是广开言路，集思广益，让群众畅所欲言，把各种意见、想法都讲出来，集中群众的智慧，广泛吸取有益的意见，达到调动一切积极因素，改进工作的目的。引导，就是在广开言路的基础上，提高人们的思想政治觉悟和认识能力，把群众的思想引导到正确的方向，对正确的思想和意见，加以支持和采纳；对不正确的思想和意见，给以解释、教育或批评。疏通和引导是辩证的统一，是密切相连的完整统一过程。疏通是引导的前提，引导是疏通的目的，疏通是为了正确的引导。要在疏通中引导，在引导中疏通。没有疏通，就无所谓引导，就不能正确引导；没有引导，疏通也就失去其实际意义。

公安思想政治工作的对象是广大公安民警，是解决他们的思想认识问题的，而对人民内部思想的认识问题、是非问题，只能采用民主的方法、讨论的方法、说服教育的方法以及批评和自我批评的方法解决，而不能用压制、堵塞、强迫命令的方法去解决。

（三）以说服教育为主的方针

在人民公安队伍内部，解决思想认识问题和思想上的错误倾向，坚持以说服教育为主的方针，这是几十年来正反两个方面经验所得出的基本认识，是公安思想政治工作的优良传统。坚持以说服教育为主的方针，就是用充分说理、从容讨论的办法，去解决群众性的思想问题；就是用从团结的愿望出发，经过批评和自我批评，达到新的团结的办法，去解决公安队伍内部的思想认识问题；就是解决思想领域的问题，不搞任何运动和“大批判”；就是对坚持错误拒绝改正的少数公安民警要执行纪律，但是不能采取任何简单化、扩大化的错误做法。

三、公安思想政治工作的任务

（一）公安思想政治工作的基本任务

公安思想政治工作的基本任务，就是用马克思列宁主义、毛泽东思想、邓小平理论、“三个代表”重要思想、科学发展观、习近平新时代中国特色社会主义思想教育广大公安民警，启发他们提高思想自觉性，确立正确的立场、观点，掌握正确的思想方法和工作方法，帮助他们逐步建立起对整个世界和人生的科学认识，树立起崇高的理想和坚定的信念、高尚的道德和情操、坚强的毅力、不惧牺牲的精神和饱满的工作热情，自觉地、积极地、有效地进行公安实践，卓有成效地与犯罪分子和犯罪行为进行斗争；同时，帮助广大公安民警改造思维方法，提高认识能力，使广大公安民警从思想上、政治上保证党对公安队伍的绝对领导，保证公安队伍内部与警民之间的团结，培育成千上万的高素质公安民警，不断提高公安队伍的战斗力，实现公安队伍建设的现代化，迎接新时代对公安队伍的挑战。

（二）公安思想政治工作的具体任务

公安思想政治工作的基本任务是通过具体任务来完成的，公安思想政治工作的具体任务主要如下。

1. 提高广大公安民警的思想觉悟和认识能力

思想觉悟和认识能力是改造主观世界的两个基本内容。前者属于思想意识的改造，后者属于思想方法的改造。启发和提高广大公安民警的思想觉悟，就是要帮助公安民警正确认识他们的历史使命，树立全心全意为人民服务的思想，培养勇于改革创新、勇于探索和当领头雁的品格。帮助公安民警提高认识能力，就是要帮助提高公安民警观察问题的能力、分析问题的能力、分辨是非的能力。

2. 培养高素质的公安民警

高素质的公安民警具有以下方面特征：一是良好的心理素质，包括良好的认知能力、理智的情感和良好的意志品格；二是创造性思维能力；三是高效能的执行力。公安思想政治工作的重要任务就是要着力培养奋斗在维护社会政治稳定和治安秩序第一线，依法与违法犯罪行为进行有效斗争的，具有良好认知能力，理智的情感和较强的独立自主意识，果断、坚韧、顽强、自制、忠诚、勇敢的意志品格，以及创造性思维素质的高效能执行型人才。

3. 搞好公安队伍的现代化建设

公安队伍的现代化建设，就是适应新时代对公安工作提出的要求，努力造就一支政治合格、作风优良、业务过硬、反应敏捷、斗争有力的执法队伍。公安队伍的现代化建设主要包括公安队伍物质装备的现代化建设、公安队伍的结构和运行机制的现代化建设、人民警察素质的现代化建设。公安思想政治工作除了要在党的领导下，推进公安队伍结构和运行机制的现代化建设，还要着力搞好公安机关人民警察队伍素质的现代化建设。

第三节　公安思想政治工作的内容及面临的新课题

一、公安思想政治工作的内容

公安思想政治工作的内容必须与公安思想政治工作的职责和目的相适应。

（一）主要工作内容

（1）调查了解和综合分析公安队伍中干部、党员、群众的思想动态，及时向党组织和上级有关部门汇报，并提出相应的思想教育工作的意见。

（2）组织广大公安民警的政治、理论学习。我们党在不同的历史时期，针对党的事业和干部、群众的思想状况，总是有计划地组织干部、群众系统地学习马克思主义经典著作，学习党的路线、方针和政策，以便提高觉悟，统一认识，联系实际，更好地完成各项任务。在当前，要组织广大公安民警认真学习贯彻习近平新时代中国特色社会主义思想，以提高广大公安民警的理论水平和政治觉悟。

（3）对党员进行教育，加强党的思想建设和组织建设，提高党员质量。这是公安宣传、组织部门的一项经常性的工作。当前，绝大多数党员思想上是好的，但仍然存在着如何解决党员思想上入党的现实任务。我们要通过对党员的教育，使广大党员都能懂得党的性质、纲领、任务和指导思想，牢记党员的标准、党员的权利和义务，懂得党的组织制度和原则，懂得党内政治生活的准则，与党中央保持高度一致，使广大党员都具有坚定的共产主义的崇高理想和坚定信念。

（4）协同有关职能部门抓好公安民警在业务工作、学习等方面的思想教育工作，促进各项公安业务工作任务的完成。

（5）加强对有关公安报刊、宣传出版物、新闻报道等工作的指导，以正确的舆论引导公安民警，用优秀的形象鼓舞公安民警，用科学的思想武装公安民警，促进公安队伍精神文明建设。

（6）有计划地培训各级公安思想政治工作干部，提高他们的思想政治水平和业务工作能力。

（7）教育人、培养人、考察人，为公安事业育才、选才，培养出一大批觉悟高、能力强、立场坚定、敢为领头雁的公安领导管理者和公安专业技术人才、公安事业骨干。

公安思想政治工作部门也是我国社会主义精神文明建设的重要部门。各级公安领导者、全体公安民警都要尊重他们的职权，维护思想政治工作部门的诚信，关心和支持这个部门的工作，要坚决克服一切轻视思想政治工作，降低、削弱思想政治工作部门的地位、作用和权威的不良倾向。

（二）经常性工作内容——“四必教”“五必访”

1.“四必教”

（1）形势教育。形势教育是运用科学的方法，正确分析国际国内形势，帮助公安民警了解全局，增强信心的一种经常性的教育。形势教育首先是教育公安民警能正确地运用马克思主义一分为二的唯物主义辩证法观点，抓住问题的本质和主流，不被纷乱的现象迷惑。其次是把实际情况告诉被教育者，既介绍历史背景、工作成绩和前景，又指出存在的问题和解决问题的工作方法，使人们感到可信，易于收到教育效果。如果不讲实际，只讲“形势大好”的套话，会引起公安民警的反感。形势教育力求事实充分，分析准确、透彻，才能够让人了解大局，服从大局。

（2）政策教育。党的路线、方针往往通过党和国家的各项政策来体现。政策是党和国家为实现一定的任务而规定的行为准则和依据，是党的一切行动的出发点并表现整个行动的过程和归宿。党和政府的任何活动都必须符合政策，每一项政策都与人民群众密切相关。因此，进行政策教育是党的路线教育的具体化，是动员人民群众为完成党的任务而努力奋斗的重要环节。凡是重大政策出台，都要深入地做好宣传教育工作，让广大公安民警了解这项工作的内容和意义以及制定政策的过程，提高执行政策的自觉性，保证党的政策的贯彻落实。

（3）榜样教育。榜样的力量是无穷的。据统计，我们公安队伍每年都有数百计的同志为了党、国家和人民的利益英勇牺牲，上千计的同志光荣负伤，涌现出了成千上万的英模和值得颂扬的优秀人物。应该通过宣传、学习先进人物的事迹和精神，激发起广大公安民警的上进心，调动起他们的积极性。树榜样是教育工作的一种传统教育方法，先进典型的形象和事迹，可以在公安民警的头脑中起到很大的鼓舞作用。但是树榜样也应实事求是，反对拔高，把先进人物“神化”，否则就会使先进人物脱离群众，起不到好效果。根植于人民群众之中的榜样，往往有无形的影响力，激励人们奋进。

（4）形象教育。形象教育即直观的教育，就是用人造的或者天然的形象，感染和影响被教育者；或利用艺术生动形象地再现某种场景，讲明某种道理，达到教育的目的，如电影、电视、照片、美术作品等都是教育的具体方法；还可以组织公安民警深入实际生活中，观察实际生活，身临其境、体会思考，如到农村去、到工厂去，了解改革开放的实际情况。形象教育能生动形象地激发人的感情，克服简单说教的弊端，但形象教育所蕴含的深刻的道理，还需要公安政治工作者加以提炼总结，并有效传达给公安民警。

2. *“五必访”*

一是公安民警有病必访；

二是公安民警情绪低落或反常必访；

三是公安民警家庭有困难必访；

四是公安民警长期外出必访；

五是逢年过节必访。

“四必教”“五必访”是做好公安队伍思想政治教育工作的重要方法，也是公安思想政治工作的重要内容。因此，公安思想政治工作部门要经常地开展活动，把思想政治工作做到广大公安民警的心坎上，使广大公安民警以满腔的政治热情和高昂的精神状态搞好本职工作，为社会主义现代化建设发出光和热。此外，在具体的思想政治工作中，还应注意避免以下问题：

（1）在进行思想政治教育时，只注重进行集体的教育、灌输，而忽视了对公安民警个别的、有针对性的教育、帮助，这容易使思想教育多止于“面上”。

（2）在方式方法上，注重历史传统的多，探索并使用新的方式方法相对较少；在宣传教育上照搬照宣的多，结合公安队伍和公安民警的实际相对较少；

注重解决公安民警思想问题的多，帮助公安民警解决实际困难的相对较少；鼓励公安民警积极努力工作，多做贡献的多，对公安民警个人的发展愿望与正当要求的了解相对较少。

(3) 有的公安队伍政委、教导员（指导员）的主要精力不能放在公安思想政治工作上，而主要分管具体的行政业务工作；公安思想政治工作队伍中部分人员的政治理论、科学文化水平甚至思想政治工作业务水平都有待提高，服务观念有待增强。

二、公安思想政治工作面临的新课题

在新时代新征程上，公安思想政治工作也面临着新的挑战，有许多新的课题必须解答。

（一）如何有效推进公安思想政治工作实战化？

站在新时代的历史起点，随着经济社会快速发展和社会主要矛盾转变，新时代公安工作面临的形势发生了新变化，对公安队伍建设提出了新要求。面对各种风险和考验，面对发展的机遇和挑战，我们要充分认识公安思想政治工作的重要地位和重大作用，充分认识思想政治工作是队伍战斗力的重要构成要素，强化向思想政治工作要警力、要战斗力的理念观念，强化思想政治工作助力有效履行职责的保障作用。要立足公安机关性质任务和实战要求，探索公安思想政治工作实战化新路径，加快推动公安思想政治工作高质量发展，推动公安思想政治工作与业务工作深度融合、和谐共生。

党的十八大以来，公安部提出了“四项建设”（基础信息化、警务实战化、执法规范化、队伍正规化）和队伍“四化”（革命化、正规化、专业化、职业化）的要求。为此，思想政治工作要围绕公安工作中心大局，聚焦队伍战斗力标准和公安主责主业，探索服务保证战斗力建设的作用机理，把思想政治工作贯穿到战斗力建设的各个环节，融入警务实战全过程，积极探索思想政治工作与公安中心任务同步筹划、同步推进的方法路径，形成有利于提高队伍战斗力的舆论导向、工作导向、用人导向、政策导向，树立思想政治工作“重心在实战”的鲜明导向，切实发挥思想政治工作生命线作用。

当前，公安工作正在迈入现代化和高质量发展的阶段，对公安工作提出一系列新理念、新思路、新举措、新要求：工作站位更高，凡事都从大局着眼，对政治建警提出了新要求；工作标准更严，各项工作都抓得更深入，对队伍综合素质提出了新要求；工作节奏更紧，各级领导带头深入一线、督促检查，以

“时时放心不下”的责任感抓落实，对队伍纪律作风养成提出了新要求。面对这些新形势、新要求，思想政治工作如果跟不上实战需要，必然会因为反应“慢半拍”而导致工作被动。思想政治工作一旦脱离实战需要，将直接影响公安机关战斗力生成和提升，影响公安事业创新和发展。

（二）如何提高公安思想政治工作水平？

随着时代的发展，公安民警的科学文化素质日益提高，有能力较好地对科学理论进行深入思考和理解，民主、平等、法治等意识逐渐增强，思想更加活跃。这一方面有利于对公安民警进行系统的思想教育，有利于公安思想政治工作主体和对象间的沟通交流，把工作做到实处；另一方面，又要求公安思想政治工作者必须具有比以前更高的理论素养、自然和社会科学知识水平，更具民主法治观念，更讲求工作的科学性、更好的人际关系，口能言、身能行。因为在当今形势下，一个公安思想政治工作者对公安民警进行思想教育、宣传党的创新理论，重要的是以理服人。若道理讲不透，就不能服人；若理论讲不好，就难以引导人、塑造人。若要讲透道理、讲好理论、做好思想政治工作，就必须有丰富的理论与科学知识基础。可以想象，一个知识浅薄、理论平庸、缺乏民主法治观念，又不懂得思想政治工作规律的人，必将成为政治工作队伍中的“南郭先生”。

（三）如何推动基层公安思想政治工作方式方法创新？

在许多基层公安思想政治工作者看来，思想政治工作不过是通过理论宣讲、传达文件精神、观看警示教育视频、撰写心得体会、组织红色游学等传统方式即可完成，至于这些方式的效果则较少思考和关注。如在思想政治工作内容上，出现了偏重政治引领和理论宣讲，却忽视了对公安民警进行人文关怀和心理疏导，理想信念教育不足，部分思想政治活动流于形式，政治理论学习、公安民警工作实践与个人需求结合不紧密等情况。而在思想政治工作方式上，教育教学方式机械滞后，创新性和灵活性不足则是主要问题。不少基层公安思想政治工作仍然以“领导说教”“填鸭灌输”式的单向度说教为主，局限于会议传达和宣读文件精神等简单划一的教育模式，思想政治工作形式缺乏多样性、文化性、生动性、趣味性、针对性和时代性。事实上，这些陈旧的方式方法未能从当地公安机关的实际情况出发，较少开展符合当前基层公安民警需求与时代特征的德育教育和心理干预等活动，难以有效激发公安民警的学习需求和自我提升的主动性和能动性。新时代新形势下，必然要求思想政治工作的方式方法既要与时俱进、紧扣新时代，又要有的放矢、紧扣基层公安民警现实状态和实际需求，将思想引领、理论学习、作风改进、人文关怀、心理疏导、警营文化建设等各方面工作相结合，切实将基层公安民警思想政治工作落地做实。

（四）新媒体时代下如何做好公安思想政治工作？

随着网络信息技术的迅速发展，新媒体走入了千家万户，成为公众生活不可或缺的重要组成部分，并成为公安民警生活、学习和办案的重要工具。新媒体的出现，拓宽了公安民警信息来源渠道，使侦查破案更加便捷、快速和高效，但同时，也将公安民警的工作置于社会舆论的监督之下，使他们的工作压力增大，社会风险增加。因此，加强新媒体时代下公安民警的思想政治工作具有重要意义。

新媒体时代，公众对公安民警的舆论监督力度增大，一旦公安民警违背了职业道德操守或社会公共准则，就有可能在互联网上被曝光，社会舆论压力陡然增大。随着微博、微信等新媒体的发展，网络已经成为公众表达诉求、发表见解的重要渠道，同时也成为记者、评论员甚至网络“大 V”发布信息、操控媒体的重要方式和手段。个别“网络水军”利用微博和微信平台，把公安机关或公安民警中的一些问题加以放大，制造舆论和流言，损害公安机关的形象。基于新媒体时代公安民警面临的新情况和新问题，思想政治工作呈现出一些新特点：一是公安民警工作压力增大，身心健康受到一定损害；二是政治理论学习兴趣下降，被动学习成为常态；三是执法顾忌增多，安全感降低；四是传统思想政治教育效果降低。面对上述问题，在新媒体时代下如何准确把握公安民警思想政治教育新内容，搭建新平台，探索新方法，加强和改进公安民警思想政治教育显得尤为迫切。

复习思考题：

1. 怎样理解思想政治工作是公安工作的“生命线”？
2. 公安思想政治工作的主要任务是什么？
3. 公安思想政治工作的主要原则是什么？
4. 公安思想政治工作面临的新课题有哪些？

第八章　公安队伍纪律作风建设

公安机关的性质和人民警察所担负的任务决定了公安队伍必须具有严格的纪律和优良的作风。纪律和作风建设是公安队伍建设的重要组成部分，是公安政治工作的一项重要内容，是公安机关人民警察完成党和人民赋予的各项任务的重要条件和保证。因此，作为党领导下人民民主专政的工具，公安队伍必须不断加强纪律作风建设，坚持从严治警的方针，严格教育、严格管理、严格训练、严格纪律，保持优良的作风。

第一节　公安队伍纪律作风建设概述

一、公安队伍纪律作风的含义、特征和意义

（一）公安队伍纪律的含义、特征

1. 公安队伍纪律的含义

纪律是指各种社会组织为了维护其共同利益而进行统一的活动，规定其成员共同遵守的规章、制度和约定的行为准则。它具有强制性和约束力，对于违反者可以实行制裁。其内容包括履行职责、执行命令和决议、遵守制度、保守秘密等。公安队伍纪律是指公安机关为了正确履行党和国家赋予的职责，保证各种任务的完成而规定的，公安民警在政治、思想、工作和生活上必须遵守的行为准则。公安队伍是一支纪律部队，严格遵守纪律是公安民警的天职。严格

的纪律管理是党对公安队伍建设的基本要求，也是公安机关自身队伍建设的需要，因此每一位公安民警都要从思想上高度认识遵守纪律的重要性。

2. 公安队伍纪律的特征

（1）阶级性。公安机关是人民民主专政的工具，具有鲜明的阶级性，决定了公安队伍的纪律也具有鲜明的阶级性。公安队伍必须为巩固社会主义制度、维护国家安全和社会安定、保护人民群众的合法权益服务，做到热爱国家、热爱人民、秉公执法、办事公正、热情服务、不搞特权。

（2）强制性。公安队伍纪律具有强制性，它包括两方面的含义：一是公安民警必须无条件服从，不得违反，如不服从或有违反，视情节给予批评教育或纪律处分；二是公安队伍的纪律对每一位公安民警都具有约束力，纪律面前人人平等。

（3）自觉性。公安队伍的纪律是建立在公安民警高度自觉的基础之上的，是靠公安民警自觉遵守的纪律，它的自觉性与强制性是相辅相成的，强制性以自觉性为前提，自觉性在一定意义上有赖于强制性来形成。

（二）公安队伍作风的含义和特征

1. 公安队伍作风的含义

作风是人们的世界观、思想修养、道德品质、理想情操的外在表现。也就是通常所说的人们在工作和生活上的行为或态度的一贯表现。作风不是靠强制，而主要是靠教育培养、熏陶感染而形成的。公安队伍的作风是指公安机关为了正确履行党和国家赋予的职责，要求公安民警在思想、工作和生活上必须具有的精神风貌，是坚持人民民主专政和全心全意为人民服务宗旨的具体表现。

2. 公安队伍作风的特征

（1）外在性。作风是公安民警世界观的外在表现，它是有形的、活生生的、现实的，是人们可以直接观察和感觉到的。如公安民警的警容、风纪、热情服务等，都体现了公安队伍的作风。

（2）相对稳定性。作风是经过长期实践锻炼培养出来的一贯态度和行为，不是暂时的和偶然的现象，具有连续性、持续性，不会轻易改变。

（3）养成性。作风作为世界观的外在表现，不是先天就有的，而是长期实践中随着世界观的形成而逐渐养成的。优良的作风，往往要经过反复的磨炼和长期的教育培养才能形成和发展起来。

（三）加强公安队伍纪律作风建设的意义

公安队伍的纪律和作风既有联系，又有区别，两者相辅相成，相互促进；要养成优良的作风，必须要有严格的纪律，要使广大公安民警遵守纪律成为自觉行为，必须要有良好的作风作保证。因此，严格的纪律和优良的作风对于公安队伍建设具有重要的意义。

1. 严格的纪律和优良的作风是公安队伍正确执行宪法、法律和党的路线、方针、政策的重要保证

公安队伍的纪律和作风与宪法、法律和党的路线、方针、政策是紧密联系在一起的。简单地说，宪法、法律和党的路线、方针、政策决定纪律和作风，纪律和作风反过来又为宪法、法律和党的路线、方针、政策的贯彻执行服务。党为公安工作制定了一套正确的路线、方针、政策，只有正确地贯彻执行它，才能取得斗争的胜利，巩固人民民主专政。而这一目标的实现，不但要靠广大公安民警的政治觉悟和政治、业务素质的提高，同时也必须依靠纪律和作风的保证。公安队伍的纪律和作风对宪法、法律和党的路线、方针、政策的贯彻执行，具有重要的作用。

2. 严格的纪律和优良的作风是公安民警正确履行职责、行使职权、完成各项任务的重要保证

公安队伍是一支掌握特殊权力的队伍，他们有包括武器、警械在内的强制的、秘密的手段。正确地运用这些手段，达到有效地打击犯罪、保护人民的目的，其中一个重要条件就是要有严格的纪律和优良的作风。如果纪律松弛，作风不正，往往会伤害好人，放纵坏人。某些党性不纯的人也容易利用手中的权力去谋取私利，甚至发生滥用职权、违法乱纪的行为。因此，严格的纪律和优良的作风，是公安民警正确运用权力和履行职责的重要保证。随着我国社会主义民主制度化、法治化的日益成熟，在纪律和作风上对公安民警提出了更高的要求。为了保护国家的利益和安全，保护人民的合法利益，要求公安民警办理每个案件、处理每件工作、完成每项任务都要符合法律的要求。因此，公安队伍严格的纪律和优良的作风，对于保证法律的实施具有重要的意义。对公安队伍来说，纪律、作风与法律虽然不同，但又密切联系，严重违反警纪警风的问题，往往就会触犯法律。某些违反警纪警风的行为，实际上是侵犯公民人身权利、民主权利和其他权利的行为，情节严重的将构成违法犯罪。因此，严格遵守纪律，自觉发扬优良作风，是严格守法、依法办事的必要条件。

3. 严格的纪律和优良的作风是提高公安队伍整体作战能力的重要保证

公安队伍严格的纪律和优良的作风，对于提高战斗力所起的作用是多方面的。它可以增强队伍的革命意志，振奋队伍的革命精神，在完成各项复杂的斗争任务中，做到不畏艰难困苦，不怕流血牺牲，勇敢战斗，顽强拼搏；它可以增强队伍的高度组织纪律性，服从命令，听从指挥，做到有令则行、有禁则止，保持队伍的高度集中统一，使公安民警在分散或独立执行任务、失去组织和群众监督的情况下，也能严守纪律，自觉主动地去完成任务；它可以使队伍团结一致，通力合作，形成坚强的战斗集体；它可以使公安民警同人民群众保持血肉般的关系，做到警民一致，筑起同犯罪分子作斗争、维护社会治安秩序的铜墙铁壁。

4. 严格的纪律和优良的作风是防范腐败的重要保证

公安队伍经常处于社会的腐蚀与反腐蚀、污染与反污染的环境中，存在着被腐蚀、被污染的现实可能性，某些意志薄弱的公安民警会受资本主义腐朽思想和生活方式的影响和侵蚀，极少数政治思想严重不纯的分子也有可能混入队伍里来，起着消极乃至破坏的作用。严格的纪律和优良的作风则是抵制和清除各种腐朽思想和生活方式的有力武器，有助于广大公安民警在思想上筑起反腐蚀的防线，做到金钱面前不动摇、色情面前不动心、威胁面前不畏惧，永葆公安民警的政治本色。

二、公安队伍纪律作风的基本内容和要求

（一）公安队伍纪律的基本内容和要求

公安机关根据党和国家对公安民警的要求及公安工作特点，制定了公安民警必须遵守的一系列纪律规范及要求，按其内容归类，可分为政治纪律、组织纪律、工作纪律、群众纪律和保密纪律五个方面。

1. 政治纪律

政治纪律是指公安民警在政治言论和政治行为方面必须遵守的规范，是调整公安民警同党和国家关系的行为准则。公安机关的性质和人民警察所承担的职责，决定了公安队伍纪律中政治纪律是第一位的，遵守政治纪律是遵守全部纪律的基础，只有政治纪律严明，才能保证公安队伍其他纪律的严明。公安民警要严格遵守政治纪律。其根本要求是《中华人民共和国人民警察法》第二十二条的规定：人民警察要遵守政治纪律，在任何时候都“不得散布有损国家声

誉的言论，参加非法组织，参加旨在反对国家安全的集会、游行示威等活动，参加罢工”。同时要严格遵守宪法和法律，始终不渝地坚持党的领导，与党中央保持高度一致。这是公安民警遵守的政治纪律的核心所在，是纪律观念的最高标准，是我国警察不同于其他国家警察的根本标志。

2．组织纪律

组织纪律是指调节公安民警个人与集体、个人与组织、个人与领导、组织与组织关系的行为准则。它是公安机关维护组织上团结统一的原则和规矩，其实质是强调组织上的服从性。在公安队伍内部，没有服从，就形不成一个战斗的整体，就不会有公安事业的存在和发展。其具体要求是：必须服从全局；坚决服从领导；服从命令，服从指挥。其核心是无条件服从，这是公安民警应具有的基本的组织纪律观念。《人民警察内务条例》第十二条规定：“下级对上级的命令必须坚决执行，并将执行的情况及时报告上级。下级如果认为命令有不符合实际情况之处，可以提出建议，但在上级未改变命令时，仍需坚决执行。”

3．工作纪律

工作纪律是指调整公安民警与工作对象之间关系的行为准则。严格遵守各项工作纪律是维护国家政治利益的需要，是完成各项工作任务的保证，也是衡量每一位公安民警能否胜任本职工作任务的起码条件。其具体要求是：坚持实事求是，注重调查研究；不得弄虚作假、隐瞒案情、包庇纵容违法犯罪活动；不得刑讯逼供或体罚、虐待人犯；不得非法剥夺、限制他人人身自由；不得非法搜查他人的身体、物品、住所或者场所；不得敲诈勒索或者索取、收受贿赂；不得殴打他人或者唆使他人打人；不得违法实施处罚或者收取费用；不得玩忽职守，不得不履行法定义务等。

4．群众纪律

群众纪律是调整公安民警与人民群众关系的行为准则。它是根据公安民警全心全意为人民服务的宗旨、密切联系群众的作风所确定的和群众关系的纪律。群众纪律强调的是秉公执法，自觉遵守群众纪律是公安民警应具有的根本观念。其具体要求是：热情为人民群众服务；走群众路线；不搞特权，不谋私利；不刁难、欺压群众；自觉维护群众利益，接受群众监督等。

5．保密纪律

保密纪律是指公安民警必须严格保守党和国家机密以及警务工作机密的行为规范。公安工作中有许多警务工作秘密，这些秘密一旦泄露，会使国家的安全和利益受到不同程度的损害，因此，保守秘密是公安民警的一项重要纪律要求。其具体要求是：不得泄露党和国家的秘密，不得泄露警务工作的秘密。公安部1999年颁发的《人民警察保密守则》具体规定了人民警察在日常工作和生活中的八条保密纪律：不该说的秘密不说，不该知悉的秘密不问，不该看的秘密不看，不在私人交往或公开发表的作品中涉及秘密，不在非保密场所阅办、谈论秘密，不擅自记录、复制、拍摄、摘抄、收藏秘密，不擅自携带秘密载体去公共场所或探亲访友，不使用无保密措施的通信设备、普通邮件和计算机互联网络传递秘密。

公安队伍的政治纪律、组织纪律、工作纪律、群众纪律、保密纪律不是孤立存在的，而是相互联系、相互配合、相互影响的。其中政治纪律是前提，组织纪律是保证，工作纪律、群众纪律、保密纪律则是政治纪律和组织纪律的具体表现。

（二）公安队伍作风的基本内容和要求

公安队伍作风的基本内容可以分为思想作风、工作作风和生活作风三个方面。

1. 思想作风

思想作风是公安民警的世界观、思想品德、理想情操的一种外在表现，是公安民警在工作和生活中表现出的思想方面的精神风貌。它要求公安民警坚持理论联系实际、实事求是，大公无私、先人后己，廉洁奉公、不谋私利，认真开展批评与自我批评，虚心接受人民群众的批评与监督。

2. 工作作风

工作作风是公安民警在警务工作中表现出的工作态度方面的精神风貌。它要求公安民警坚持全心全意为人民服务的宗旨，关心人民群众的疾苦，热情为人民群众服务；在工作中坚定勇敢、机智沉着，多谋善断、胆大心细，艰苦奋斗、不怕困苦、不怕牺牲。

3. 生活作风

生活作风是公安民警在日常生活中表现出的生活态度方面的精神风貌。它要求公安民警在日常生活中做到廉洁奉公，警容严整，举止端庄，礼貌待人，讲究文明。

三、公安队伍纪律作风与党的纪律作风的关系

党的纪律作风是通过党在各个具体方面的工作体现出来的，公安队伍的性

质由党的性质决定，公安队伍的纪律作风实际上是党的纪律作风在公安工作中的具体体现。

（一）公安队伍的纪律作风是无产阶级政党纪律作风观念的具体体现

无产阶级政党必须要有严格的组织纪律，才能在重重困难面前具有冲破障碍的力量，才能在逆境中生存和发展。作为人民民主专政工具的公安队伍，必然体现出党的纪律观和优良作风；也必须要有严格的组织纪律，才能保证步调一致，在与违法犯罪分子和违法犯罪行为斗争中取得胜利。如果没有严格的纪律和优良的作风，公安队伍也会像一盘散沙，既无力打击敌人，又将损害党、国家和人民的利益。

（二）公安民警的忠诚是实行和保持严格纪律的基本条件

公安队伍的党性原则要求广大公安民警要对党、国家和人民忠诚老实。公安队伍要保持人民民主专政工具的性质，从根本上说，就是要求每个公安民警的个人利益必须无条件地、绝对地服从党和人民的利益。党、国家和人民的利益高于一切，这也成为每一位公安民警思想和行动的最高准则。公安民警个人的利益，只能和党、国家和人民的利益相一致，才能摆正两者关系，才能有坚定的无产阶级世界观和大公无私的共产主义胸怀。而要满足这些要求，每一位公安民警必须对党忠诚老实、襟怀坦白。

公安民警在与违法犯罪分子和违法犯罪行为斗争的过程中，由于其职业特点和需要，常常个人或小分队单独行动，远离集体，远离领导和群众的监督，这时，公安民警对党、国家和人民的忠诚就成了维系纪律的基础，即使是在恶劣困难的斗争环境中也能自觉地将个人利益服从党、国家和人民利益，遵守公安队伍的纪律，积极有效地开展公安工作，这样才能使公安队伍在困难中保持团结、统一、有战斗力，形成公安队伍铁的纪律的基础。

（三）将广大公安民警的纪律性和创造精神结合起来

党的严格的纪律性、组织性与发挥党员的积极性、创造性是一致的，二者相辅相成。严格的组织性对于保障公安民警充分发挥自己的聪明才智是必不可少的。当今公安工作面临着许多新的问题，有许多困难，形式比过去更加复杂、严峻，这就要求广大公安民警创造性地开展各项工作，在执法过程中，除了必须坚持依法办事，尊重法律的神圣与尊严，还必须深入了解自己周围的实际情况，创造性地执法，这也是公安队伍纪律允许的。

第二节　公安队伍纪律作风建设的历史和现状

一、公安队伍纪律作风建设的形成、发展和完善过程

公安队伍的纪律作风建设是在继承党的优良传统、学习中国人民解放军纪律作风建设经验，结合公安工作的特点和需要，在长期的斗争实践中，逐步形成和发展并不断加以完善的。其大致经历了以下几个阶段。

（一）奠定基础阶段

这一阶段主要从新中国成立开始至1956年社会主义改造基本完成。自建立公安保卫工作以来，纪律和作风一直成为公安队伍建设的重要内容。新中国成立后，党和国家对公安队伍的纪律作风建设提出了严格的要求，公安队伍纪律作风建设的内容日益丰富，要求更加严格，规定也更加明确。在新中国成立初期，由于革命形势的迅速发展，公安队伍的急剧扩大，公安部门留下了一批旧人员、旧警察，当时来不及对队伍进行严格的纪律教育和管理，以致公安队伍中滥用职权、胡作非为、欺压群众、侵占群众利益等旧警察作风一度相当严重。因此，新中国公安系统内部从组织上、思想上、作风上广泛深入开展了反对违法乱纪、反对旧警察作风的斗争。与此同时，公安部发出了《关于各级人民公安机关必须严格遵守宪法和法律的指示》，深入开展了遵纪守法教育，批判了各种轻视和忽视宪法和法律的思想，同时建立了各种整顿纪律和作风的制度。这为公安队伍的纪律作风建设奠定了基础。

（二）基本规范阶段

这一阶段主要指从1957年至1965年。1958年第九次全国公安会议根据中国人民解放军的《三大纪律八项注意》的基本思想和公安队伍多年来纪律作风建设的经验，制定了《公安人员八大纪律十项注意》，集中体现了公安队伍纪律作风建设的丰富内容和精神实质。这项规定将公安队伍的纪律作风建设的要求条文化、系统化、通俗化，是对这一时期公安队伍纪律作风建设经验的总结；以后提出的一些规定和要求，是对这个规范性文件的补充和发展。因此，《公安人员八大纪律十项注意》是公安队伍纪律作风建设的一个基本的规范性

文件，至今仍具有强大的生命力。

（三）十年动乱阶段

“文化大革命”十年动乱中，公安机关受到严重冲击，公安队伍纪律作风建设也遭到严重破坏。

（四）恢复发展阶段

这一阶段主要是指从1977年至1999年。十年动乱结束后，公安机关组织机构和职能得到了恢复，对公安队伍纪律作风重新进行了整顿、规范和完善，具体做法有：

（1）1977年12月，第十六次全国公安工作会议根据公安队伍纪律作风建设的经验，对公安队伍的纪律作风进行了系统的概括。

（2）1980年，根据历史经验和新时期党的总任务的需要，针对公安队伍纪律作风存在的问题，着重强调了树立和发扬优良作风的“五句话，四十个字”：调查研究，实事求是；发扬民主，依法办事；廉洁奉公，遵纪爱民；立场坚定，敌我分明；机智勇敢，团结战斗。

（3）1981年，根据我国实行对外开放，对内搞活经济的政策，为加强在新的历史时期的反腐蚀斗争，严肃纪律，规定了“五不准”：不准私自与外国人拉关系，不准参加和支持非法组织、非法刊物的活动，不准参加宗教迷信活动，不准参与支持罢工、罢课、游行、请愿活动，不准阅读、传抄、收藏淫秽书画。

（4）1982年，根据开展严厉打击严重刑事犯罪活动的需要，全国政法工作会议通过了《政法公安人员守则》。

（5）1984年，第五次全国公安政治工作会议提出“从严治警”的方针，要求广大公安民警实行严格教育、严格管理、严格训练、严格纪律，会议讨论并通过了《中华人民共和国人民警察内务条令（试行）》《人民警察奖惩条例（试行）》。《中华人民共和国人民警察内务条令（试行）》进一步规范了公安民警的行为举止，塑造了公安队伍的良好形象。

（6）1985年，为了树立人民警察的良好形象，对全体公安民警提出了五条要求：要热爱人民，要严格执法，要精通业务，要机智勇敢，要实事求是。

（7）1988年、1992年公安部相继作出了公安人员为政清廉、为警清廉的规定和《关于坚决制止刑讯逼供的决定》。1994年，公安部党委颁发了《人民警察职业道德规范》，特别是1995年《中华人民共和国人民警察法》的颁布实施，进一步推动了公安队伍建设的规范化、制度化。1996 年第十九次全国公安会议上又提出“从严治警、依法治警”的方针，强调了法治建设、依法治警、政治建警。这些规定对于保障公安机关及人民警察依法履行职责、行使职权和遵守纪律具有极其重要的意义。

（8）1997 年 6 月国务院发布实施了《公安机关督察条例》（以下简称《条例》），1997 年公安部颁布实施了《公安机关警务督察队工作规定》，2001 年公安部颁布实施了《公安机关督察条例实施办法》（以下简称《办法》），这些文件对督察机构的设置、职责、权限以及督察的形式、程序等作出了明确的规定。警务督察是公安机关内部的一种监督制度，《办法》第二条规定：“督察工作的基本任务是保障和监督公安机关及人民警察依法履行职责，行使职权和遵守纪律。”《条例》等的颁布对于进一步提高公安民警的执法能力和执法水平，避免在执法工作中发生违法和违纪行为有着重要的作用。

（五）发展完善阶段

这一阶段主要是指从 2000 年至今。2000 年以前，公安队伍纪律作风建设取得了明显进步，但是，一些地方公安机关仍然存在公安民警违法违纪和腐败现象，特别是在枪支管理和使用、酗酒、赌博等问题比较突出，造成了极为恶劣的社会影响，败坏了公安队伍的整体形象。为了改变这种状况，公安部相继颁布了一系列条令。

（1）2000 年 6 月公安部颁布实施了《公安机关人民警察内务条令》。《公安机关人民警察内务条令》是公安机关正规化建设的重要纲领性文件。它结构完整，重点突出，内在逻辑性强，体现了浓郁的时代精神，并把公安机关同军队和普通行政机关区别开来。《公安机关人民警察内务条令》中有许多条款直接面向公安民警的日常行为规范，如警容风纪、精神面貌、行为举止、礼节礼貌、日常制度、办公秩序、安全防卫与卫生等，是公安队伍纪律作风建设的重要内容。

2001 年 11 月公安部颁布了《公安机关人民警察训练条令》，2003 年 7 月公安部颁布了《公安机关人民警察奖励条令》。

（2）2003 年 1 月公安部颁布了“五条禁令”：①严禁违反枪支管理使用规定，违者予以纪律处分；造成严重后果的，予以辞退或者开除。②严禁携带枪支饮酒，违者予以辞退；造成严重后果的，予以开除。③严禁酒后驾驶机动车，违者予以辞退；造成严重后果的，予以开除。④严禁在工作时间饮酒，违者予以纪律处分；造成严重后果的，予以辞退或者开除。⑤严禁参与赌博，违者予以辞退；情节严重的，予以开除。

“五条禁令”是针对当时公安机关内部管理中存在的最突出的五种问题制定的，是公安队伍纪律中最基本、最起码的硬性指标。

“五条禁令”颁布实施后，赢得了社会各界广泛好评，为整顿警风，改善公安机关形象，提高公安队伍战斗力发挥了重要作用。

（3）2010 年，监察部、人力资源社会保障部、公安部颁布了《公安机关人民警察纪律条令》。这是我国第一部系统规范公安机关及其人民警察纪律以及对违反纪律行为给予处分的部门规章。《公安机关人民警察纪律条令》是在认真调研和广泛征求意见的基础上，结合公安机关人民警察队伍建设实际，设定了 76 种具体违法违纪行为及其适用的处分，涉及政治纪律、组织纪律、执法执勤、内务纪律等。这些违法违纪行为及其适用处分的设定，充分体现了公安机关及人民警察的职业特点，体现了公安机关从严治警的刚性要求。它对促进公安机关及人民警察严格、公正、文明执法，推进公安队伍正规化、制度化建设起到了重要作用。《公安机关人民警察内务条令》《公安机关人民警察训练条令》《公安机关人民警察奖励条令》《公安机关人民警察纪律条令》这四大条令形成了公安队伍纪律作风建设规范的完整体系，使公安队伍纪律作风建设进一步得到完善。

（4）2013 年，为认真贯彻落实中央政治局关于改进工作作风、密切联系群众的八项规定，带头弘扬党的优良传统和作风，带动全国公安机关改进工作作风，树立良好警风，公安部党委制定了《公安部党委关于改进工作作风的十项规定》，该规定明确要求：

一、要改进调查研究。二、要精简会议活动。

三、要精简文件简报。四、要规范表彰考核。

五、要加强工作统筹。六、要简化公务接待。

七、要规范公务出访。八、要改进新闻报道。

九、要严格文稿发表。十、要加强督促检查。

2013 年 2 月 1 日，在“五条禁令”颁布实施十周年之际，公安部重申要进一步贯彻“五条禁令”，加强公安队伍纪律作风建设，并将其作为重要的切入点，建立起长效机制。

（5）2013 年 9 月 29 日，在深入开展党的群众路线教育实践活动中，为进一步加强公安队伍纪律作风建设，公安部出台“三项纪律”，以更高的要求、更严的纪律规范公安民警行为，建设过硬队伍，回应人民群众新期待。“三项纪律”决不允许面对群众危难不勇为，决不允许酗酒滋事，决不允许进夜总会娱乐。公安民警违反上述规定的一律先予以禁闭，并视情给予纪律处分。造成严重后果或者恶劣影响的，一律给予开除处分，并视情追究有关领导责任。隐瞒不报、包庇袒护的，从严处理；构成犯罪的，依法追究刑事责任。

公安部出台“三项纪律”，是公安机关深入开展党的群众路线教育实践活动的重要举措，是对全体公安民警纪律作风的从严要求。全国公安民警要不折不扣严格执行，并自觉接受社会各界和人民群众的监督。

（6）党的十八大以来，以习近平同志为核心的党中央高度重视公安工作和公安队伍建设，就新时代公安队伍纪律作风建设作出一系列重要论述。公安部党委认真贯彻落实习近平总书记的指示，结合队伍建设实际出台了相关条令规定。2013 年 11 月公安部下发《关于深入贯彻实施〈公安机关督察条例〉的意见》，2014 年 11 月公安部颁布修订后的《公安机关人民警察训练条令》，2015 年 6 月公安部印发《公安机关内部人员干预、插手案件办理的记录、通报和责任追究规定》，2016 年 3 月公安部关于印发《公安机关领导责任追究规定》，2016 年 12 月公安部印发《公安民警使用网络社交媒体“九不准”》，2021 年 10 月公安部颁布修订后的《公安机关人民警察内务条令》，2021 年 12 月公安部印发《关于开展违规宴请饮酒问题专项整治工作的通知》，2022 年 7 月公安部印发《公安机关内部人员过问打探工作事项记录管理规定》，等等。

公安队伍纪律作风建设的法律法规、条令、规定等是根据各个不同历史时期公安工作面临的形势和任务的要求，根据公安队伍纪律作风方面存在的问题，而有针对性制定的。其是在实践中形成、发展和完善的，包括公安队伍纪律作风各方面的基本要求。上述陆续制定的有关规章制度，尽管在具体内容、形式上有所不同，但是，在体现公安机关的人民民主专政性质，坚持全心全意为人民服务的根本宗旨，密切警民关系等方面是一致的。这些内容是公安队伍纪律作风建设的结晶，是每个公安民警的行为准则。

二、公安队伍纪律作风建设的现状

纪律作风问题、腐败问题是困扰各国警界的共同问题。我国公安队伍中虽然每年都会有违法乱纪问题发生，其中有的问题还相当严重，严重地损害了警察形象，破坏了警民关系，但总的来看，我国公安队伍在政治上坚定、工作上兢兢业业、作风上英勇顽强，是一支忠于党、忠于人民、忠于祖国的完全可以信赖的队伍。公安队伍的主流和本质是好的，纪律是严明的，作风是过硬的，这是党和人民对公安队伍的整体评价。

（一）公安队伍是纪律严明作风过硬的队伍

1. 公安队伍历来十分重视强化纪律作风建设

早在民主革命时期，党对锄奸工作人员就规定了严格的纪律作风要求。新中国成立以来，在不断整顿公安队伍纪律作风的同时，制定了一系列有关纪律作风的法律法规、条令、规定和办法等。经过几十年的实践，建立健全了公安队伍的政治纪律、组织纪律、工作纪律、群众纪律、保密纪律体系，建立起了纪律检查和督查机构，强化了公安民警的思想作风、工作作风和生活作风。改革开放以来，特别是近几年，各级公安机关把警纪警风建设问题列入重要日程，建立政工、纪检、监察、审计等部门齐抓共管、密切配合的机制，采取多种形式对公安民警进行教育和培训，奖优罚劣，几乎每年进行整顿纪律作风的部署。各地公安机关对群众反映强烈的“热点”“难点”问题，开展自查自纠，针对问题和漏洞，不断完善制度，不断强化内外监督机制，大力加强公安队伍的纪律作风建设，使公安队伍的纪律更加严明，作风更加过硬。

2. 公安队伍有一个纪律作风过硬的领导班子

纪律作风建设的关键是领导干部起好带头作用。公安队伍中流传着一句话：队伍纪律作风好与坏，全靠班子带。它生动地说明了公安领导干部在纪律作风建设中起着决定性的关键作用。这是由领导干部在公安队伍和公安工作中占有重要的地位和负有重要的职责决定的。我国每年涌现的数以百计的全国优秀县、市公安局，都是由一个纪律作风过硬的领导班子带出来的。所以，从严治警、严格纪律作风都要先从领导严起。凡是纪律作风问题长期得不到解决的单位，领导是负有重要责任的。

（二）公安队伍是一支有战斗力的队伍

公安队伍良好的纪律作风是在实践斗争中形成和培养起来的，也经住了实践斗争的考验。几十年来在与违法犯罪分子的斗争中，全国公安队伍有上万名公安民警献出了宝贵的生命，数以万计的公安民警光荣负伤，涌现出了无数可歌可泣的英雄事迹和无数的英雄模范以及优秀公安民警。在日常工作中，广大公安民警恪尽职守、不计条件、不计报酬，发扬艰苦奋斗、无私奉献的精神，坚持为人民服务的宗旨，坚持党的领导，做到了立警为公，执法为民，为维护社会稳定和社会治安秩序稳定作出了应有的贡献。事实证明，公安队伍是一支纪律严明、作风优良、有战斗力的队伍，切实担负起了坚决捍卫政治安全、全力维护社会安定、切实保障人民安宁的使命任务。

（三）公安队伍是一支纯洁的队伍

我国公安机关对待队伍中存在的违法乱纪和腐败现象历来高度重视，对违法乱纪行为和腐败分子坚决惩治和清除。公安机关严格遵照党和政府的要求，加强公安队伍纪律作风教育，不断地整顿队伍，严肃查处和反对违法乱纪行为，坚决清理和惩处队伍中的腐败分子，保持了公安队伍的纯洁性。

第三节 公安队伍纪律作风建设的原则与途径

一、公安队伍纪律作风建设的原则

公安队伍纪律作风建设的原则是指在公安队伍纪律作风建设中应遵循的依据和行为准则。它是公安队伍纪律作风建设取得良好效果的保证。在公安队伍纪律作风建设中应遵循以下基本原则。

（一）从实际出发的原则

从实际出发，就是要求在公安队伍纪律作风建设中，要根据不同时期党和政府对公安工作的要求和公安工作的实际需要，以及公安队伍纪律作风建设中存在的实际问题，有针对性地制定和实施有关的法律、法规、规定、条令和办法等。从实际出发的原则是公安队伍纪律作风建设中应坚持的最根本原则。任何法律、法规、政策等的制定，如果脱离实际，就无法实施，也就成了一纸空文。贯彻从实际出发的原则，就是要加强政治理论的学习和对客观情况进行调查研究，详尽地占有资料，运用马克思主义立场、观点和方法得出正确、科学的结论，从而指导公安队伍的纪律作风建设。

（二）教育与处罚相结合，以教育为主的原则

公安队伍是一支优秀的队伍，公安队伍的纪律作风总体情况是好的，但在实际中，仍存在极少数人违法乱纪、作风不良的现象。对这些现象和行为应坚持教育与处罚相结合，以教育为主的原则。这一原则要求：对存在各种问题和犯了错误的同志，首先要坚持耐心地说服教育，即以高度的责任感和满腔的热情，坚持不懈地反复做他们的思想工作，加强纪律作风教育，使他们充分地认

识到自己的不足和错误，并在实践中加以改正。说服教育的出发点和归宿是关心爱护，就是要以诚恳的态度，从关心体贴入手，同他们推心置腹，以心换心，成为知心朋友；热情地给予帮助，培养他们的自尊心，激发他们的斗志和上进心，增强他们前进的动力。其次，对经反复教育仍不听劝告，我行我素，以至损害党和国家、集体、人民的利益，违反党纪政纪的部分人，就要坚决地执行严格的纪律，给予严肃处分。实行纪律处分是教育的辅助措施。恰当的纪律处分能刹住歪风，树立正气，不仅能教育挽救犯错误的同志，还能警醒他人。因此，在纪律作风建设中，既要立足于说服教育，以理服人，同时又要实行严格处罚，把两者有机结合起来。这是纪律作风建设必须坚持的基本原则。

（三）表扬与批评相结合，以表扬为主的原则

表扬与批评是相辅相成的，其目的都是鼓励先进，鞭策后进。坚持表扬为主，符合人的特性和认识心理，表扬是直接满足人的精神需要的一种形式。表扬先进，实际上也是对后进的批评，对消极因素的否定。在公安队伍中，绝大多数的公安民警在工作上勤勤恳恳、任劳任怨，有较强的事业心和责任感，涌现出了无数英雄事迹和优秀人物，但也有极个别人工作马马虎虎、作风懒散、责任心不强等。因此，在纪律作风建设中，该表扬的要及时表扬，该批评教育的要及时批评教育。同时，坚持这一原则时要注意以下几点：一是要掌握好量度。表扬和奖励的面不宜过大或过小。过大，则使人觉得不需要太多付出就能获得荣誉，降低了表扬、奖励的作用；过小，则使人觉得先进高不可攀，可望而不可即，丧失争当先进的信心。批评、惩罚不宜过多，但也不能没有。该批评和惩罚而不批评和惩罚，就丧失了原则性，使人们视纪律为儿戏。二是要把握好准确度。表扬与批评都要准确，实事求是，要公道，要标准一致，不能因人而异，这样才能达到表扬和批评的目的。三是要选好时机和场合。表扬和批评的时机和场合对表扬和批评的效果影响很大，时机和场合选择好了，效果就会很明显。当然，选择时机和场合，也要因人而异，因事而异。

（四）着眼基层的原则

在公安工作中，基层公安民警是直接地、面对面地与人民群众打交道。面对面地与违法犯罪分子和行为斗争，他们的纪律严明与否，作风优良与否，广大人民群众的感受最直接，也最能提出意见和建议。基层公安民警纪律作风上稍有差错，就会直接影响公安队伍的形象，同时，在与违法犯罪分子和行为的斗争中，由于手中有一定的权力，如果政治思想觉悟不高、政策性不强、纪律

作风不过硬，就容易被违法犯罪分子拉拢腐蚀。所以，在纪律作风建设中，要坚持着眼基层的原则。

二、公安队伍纪律作风建设的途径

党和国家对公安机关人民警察提出了一系列的纪律要求，公安部也颁布了一系列有关公安队伍纪律作风的规范。其目的就是规范公安民警的行为，减少或杜绝违法乱纪和不良作风现象的产生，从而提高公安队伍的战斗力，提高公安队伍的服务质量，提高公安队伍的整体形象，因而应从多渠道多途径来加强公安队伍纪律作风建设。

（一）不断完善规范和制度

公安队伍纪律作风建设最重要、最关键、最基础的一个环节就是建立相关的规范和制度并不断完善。它是公安队伍纪律作风建设的首要环节。几十年来，我国制定和颁布的《公安人员八大纪律十项注意》《中华人民共和国人民警察法》《公安机关人民警察内务条令》《公安机关人民警察纪律条令》等法律、法规和规范，已经对公安民警纪律作风作了明确规定。这些法规和规范为公安队伍纪律作风建设奠定了法制基础，把公安民警的各种纪律和作风都规范化、具体化，易于操作，便于落实，对全国公安机关的所有公安民警都具有约束性。但是，这些法规和条令都是带有普遍意义上的规范性文件，每个公安机关的特殊情况不可能全部包括在内。各级公安机关应根据这些法律法规的原则，结合本单位的实际，制定具体的纪律作风的规范和制度。更为重要的是，现有的这些法律、法规、条令等，只是依据现实党和政府对公安机关的要求及现实公安队伍纪律作风的需要而制定的，虽然在制定过程中，也预测到了未来的变化和发展，但客观事物未来的变化和发展是不确定的。因而，这些法律、法规、条令等也要随着时间的推移和社会的发展以及公安工作面临的新形势和新任务的要求，随着客观环境的变化和公安队伍纪律作风建设新的需要而不断完善。

（二）加强宣传教育

公安队伍要维护严格的纪律，要养成优良的作风，首先要进行纪律作风教育，不断提高广大公安民警对加强组织纪律性，养成良好作风的重要意义的认识，牢固树立群众观念、纪律观念、法治观念，这是公安政治思想工作的一项长期的、经常性的任务。加强宣传教育包含两个层面的内容。

1. 对法律、法规、条令等的宣传教育

公安队伍纪律作风建设相关的法律、法规、条令等一经颁布，就要对其进行大力的宣传教育，这是使公安民警提高认识的最好途径。它包括两个方面：一是加强法律、法规、条令等的重要性的宣传教育，也就是通过宣传教育让广大公安民警认识到相关的法律、法规、条令等的重要性。公安民警只有充分认识到其重要性，才不会把纪律作风规范当作是对自己的束缚，相反，会把它看作是完善自己、走向进步的重要因素。二是加强法律、法规、条令等内容的宣传教育。要组织广大公安民警认真学习、熟练掌握相关的法律法规、条令等内容，使广大公安民警在实际工作中，能自觉规范自己的言行，遵守相关规定。

2. 加强对公安民警思想教育和纪律作风的养成教育

加强教育，就是要提高公安民警的政治思想觉悟，增强公安民警遵守纪律、注重作风的自觉性，在公安队伍内部形成一种健康向上的思想氛围。当前，尤其是要加强对公安民警的理想教育、责任教育、宗旨教育、纪律作风教育和反腐败教育，帮助他们树立正确的世界观、人生观、价值观，正确处理个人与国家、集体的关系，增强拒腐防变的能力。这是加强公安队伍纪律作风建设的固本之策。

（三）加强监督

公安队伍纪律作风建设的相关法律、法规、条令、规定等一旦颁布实施，就要监督其有效地执行。没有监督，在执行中就有可能出现偏差，甚至成为一纸空文，再加上公安工作具有分散性、自主性的特点，常常各自为政。因此，要从严治警，使公安民警保持廉洁，认真履行职责，依法执行职务，就必须强化监督机制。可以说，加强监督是提高公安民警遵守纪律、养成良好作风的重要措施。

1. 内部监督

内部监督主要是指公安机关内部的政工纪检监察、督察部门对公安民警依法履行职责、行使职权、遵守纪律和作风等方面的监督。同时也包括公安机关自上而下和自下而上的监督，即上级公安机关对下级的公安机关纪律和作风状况要经常检查、督促和指导；下级要主动向上级报告纪律和作风状况，也有责任对上级机关执行纪律的情况提出批评和建议。还包括同级部门之间、公安民警之间的相互监督。内部监督对于公安队伍建设和纪律作风建设具有重要意义。要提高公安队伍的战斗力，保持公安队伍的纯洁性和良好形象，首先内部监督要得力。内部监督得力，很多问题就可以在内部解决，从而避免在社会上造成不良影响。所以，内部监督是关键，是监督的重要环节。

2. 外部监督

公安队伍纪律作风建设在加强内部监督的同时，要自觉接受来自外部的各方面监督。外部监督主要是指党和政府的监督，以及机关、企事业单位、社会团体、新闻媒体和广大人民群众的监督。自觉接受社会各界和广大人民群众的监督是公安机关的优良传统。因此，公安机关应提高公安工作的透明度，将自身工作置于广大人民群众的监督之下，倾听群众意见，定期向社会和群众报告工作，号召社会各界和人民群众投诉和反映公安民警违纪现象和作风问题，以便于及时予以纠正和处理。

（四）加强管理

完善管理机制，坚持依法从严治警是加强公安队伍纪律作风建设的重要环节，是防止公安民警违反警风警纪的一条重要途径，也是维护铁的纪律、培养优良作风的一条重要途径。加强管理要做好两方面的工作：一是加强日常管理。这是养成良好警风警纪的关键一环，只有在日常管理上下功夫，才能及时纠正错误倾向，才能把遵守严格的纪律和养成良好的作风变为公安民警的自觉行动。二是定期进行整顿，即在一定时期，对纪律作风状况进行系统全面的检查和整顿。尤其是要针对不同时期出现的突出问题或者带倾向性的问题，有重点地及时进行检查整顿。其中包括肯定成绩，找出差距，提出加强和改进的措施。这种办法可以根据各地的具体情况加以运用。少数警风警纪问题较多，违法乱纪严重的单位，应及时进行全面整顿。

（五）加强查处

虽然公安机关建立健全了各种规章制度，但仍然有少部分人自觉性不高、心存侥幸、明知故犯、顶风违纪，甚至触犯法律。如少数公安民警在工作中特权思想严重，作风粗暴、急功近利，刑讯逼供，极少数甚至搞权钱交易，乱收滥罚，充当黑恶势力的“保护伞”，谋财害命等。公安队伍对待内部存在的违法乱纪现象历来十分重视，主张坚决治理，严惩不贷，毫不手软，不管涉及什么人，坚持发现一起，查处一起，做到不护短、不迁就、不姑息，更不允许任何人包庇纵容，给违法违纪公安民警以惩戒，也给其他公安民警以警示。

（六）加强公安民警的自我教育、自我约束、自我提升

公安队伍是一支在共同理想基础上建立起来的队伍，警风警纪是全体公安民警共同意志的体现，是实现公安民警共同理想的必要手段。公安队伍良好的纪律和作风，最终要靠广大公安民警的自觉遵守。因此，加强公安民警的自我教育、自我约束、自我提升是公安队伍纪律作风建设的又一条重要途径。

1. 自我教育

公安民警要不断加强自身学习。一方面要不断加强政治理论学习，包括党的路线、方针、政策，法律法规，专业知识技能，纪律作风要求的学习。通过学习，了解国家的大政方针，了解公安工作的神圣使命，了解纪律作风对公安队伍建设的重要意义，不断地丰富自己、发展自己，使自身素质得到全面的提升，从而自觉遵守纪律和养成良好的作风。另一方面，要向榜样学习。榜样的力量是无穷的。公安队伍中的先进模范人物在保卫国家政治稳定安全、维护社会治安秩序、打击违法犯罪活动中表现出公安民警应有的素质，在他们身上闪烁着公安民警遵守纪律和职业道德，保持优良作风，爱党、爱人民、爱国家的光辉，是我们学习的榜样。

2. 自我约束

公安民警对自己的行为要自我调节、自我约束，做到慎独、慎微、慎隐、慎初、慎终，即在小节、小事、细微处严格自律，防微杜渐。能够严于律己，从小处着手，坚持原则，加强自我控制、自我磨炼，才能形成良好的遵守警风警纪的习惯。

3. 自我提升

公安民警在自我教育、自我约束的基础上，通过学习，努力提高自己的政治思想觉悟，不断提升自己的政治理论水平、纪律作风和职业道德修养，不断增强遵纪守法的主动性和自觉性。

复习思考题：

1. 公安队伍纪律作风的含义是什么？它们的内容包含哪些？
2. 简述公安队伍纪律作风建设的形成、发展和完善过程。
3. 公安队伍纪律作风建设应坚持哪些原则？
4. 试述公安队伍纪律作风建设的途径。

第九章 人民警察职业道德理论与实践

警察职业道德是警察在行使警察权力的过程中所形成的道德意识、道德规范以及道德行为的总和。人民警察职业道德是人民警察在依法履行职务活动中所遵守的道德原则和规范，是人民警察队伍建设的根基，是人民警察执法公正的重要基础，是提高警察执法效率的前提，是落实依法治国方略的重要措施。因此，只有加强人民警察职业道德建设，才能进一步提高人民警察的整体素质，进一步密切警民关系，为推进新时代公安工作现代化和公安队伍革命化、正规化、专业化、职业化建设提供保障。

第一节 人民警察职业道德概述

一、道德与职业道德

（一）道德及其作用

道德，是指人与人之间相互关系的行为原则和规范的总和，同时，也指那些与此相应的人们的思想、行为和活动。作为一种社会意识形态，道德是社会存在的反映。社会的经济生活和政治状况决定着社会的道德的原则和规范，制约着人们的道德思想和道德行为。同时，道德反过来又以自己特殊的方式和力量对社会政治经济发挥着巨大的能动作用。其主要社会作用表现在：

第一，道德具有认识作用。道德可以帮助人们正确地认识自己与他人、家庭、集体、国家、社会的关系，认识这些相互关系中的责任和义务。同时，道德还可以帮助人们树立正确的道德意识，做出正确的道德判断，从而正确地决定自己的行为方式。

第二，道德具有调节作用。作为一种行为规范和准则，道德通过指导和纠正人们的行为方式，告诫人们在社会生活中，怎样认识真、善、美，怎样协调并处理好与集体、他人、社会之间的关系，进而规范人们的行为，发挥调节作用。

第三，道德具有教育作用。道德通过道德宣传、道德舆论、道德评价等方式，营造正确的社会舆论、良好的社会风气，从而提升人们的道德认识，形成良好的道德情感，实现社会道德水平和人们的精神境界的整体提高。

道德对社会的作用是十分重要的。但同时，我们也应正确地看待道德的社会职能，既不能夸大道德的作用，把它当作解决一切社会问题的根本所在，而忽视法律纪律对社会的规范作用；又不能否认道德的社会作用，从而放松对群众的道德宣传教育。

（二）职业道德

职业道德是道德体系中的重要组成部分，是社会道德原则和规范在职业行为和职业关系中的特殊表现。在人类社会的实际生活中，存在着各种各样的职业生活。一个人只要在当时社会许可的条件下，以自己的专门业务对社会作贡献，承担一定的职责，就表明他有着某种职业。不同的职业，对社会负有不同的职业责任。职业责任的履行，不仅要靠职业纪律作保证，而且要靠内在的职业感情、职业信念、职业习惯和人们对职业行为的评价来调整职业生活中的内外关系，这就产生了职业道德。

职业道德是指从事一定职业的人们在职业工作中应遵循的道德原则和规范。职业道德具有以下几方面的特征：

第一，职业道德具有适用范围上的职业性。它表现在从事一定职业的人们的意识和行为中。特定的职业道德规范对本职业人员是适用的，而对其他职业不一定适用。各种职业的道德要求，总是从本职业活动的客观环境和具体条件出发，明确规定职业责任和职业行为的道德准则。

第二，职业道德的内容具有稳定性和连续性。职业道德的具体规范是社会职业发展客观需要的反映。一般来说，社会对某一职业的道德要求，总是相对稳定的，有连贯性的。在社会职业的发展中，尽管职业道德也会随着社会的发展和科学技术的进步而发展和深化，但它的总方向是不会转移的，会通过世代相传的社会风俗和传统风俗延续下来成为职业传统，长期影响人们的职业心理和职业行为活动。

第三，职业道德的形式具有多样性、具体性和适用性。由于社会职业是多种多样的，特定职业道德是与该职业所负的特殊责任联系在一起的，职业生活和职业责任不同，职业道德也就不同。有的体现在职工守则中，有的体现在服务公约中，有的体现在劳动章程中，等等。所有这些形式，都生动具体，简明适用，易于实践。

在我国目前形势下，建立和加强职业道德教育是十分必要的，它有利于加强社会主义精神文明建设，有利于培育和践行社会主义核心价值观，提高整个社会的道德水平和文化程度。

二、人民警察职业道德

人民警察职业道德是指人民警察在依法履行职务活动中所遵循的道德要求、行为准则和价值判断，一般由警察职业理想、职业态度、职业责任、职业技能、职业纪律、职业良心、职业荣誉和职业作风等要素构成。它既反映了人民警察自身的职业特点，又是评价人民警察职业活动的是非、荣辱、美丑的道德标准，是社会主义道德的普通原则在人民警察职业活动中的具体体现。

人民警察的职业道德是根据社会主义道德的基本原则和规范、传统的社会公德和自身的职业规范建立起来的，是社会主义道德体系的有机组成部分。人民警察职业道德是人民警察职业特征的价值反映，是人民警察职业责任、职业义务的价值表达，起到调整人民警察个人之间、人民警察与社会之间的行为关系的作用。

人民警察是一种特殊的职业。公安机关是人民民主专政的重要工具，人民警察是武装性质的国家治安行政力量和刑事司法力量。新时代公安机关和人民警察必须坚决捍卫政治安全，全力维护社会安定，切实保障人民安宁，为全面建设社会主义现代化国家，实现中华民族伟大复兴的中国梦创造安全稳定的政治社会环境。深刻了解这一职业的精神实质，是自觉坚持人民警察职业道德的基础。作为一种特殊的职业，人民警察职业道德与其他职业道德相比具有以下几个特征。

（一）具有鲜明的政治性

警察、监狱、法庭是统治阶级进行阶级统治，实现其统治意志的工具。这种以实现“国家利益”为核心的警察职责任务决定了警察职业道德必然具有鲜明的政治特色。有鲜明的政治特色。人民警察的职业活动是社会主义政治在公安事业上的具体体现，人民警察的职业道德内容必须体现社会主义政治的根本要求。我国是人民民主专政的社会主义国家，公安机关在我国国家政权中占据重要位置，必须忠实执行国家意志。公安机关的专政职能就是在中国共产党的领导下依法对危害国家安全的敌对势力、敌对分子和严重刑事犯罪分子实施镇压、制裁、控制和改造，以巩固人民民主专政的政权和社会主义制度。所以，人民警察的性质决定了人民警察的职业道德具有鲜明的政治性。

（二）具有行为的表率性

从人民警察职业道德对整个社会道德的影响来看，人民警察职业道德行为具有表率性。这是因为：第一，公安机关是国家的权力机关，是政府的执法机关，人民警察是各项法令和规章制度的执行者，是社会生活的指挥者和组织者。人民群众往往视人民警察为社会的楷模，他们以人民警察的职业行为作为社会道德的判断标准来选择自己的道德行为。因此，人民警察的一言一行、一举一动都直接影响到党和国家在人民群众中的形象，影响到社会风气的变化。由此可见，人民警察职业道德的影响远远超过其他职业的影响。第二，人民警察代表国家保护人民，惩治犯罪。在人民群众心目中，人民警察便成为正义的象征、公正的代表，是疾恶如仇、廉洁为公、执法如山的“包青天”，被人民群众无限信赖，当作正义的化身。如果其道德品质不好，行为越轨，必然导致人们正义感的泯灭和道德信念的崩溃。因此，社会要求人民警察必须具备高尚的道德情趣和崇高的道德信念，来引领示范人民群众的言行。

（三）具有一定的强制性

人民警察的职业道德内容与其他职业道德相比，具有一定的强制性。人民警察是执法者，其道德行为与法律行为的关系十分密切，许多职业道德规范同法律规范常常是互相渗透、互相包含的。在许多情况下，人民警察的职业道德以法律、规章制度等法定的形式表现，对人民警察表现出内在的约束力。《中华人民共和国人民警察法》第四条就明确规定，人民警察必须以宪法和法律为活动准则，忠于职守、清正廉洁、纪律严明、服从命令、严格执法。第二十一条规定，人民警察应当积极参加抢险救灾和社会公益工作。2021 年颁布的《公安机关人民警察内务条令》对人民警察的工作、学习、生活秩序进行了严格的规范。同时，由于人民警察享有特殊职权，如治安管理处罚权、刑事强制权等，对执法对象具有强制性、惩罚性，对社会具有威慑性，在社会中会产生较大的影响，如果职业道德中没有硬性的规定和强制约束的手段，人民警察就很容易偏离正确的道德轨道。因此，把某种程度的强制性作为人民警察职业道德的特征，是符合人民警察职业道德的特殊性质和实际状况的。

三、人民警察职业道德的作用

人民警察树立高尚的职业道德，无论是对人民警察队伍的建设还是对整个社会的发展都具有十分重要的作用。

（一）人民警察职业道德具有弘扬社会主义核心价值观的作用

党的二十大报告提出："健全共建共治共享的社会治理制度，提升社会治理效能。"[①] 新时代建立社会治理的长效机制，推进社会治理现代化，需充分发挥社会主义核心价值观引领作用，将其融入基层治理体系和治理能力之中。公安机关是国家的权力机关，代表政府行使执法权力，在社会中具有较高的社会地位和很强的社会影响力。人民警察的职业道德可以培养人民警察浓厚的职业理想、坚定的职业信念和高尚的职业情操，以人民警察良好的职业形象来影响社会环境，引导和培育人民群众践行社会主义核心价值观，凝聚社会治理主体价值共识，激发治理内在活力，统一思想认识、汇聚多方力量、整合社会资源，为顺利推进国家治理现代化提供动力。

（二）人民警察职业道德具有促进社会主义法治建设的作用

公安机关及其人民警察是社会主义法治建设的重要力量。人民警察通过加强职业道德建设，端正执法思想，转变执法观念，增强服务意识，合理解决好各种矛盾，妥善协调各方面的利益关系，努力让人民群众在每一个司法案件中感受到公平正义，就可以树立公安机关的威信，增强人民群众对社会主义法治的信心。同时它将潜移默化影响人民群众不断提高法治观念，增强守法意识，从而使社会主义法治建设得到进一步提升，为促进社会高质量发展、推进中国式现代化建设营造良好的社会环境。

（三）人民警察职业道德具有加强人民警察队伍建设的作用

当前，在国际力量对比深刻调整尤其是在"东升西降"的历史背景下，世

① 习近平：《高举中国特色社会主义伟大旗帜 为全面建设社会主义现代化国家而团结奋斗——在中国共产党第二十次全国代表大会上的报告》，人民出版社，2022年，第54页。

界经济加速调整，世界之变、时代之变、历史之变正以前所未有的方式展开。国际国内形势的变化迫切需要人民警察履行职能，维护社会稳定发展。人民警察职业道德建设，有利于增强警察“全心全意为人民服务”的宗旨意识，促进警察执法的公正性，提高警察执法效率，从整体上提高警察的职业素质，促进人民警察的队伍建设。同时，职业道德是人民警察个人事业取得成功的重要条件，加强职业道德建设是实现人生价值的重要保证。人民警察职业道德要求每位民警要有强烈的责任意识、进取意识、自律意识和积极向上的人生态度、百折不挠的意志品质，这些都能促进人民警察不断战胜自我，塑造理想人格，最大限度地实现身心和谐统一。

第二节　人民警察职业道德规范

人民警察职业道德规范，是人民警察履行职责时所必须遵守的行为准则。人民警察除了必须遵守一切国家机关人员应该普遍遵守的道德要求，还必须遵守在公安工作实践中形成的具有人民警察职业特色的道德要求。2011 年 9 月，公安部修订的《公安机关人民警察职业道德规范》包含了人民警察应具备的政治要求、职业品质、纪律作风三大方面的要求。

一、忠诚可靠

忠诚可靠是人民警察最基本的职业道德规范。其要求主要体现为以下几方面。

（一）听党指挥

听党指挥，就是坚持党对公安工作的绝对领导，拥护党的领导，巩固党的执政地位。《中华人民共和国宪法》明确规定了中国共产党在整个国家中的领导地位。公安机关是人民民主专政的重要工具，关系到国家安危、社会安全，必须在党的领导下才能正确发挥其职能作用。听党指挥，就是要求人民警察必须坚决听从党中央命令，服从党中央指挥，贯彻党对公安工作的全方位领导；必须增强“四个意识”、坚定“四个自信”、做到“两个维护”，以党的旗帜为旗帜，以党的方向为方向，以党的意志为意志，始终在思想上政治上行动上同党中央保持高度一致，确保绝对忠诚、绝对纯洁、绝对可靠。人民警察要勇于维护党的利益，坚决同一切动摇、削弱、反对党的领导的言行做斗争。

（二）热爱人民

《中华人民共和国宪法》第二条明确规定，国家的一切权力属于人民。人民是社会的主人，是社会发展的推动者。热爱人民，首先要求人民警察在工作中牢固树立“以人民为中心”理念，坚持党的群众路线，严格执法，热情服务，把人民群众的公共安全需要作为公安工作的出发点和立足点。其次要求人民警察认真践行“全心全意为人民服务”的宗旨，一切为了人民群众，一切依靠人民群众，认真倾听群众的呼声，急群众之所急，切实维护人民群众的正当利益。最后要求人民警察要坚决与各种损害人民利益的行为作斗争，全心全意当好人民的勤务员。只有这样，才能体现公安机关的性质，完成党和国家赋予公安机关的重任。

（三）忠于法律

忠于法律，是指作为执法者，为体现执法的正义和公平必须遵循的基本准则。人民警察在公安工作中必须坚持有法必依，执法必严，违法必究，坚决同一切违法犯罪行为作斗争。忠于法律就是要尊崇宪法和法律。宪法是治国安邦的总章程，法律是人们的基本行为准则。忠于法律就是要维护法律权威。人民警察维护法律权威，就是努力维护社会主义法治的统一和尊严，反对和抵制违反国家法律规定和法治原则的做法，做到“有法必依、执法必严、违法必究”，坚决抵制任何“以言代法”“以权压法”，坚决避免“选择性执法”“随意性执法”，提高司法权威和执法公信力。

二、秉公执法

秉公执法，就是指人民警察在履行自己的职责时，一切以国家和人民的利益为重，严格地依法办事，认真地履行职责，公道地处理好问题，始终坚持“以事实为根据，以法律为准绳”的执法原则，自觉维护法律的严肃性，努力做到以事实为据、秉持公正、惩恶扬善。它是人民警察职业道德规范中具有全局意义的基本道德规范。

（一）以事实为据

“以事实为依据，以法律为准绳”是我国法律适用的一个基本原则。以事实为依据，要求人民警察在执法过程中必须以业已查明的案件客观事实为基础。它要求公安机关必须依法收集证据，尽可能地查明案件的事实真相，使案件的实体问题或程序问题的解决都奠定在证据能够证明的客观事实基础之上，而不允许把主观想象、推测、怀疑作为处理案件的根据。因此，《中华人民共和国刑事诉讼法》第五十三条明确规定："公安机关提请批准逮捕书、人民检察院起诉书、人民法院判决书，必须忠于事实真相。故意隐瞒事实真相的，应当追究责任。"

（二）秉持公正

秉持公正，是指人民警察在执法活动中，必须具备正确的法治观念、向法律负责的责任意识和科学严谨的工作态度，行使警察权力必须公道正派，坚持以事实为依据，以法律为准绳，自觉做到有法可依、执法必严、违法必究，不为权力、金钱和其他私利所动，做到公正执法。《中华人民共和国宪法》第三十三条规定，中华人民共和国公民在法律面前一律平等。这是社会主义法治的一个基本原则。人民警察必须牢固树立这个观念，在执行警务活动中，严格按照法律办事，任何人只要触犯了法律，就必须进行依法制裁，决不允许有不受法律约束的特权，努力维护社会主义法治的尊严。

（三）惩恶扬善

惩恶扬善，就是惩戒恶行，显扬善举。对人民警察来说，就是坚决惩处一切为非作歹、危害国家和人民利益的邪恶势力和犯罪活动，弘扬各种以实际行动捍卫国家和人民利益，同违法犯罪分子和行为作斗争，维护法律尊严的正义活动与善举。它要求人民警察在执法活动中，必须依法办案、依法管理，不被强权私情所动摇，无私无畏，理直气壮，铁面无私地维护法律的尊严，自觉抵制以言代法、以权压法的违法行为，树立人民警察"执法如山，铁面无私"的良好形象。惩恶扬善是人民警察服务人民的本质要求，也是人民警察应尽的职责。

三、英勇善战

英勇善战，是指人民警察在维护社会治安、打击犯罪和服务人民的各项警务活动中，不怕艰苦、不畏艰险、不怕牺牲、机智勇敢、珍惜职业荣誉的奉献精神和职业品格。

（一）坚忍不拔

坚忍不拔，是指人信念坚定，意志顽强，不可动摇。对人民警察来讲，坚忍不拔就是人民警察在警务活动中所具有的对党、对国家、对人民、对法律的坚定信念，以及为了履行职责勇于克服一切艰难困苦的顽强意志。作为人民警察应具备坚定的信念和顽强的意志品质，无论身处何时何地，无论客观情况发生怎样的变化，都要以党和国家的利益为重，心系人民，信仰法律，不为任何困难所压倒，不为任何利益所诱惑，认真履行好职责，为国家的发展和人民群众的工作和生活营造稳定和安全的环境。

（二）机智果敢

机智果敢，是指人民警察在警务活动中，既要讲究智谋、多谋善断，又要勇于战斗、不怕牺牲。机智果敢主要是人民警察在维护社会治安秩序和打击犯罪斗争中的职业道德要求。它要求人民警察，一是要有面对危险英勇无畏、不怕牺牲的精神，二是要有遇事沉着冷静、敢作敢为的心理品质，三是要具备机动灵活、多谋善断的意识和谋略。

（三）崇尚荣誉

人民警察的荣誉，是指人民警察为国家和人民的利益、为公安事业所作的贡献的积极评价，是对人民警察履行职责和使命所创造的社会价值的充分肯定。崇尚荣誉是人民警察崇高的精神追求，是人民警察克服困难、奉献进取的强大精神动力，是人民警察立身做人、成长进步的道德镜鉴。崇尚荣誉包含以下几点：第一，知荣明耻是人民警察崇尚荣誉的认知基石，没有正确的认知，崇尚荣誉就会偏离方向；第二，珍惜和追求集体荣誉是人民警察崇尚荣誉的基本内容；第三，视荣誉重于生命是人民警察崇尚荣誉的鲜明态度；第四，爱岗敬业、创造荣誉是人民警察崇尚荣誉的立足点。

四、热诚服务

热诚服务，是指公安机关和人民警察要积极主动将崭新的服务理念融入日常工作，将全心全意为人民服务的宗旨不断升华，做到既诚恳又热情，既全面周到又细致入微。

（一）情系民生

情系民生，就是人民警察在警务活动中要用真情来接受群众，用实意来对待群众的要求。人民警察要做到情系民生，一是要对群众有热情，主动积极地服务群众，方便群众办事；二是要认真对待群众的各种诉求，要恤民情、察民意；三是要对群众有真情，真心实意地为群众解决实际困难。

（二）服务社会

党的二十大报告提出："深化简政放权、放管结合、优化服务改革。"① 公安机关和人民警察要深刻领悟以人民为中心的发展思想，坚持人民公安为人民，不断深化公安"放管服"改革，持续推出一系列惠民利民新举措，努力优化法治营商环境，做到服务有温度、管理无感知、安全守底线，全力服务经济社会高质量发展，确保人民群众安全感和对公安工作满意度不断提升。

（三）热情周到

和谐的警民关系是公安机关发挥维护社会稳定的前提和基础。热情周到，是人民警察提升服务质量的基础环节，也是构建和谐警民关系的重要举措。热情周到要求人民警察在职责范围内要想民之所想，急民之所急，深切关怀群众之所需，在力所能及的范围内尽一切可能满足群众对公安机关服务的要求。

五、文明理性

文明理性是人民警察职业道德修养的理想境界，也是现代社会人民群众对于人民警察执法行为提出的基本要求。其要求主要体现为以下几方面。

（一）理性平和

理性，是指人民警察在警务活动中，进行执法行为时应经过分析、思考，正确地理解法律并恰当地运用法律，积极追求执法内容与形式、手段与效果的统一，最大限度地弘扬社会进步的主旋律。平和，是指人民警察应以平等谦和的态度对待人民群众，要以公心、诚心和耐心解决人民群众的诉求，疏导和化解社会矛盾，最大限度地消除不稳定因素。理性平和是强化公安机关信誉，提高人民群众的信任度和提升人民警察形象的基本要求。

（二）文明礼貌

《公安机关人民警察内务条令》规定：人民警察接待群众应当文明礼貌、态度和蔼、热情周到、耐心细致。文明礼貌，是人民警察精神面貌和作风素质

① 习近平：《高举中国特色社会主义伟大旗帜　为全面建设社会主义现代化国家而团结奋斗——在中国共产党第二十次全国代表大会上的报告》，人民出版社，2022年，第29页。

的外在表现。它要求人民警察在警务活动中，树立立警为公、执法为民的思想，坚持以人为本的原则，正确地运用国家和人民赋予的权力，尊重群众的意见和要求，做到工作耐心细致，以理服人，讲究礼貌。

（三）诚信友善

诚信，是对日常行为的诚实和正式交流中讲信用的合称。对人民警察职业道德而言，诚信是对人民警察在警务活动中形成的真诚无欺、信守诺言、实事求是、表里如一、言行一致的职业意识和职业行为的总称。友善，即温和待人、乐于助人。人民警察职业道德中的友善，要求人民警察在警务活动中，始终保持温和友好的态度，相互尊重、相互理解，尽己之力为人民群众服务。

六、严守纪律

纪律是为了维护集体利益并保证工作顺利进行而要求组织成员必须遵守的强制性规范。严守纪律是人民警察正确地履行职责，提升队伍战斗力的根本保障。

（一）遵章守纪

遵章守纪，即遵守规章制度与纪律。人民警察遵章守纪，就是要在全面了解和把握公安机关制定的各项规章制度内容的基础上，切实按照各类规章制度的具体要求约束与调节自己的行为。具体来讲，遵章守纪要求人民警察在警务活动中必须全面遵守政治纪律、组织纪律、工作纪律、群众纪律、财经纪律、保密纪律的各项具体规定，把各种规章与纪律要求变成自己的实际行动。

（二）保守秘密

保守秘密，通常指保守国家和组织的秘密。保守秘密要求人民警察，一是要不断增强保密意识。公安机关自身的性质和任务决定了它不同于一般的组织，涉及国家和组织众多的秘密，这在客观上要求人民警察必须具备保密意识，有效地维护国家利益。二是要严格遵守保密制度。人民警察在工作中必须严格遵守保密制度的要求，切实做到不该说的秘密不说，不该知悉的秘密不问，不该看的秘密不看，不在私人交往或者公开发表的作品中涉及秘密，不在非保密场所阅办、谈论秘密，不在社交媒体发布、传递秘密，不擅自记录、复制、拍摄、摘抄、收藏秘密，不擅自携带涉密载体去公共场所或者探亲访友，不使用无保密措施的通信设备、普通邮政和计算机互联网络传递秘密，努力保守国家秘密和警务工作秘密，努力保守国家秘密和警务工作秘密。

（三）令行禁止

令行禁止，即有令则行、有禁则止。它是公安职业特点的必然要求，是人民警察纪律作风的体现。令行禁止要求人民警察在警务活动中，一要服从命令，即要求下级公安民警必须严肃、认真地执行上级下达的指示和命令，做到有令必行、有禁必止；二要服从领导，即公安民警要自觉地听从各级领导的指挥，达到步调一致、行动统一，做到下级服从上级，个人服从组织。

七、爱岗敬业

爱岗敬业，是对职业工作态度的一种要求，《公安机关人民警察职业道德规范》将其明确为公安民警必须遵守的职业道德规范。

（一）恪尽职守

恪尽职守，是指认真、谨慎、全力做好本职工作。它要求人民警察在警务活动中，首先要忠于职守。人民警察在对自身工作岗位进行充分认识和了解的基础上，表现出对工作岗位意义和价值的认同，对职业的热爱。它反映了人民警察自觉的职业责任感，是一种高尚的职业道德情操。其次要勤勉尽责。人民警察要积极主动履行岗位职责，要以高度负责的态度尽心履行岗位职责。

（二）勤学善思

勤学善思，即勤于学习、善于思考。人民警察要适应现代社会发展的需要，必须做到勤学善思。第一，人民警察应自觉学习，树立终身学习的观念，真正把学习当作一种政治责任、一种精神追求、一种人生态度、一种生活常态。第二，人民警察应勤奋学习，保持一种强烈的学习欲望，以时不我待、只争朝夕的紧迫感抓紧学习。第三，人民警察应善于思考，站在全局的角度去思考，结合本职工作去思考，真正找到解决问题的有效方法，更好地回应人民群众的期望。

（三）精益求精

精益求精，是指对事物完美性的追求。作为公安民警职业道德规范，精益求精要求人民警察，一是做到业精技强。在新的历史时期，人民警察要更好地履行职责，完成公安工作任务，必须掌握高超的分析与处理问题的能力，着力提高群众工作能力、执法能力、实战能力和驾驭复杂局势的能力。二是做到优质高效，即对工作质量的高追求。人民警察必须以不断追求卓越的精神，以更新工作理念、完美工作机制、创新工作方法来提高工作效率，提升工作水平。

八、甘于奉献

甘于奉献，是指人民警察为了党和人民的利益，为了公安事业不计报酬、全心投入，必要时能够舍弃和牺牲个人利益的一种高尚精神和品格。

（一）任劳任怨

任劳任怨，是中华民族的传统美德，是指做事勤勤恳恳，不怕吃苦，不怕别人埋怨。对人民警察职业道德来讲，任劳任怨一方面要求人民警察兢兢业业、不辞辛苦地做好本职工作，为公安事业乐于奉献；另一方面要求人民警察要正确地对待工作的结果，不能因没有得到肯定，就影响工作热情和干劲，要有一种对工作的执着追求。

（二）顾全大局

顾全大局，是社会主义集体主义道德原则在公安工作中的具体体现。它要求人民警察要有服从大局和整体，树立一盘棋的思想，时时刻刻以大局利益为重。从大局利益出发，要处理好大局和局部、个人和整体的利益关系，在警务工作中做到协同作战，服从统一指挥。

（三）献身使命

献身使命，是人民警察崇高的精神和道德境界，意指为完成使命而全心全意奉献一生，甚至不惜献出生命。使命，是人民警察对党和国家、对人民和法律承担的责任和义务。献身使命要求人民警察必须忠诚使命、履行使命，也要不辱使命，满足党和人民的期望，实现工作效果的最优化。

九、清正廉洁

清正廉洁，是指人民警察廉洁奉公，洁身自好，以维护国家和人民的利益为宗旨，大公无私，一尘不染，以保持人民警察队伍的纯洁性，增强战斗力，完成自己的光荣使命。

（一）艰苦朴素

艰苦朴素，是指吃苦耐劳、勤俭节约的作风。艰苦奋斗是中华民族的优良传统，是我们克服困难、推动社会主义事业向前发展的一个重要法宝。人民警察必须永远保持艰苦奋斗的优良传统，发扬勤俭朴素、埋头苦干的敬业精神，甘心为党的事业而安于清贫，特别是在遇到困难的时候，人民警察应该具有坚强的意志，有战胜困难的决心和勇气，保持克服困难、勇往直前的精神风貌。

（二）情趣健康

情趣是一个人的兴趣和爱好，是个人内在情感和心理需要的表现。人民警察属于国家的工作人员，由于职业活动的公共性，应该保持情趣健康。情趣健康要求人民警察：一要品德端正、作风正派；二要有健康的精神追求；三要注重小节，扣好廉洁从政第一粒扣子；四要有健康的朋友圈，自觉净化自己的朋友圈、社交圈、生活圈，时刻自重自省自警自助，做到慎独慎初慎微慎友。

（三）克己奉公

克己奉公，一心为民，是党和国家对国家公务员的基本要求，也是人民警察清正廉洁的标志之一。人民警察应该具有“先天下之忧而忧，后天下之乐而乐”的思想，时刻以国家、人民的利益为重，遵纪守法，严于律己，大公无私，自愿献身于党的公安事业。同时，人民警察还必须清楚地认识到自己手中的一定权力是党和人民赋予的，只能用来维护社会治安秩序，打击违法犯罪，为人民服务，而不能有特权思想，为自己谋私利；否则，就失去了人民警察的本性，为党纪国法所不容。

十、团结协作

团结协作，是指人民警察在同各种犯罪和治安灾害事故的斗争中，以及在社会治安管理中，都必须在警民之间、部门之间、同志之间紧密配合，相互支持，团结战斗。团结协作，是社会主义集体主义道德原则的具体体现，是人民警察履行职责，完成各项任务的保证。

（一）精诚合作

精诚，意为真心诚意。精诚合作就是指人民警察为了履行职责，打破地域、部门、警种的分割，上下一心、相互支持、密切配合、协同作战的意识和精神。

精诚合作对人民警察的要求主要体现为：一是在警力上，不同地区、不同部门的公安机关之间，公安机关内部的不同警种之间相互协作、相互支持，形成全国公安“一盘棋”，发挥集团作战能力；二是在警务信息上，要打破壁垒，形成信息共通、共享机制；三是在警务装备上，要互通有无、相互支援、主动配合。

（二）勇于担当

勇于担当，是一种踏实工作、敢于负责、勇挑重担的精神。人民警察勇挑重担，首先体现的是一种职业的使命感和责任感，是对法律和人民赋予的职责尽心尽力，不负重托；其次是一种面对困难和挑战敢于应对的勇气和胆识；最后是一种能够做好工作，切实负责的能力和素质。

（三）积极向上

积极向上，是促进人事业发展的基础性心理品质。公安工作的艰苦、繁重和高风险，需要警察具有积极向上的人格品质，在工作中始终保持积极、乐观的良好的精神状态，不被困难和挫折压倒；同时公安工作服务社会发展的大局，也要求人民警察具有与时俱进、勇于探索的精神，以积极向上的心态迎接社会管理创新的挑战，积极思考公安工作面临的新问题，探索维护社会稳定、促进社会发展的新机制、新方法。

第三节　人民警察职业道德的培养和形成

人民警察职业道德是在警察职业活动中经过道德评价、道德教育和道德修养三个主要途径形成的。职业道德评价是人民警察道德原则和道德规范转化为道德行为的中间环节，职业道德教育是人民警察道德品质形成和道德行为转化的外部动因，职业道德修养则是人民警察道德品质形成和道德行为转化的内部动因。这三者既相互区别，又相互联系渗透，在人民警察职业道德品质的形成和道德行为的转化过程中起十分重要的作用。

一、人民警察职业道德评价

（一）人民警察职业道德评价及其作用

人民警察职业道德评价，是指依据客观存在的道德标准，对人民警察在职业活动中表现的道德行为进行的善恶判断和评论。人民警察职业道德评价在人民警察职业道德建设中具有十分重要的作用。第一，人民警察职业道德评价是人民警察道德原则和道德规范转化为道德行为的中间环节。人民警察的道德原则和道德规范只是向广大人民警察提供了行为的客观标准。而要把这些客观标准内化为人民警察的道德品质或转化为道德行为，则必须通过道德评价对人民警察的道德行为进行“裁决”或“审定”，促使他们认识到在职业活动中应该做哪些道德行为，不应该做哪些道德行为，并自觉地按照党和人民对人民警察规定的道德原则和道德规范选择自己的行为。第二，人民警察职业道德评价是调节人民警察职业道德行为的有力杠杆。人民警察职业道德对人民警察职业行为具有很强的调节作用，这种调节作用主要通过三个方面表现出来：一是当人民警察中出现了优良的道德行为时，职业道德评价可以对这种行为进行褒奖，并倡导其他人民警察学习并接受这种行为；二是当人民警察在履行职业道德义务并遇到挫折时，职业道德评价可以通过社会舆论、团体氛围帮助他们树立排除障碍的信心；三是当少数人民警察出现某种不道德的职业行为时，职业道德评价通过谴责、批评等方式进行阻止，尽快消除其不良影响。第三，人民警察职业道德评价对人民警察道德品质的形成能产生重要影响。人民警察良好的道德行为是人民警察优良职业道德品质的外化，要形成优良的道德品质，人民警察必须通过职业道德评价，对坚决捍卫政治安全、全力维护社会安定、切实保障人民安宁，为全面建设社会主义现代化国家，实现中华民族伟大复兴的中国梦创造安全稳定的政治社会环境的言行给予肯定的评价，形成人民警察职业道德的“真、善、美”；而对那些违背了人民警察职责的言行则进行否定的评价，形成人民警察职业道德的“假、恶、丑”。

（二）人民警察职业道德评价的标准

人民警察职业道德评价，同其他职业道德评价一样是以善恶为标准的。我国公安机关是人民民主专政的重要工具，人民警察是武装性质的国家治安行政力量和刑事司法力量。其道德评价标准必须服从于社会主义祖国和人民的整体利益。所以，凡是有利于社会主义祖国和人民的整体利益的警察职业行为就是善的，反之则是恶的。社会主义祖国和人民的根本利益就成为判断人民警察职业行为是非、善恶的客观标准。人民警察职业道德原则和道德规范是人民警察职业道德评价的具体标准。这些道德原则和道德规范界定了人民警察职业行为的性质，凡是按照这些道德原则和道德规范所产生的行为就是道德的，凡是违背了这些道德原则和道德规范则是不道德的。这些道德原则和道德规范归结起来，主要表现在这样几个方面：有利于保护人民的民主权利和合法权益；有利于打击违法犯罪，维护社会治安秩序，巩固人民民主专政；有利于社会主义现代化的顺利进行。

（三）人民警察职业道德评价的根据

正确地评价人民警察的道德行为，还必须弄清人民警察道德评价的依据问题。由于人民警察的一切行为都是有目的、有意识的行为，因而必须表现为一个从行为动机到获得某种效果的进程。所以，动机和效果的辩证统一是人民警察职业道德评价的基本依据。

在人民警察职业活动中，动机是道德行为的起点，并贯穿于道德行为的始终，指导行为的全过程；效果是道德行为的终点，是道德行为结束的客观结果。这二者既相区别，又密切联系。动机指导道德行为达到效果，效果必须在动机支配下造成。在评价人民警察职业道德行为时，必须既要看动机，又要看效果，把二者统一起来。一般情况下，人民警察职业道德行为的动机和效果是一致的，即好的动机产生好的效果，坏的动机产生坏的效果。但在实践活动中，由于诸多方面因素的影响，人民警察职业道德行为的动机和效果也会出现不一致的情况。这就要求在评价人民警察职业道德行为时必须具体问题具体分析，把动机和效果统一起来看，既看动机，又看效果，要联系动机看效果，通过效果看动机，这样才能对人民警察的职业道德行为进行公正客观的评价。

（四）人民警察职业道德评价的形式

人民警察职业道德评价的作用，是通过一定的评价形式来实现的。人民警察职业道德评价的主要形式有以下几种。

1. 集体评价

集体评价是指在一定范围内，人民警察集体以口头或书面等形式，议论或评价民警的职业道德行为和品质。集体评价有两个方面：一方面是自发的，它是人民警察对周围发生的道德现象，人民警察的行为、品质加以口头议论，或褒或贬，形成一种强大的舆论力量来影响个人的行为；另一方面是人民警察集体利用广播电视、报刊书籍、网络等传播媒介，对人民警察的行为和品质进行表扬和谴责。集体评价是人民警察职业道德评价的主要方式，对人民警察的道德品质和行为起着极大的限制和鼓励作用。

2. 自我评价

自我评价是指人民警察根据自己内心的道德信念，对自己的行为进行评判的一种形式。所谓内心的道德信念，是人民警察对其职业行为所负的道德责任，是人民警察在职业实践中形成的道德认识、道德情感和道德意志的有机统一。它使人民警察自觉地选择道德行为，遵守道德规范，并对自己的行为主动地进行道德评价。当人民警察意识到自己的行为符合道德规范时，就会充满喜悦愉快之情；当人民警察察觉自己的行为违背了道德原则与道德规范时，就会产生内疚、悔恨之感。可见，自我评价能促使人民警察肯定良好的道德行为，纠正偏差的道德行为，增强个人行为的内控力。

3. 相互评价

相互评价是指人民警察之间以谈心或讨论的方式，对彼此的行为和品质加以议论和评判。通过谈心，人民警察之间可以加强了解、加强理解，有利于开展批评与自我批评，能使大家开诚布公地评价对方的品行，起到相互帮助、相互勉励的作用。讨论可以加强人民警察对职业道德原则和道德规范的理解，加强责任感，认清行为的是非，看到问题的实质。所以，开展相互评价，不仅可以调整人民警察内部的人际关系，而且对增强公安队伍的向心力，改善公安队伍道德风尚具有不可忽视的作用。人民警察职业道德评价的三种方式，虽然方式不同，但目标是一致的。它们是相互影响、互相促进的。在实践活动中，必须把它们有机结合起来，才能有效地发挥职业道德评价的作用，不断提高人民警察职业道德水平。

二、人民警察职业道德教育

（一）人民警察职业道德教育的含义

人民警察职业道德教育，是指依据人民警察职业道德的原则和规范，有目的、有计划、有组织地对人民警察实施系统的道德影响的活动。

对人民警察进行职业道德教育十分必要。因为人民警察良好的职业道德品质和崇高的职业道德行为，既不是从天上掉下来的，也不是在头脑中固有的，而是通过系统的职业道德教育，并在职业实践活动中锻炼形成的。人民警察职业道德教育是人民警察职业道德原则和道德规范转化为人民警察内在的品质，成为自觉的道德行为的关键。它对于培育人民警察的理想人格，提高人民警察职业道德素质具有重要的意义。

（二）人民警察职业道德教育的内容

人民警察职业道德教育的内容主要体现在以下几个方面。

1. 职业理想教育

理想，是人生的奋斗目标，是一个人的政治立场和世界观在奋斗目标上的集中表现。人民警察的职业理想，就是献身于公安事业，维护社会大局稳定、促进社会公平正义、保障人民安居乐业。要对人民警察进行职业理想教育，就必须让他们明白人民警察的性质、在社会中的地位以及在社会主义现代化建设中的重要作用。只有加深了这种职业道德认识，人民警察才能在此基础上产生职业道德情感，坚定职业信念，也才能真正促使人民警察热爱本职，忠于职业，确立坚定的职业理想。

2. 职业纪律教育

职业纪律是职业道德的内容，又是实施职业道德的保证。对人民警察进行职业纪律教育是人民警察的职业要求，也是正确贯彻执行国家法律和完成本职工作的重要保证。人民警察的性质和任务决定了人民警察从事的工作具有政策性强、法律性高的特点。只有要求每个人民警察必须具有较强的组织纪律、较高的法纪观念和一定的保密意识，才能确保其履行好职责，完成好任务。

3. 职业责任心教育

职业责任心教育就是要教育全体人民警察在职业活动中具有高度的责任心，自觉地履行职业所赋予的职责与义务。这种教育也可称为爱岗敬业教育。在我国，人民警察的宗旨是全心全意为人民服务，其任务是维护国家安全和社会治安秩序的稳定。要实现这个宗旨，每个人民警察必须尽职尽责、兢兢业业、勤勤恳恳地做好自己的本职工作，充分发挥自己的积极性和主动性。所以，职业责任心教育对于提高人民警察的职业道德品质具有重要的意义。

（三）人民警察职业道德教育的方法

人民警察职业道德教育的方法，是贯彻职业道德教育原则，实现职业道德教育目的的手段。人民警察职业道德教育的方法主要有以下几种。

1. 说服教育法

这是一种通过摆事实、讲道理使广大人民警察明辨是非、善恶，提高其职业道德认识的一种方法。其基本精神是教育机关或教育者重视向人民警察进行正面教育，必须坚持用习近平新时代中国特色社会主义思想武装头脑、指导实践，认真学习人民警察职业道德的原则、规范，从提高职业道德认识出发，以理服人，启发他们自觉地内化这些原则和道德规范，形成相应的职业道德品质。说服教育法是人民警察职业道德教育的基本方法。

2. 榜样示范法

它是以人民警察中优秀人物的优良职业道德品质和模范的职业道德行为影响和鼓励其他人民警察努力提高职业道德品质的一种方法。其特点在于它是通过榜样的言行，把高深的政治思想原理和抽象的职业道德规范具体化、人格化，使其他人民警察从这些富有形象性、感染性和可信性的榜样中受到深刻的教育。榜样示范法是人民警察职业道德教育中一种生动而有效的方法。

3. 集体教育法

它是指人民警察集体通过集体舆论、集体氛围，使生活于集体之中的人民警察自觉接受职业道德原则和道德规范，提高其职业道德品质的一种方法。其基本精神是人民警察可以依据集体对自己和他人在职业活动中的道德行为做出的评价，来调整和改进自己的职业道德活动，获得集体肯定的职业道德品德和行为。集体教育法的主要特点是潜移默化、自觉提高。

三、人民警察职业道德修养

（一）人民警察职业道德修养的意义

人民警察职业道德修养，是指人民警察在职业活动实践中依照人民警察职业道德的原则和规范，自觉地进行自我教育、自我改造、自我完善的过程，以及由此所达到的职业道德境界。

对于每一个人民警察来说，自觉进行职业道德修养有着十分重要的意义。首先，加强职业道德修养是形成和提高人民警察职业道德品质的必由之路。人民警察职业道德原则和道德规范是外在的东西，它要转变成人民警察职业道德品质必须依靠人民警察的主观能动性，自觉地进行道德修养，努力进行刻苦磨炼才行。其次，加强人民警察职业道德修养是提高人民警察素质的一项重要措施。社会经济的发展，社会治安的复杂，需要人民警察具有较高的素质才能履行职责。人民警察素质的提高，关键在于人民警察对警察职业的认识，对职业的态度和责任心，只有从内心认识到人民警察职业的崇高性和重要性，才可能主动积极地为提高自身素质而努力，而这些认识和活动就是职业道德修养的重要内容。最后，加强职业道德修养是提高公安队伍战斗力的必要条件。提高公安队伍的战斗力是社会发展的需要，是公安工作的需要。提高战斗力，除了配备现代化的物质装备，更为重要的是需要有高尚职业道德品质和过硬业务素质的人民警察。特别是公安工作接触社会面宽、阴暗面多，工作复杂、分散，这些都要求人民警察能自觉加强职业道德修养，经常按照人民警察职业道德原则和道德规范来检查自己、评价自己，努力达到“慎独”的境界。只有这样，才能不断提高公安队伍的战斗力。

（二）人民警察职业道德修养的特点

人民警察职业道德修养作为人民警察职业道德的一种形式，具有自己的特点。

1. 自觉性

人民警察职业道德修养要解决的矛盾，一是人民警察职业道德原则和道德规范的要求与尚未达到要求的矛盾，二是人民警察接受的社会主义道德影响与各种非社会主义道德影响的矛盾。在整个人民警察职业道德修养的培养过程中，都贯穿着这两种既密切联系又不能完全等同的矛盾斗争。要提高人民警察的职业道德品质，完善职业道德行为，就要求人民警察自觉地进行矛盾斗争，排除各种非社会主义道德的影响，逐步达到人民警察职业道德原则和道德规范的要求。离开了这种自觉性，光靠外部力量，是不可能有效地进行职业道德修养的。

2. 实践性

人民警察的职业道德修养，不是单纯的“内心体验”，更重要的是在改造客观世界的斗争中使主观世界得到改造。因此，要把道德修养建立在社会实践的基础之上。只有在实践中，人民警察才能分清是非善恶，才能真正认清自己的行为是否有利于人民的利益和社会的进步，并不断总结经验教训，弘扬道德的思想行为，克服不道德的行为，不断提高自己的职业道德水平。所以，实践是推动人民警察加强职业道德修养的动力。

3. 过程性

人民警察职业道德修养是一个从实践到认识，再从认识到实践，循环往复，不断提高的过程。特别是优良职业道德品质的形成，更不可能一蹴而就，需要一步一步逐级攀登，甚至经过多次反复，才能最终取得。所以，人民警察职业道德修养，只有通过不断认识、不断升华，才能达到一个又一个新的境界。

（三）人民警察职业道德修养的方法

人民警察职业道德修养的方法，是人民警察完成职业道德修养任务，实现职业道德修养目的的具体措施。人民警察职业道德修养的根本方法和途径是实践。

1. 认真学习人民警察道德理论

人民警察道德理论是以马克思主义世界观和方法论为指导的科学理论。它科学地揭示和阐述了人民警察道德形成和发展的规律，确定了人民警察道德的原则和规范，提出了人民警察道德修养的原则和方法。学好人民警察职业道德理论，可以为人民警察进行职业道德修养奠定良好的思想基础。只有这样，才能深刻认识、理解和掌握人民警察道德原则、规范，从而提高自己的道德认识；也才能正确判别善与恶、是与非、美与丑，提高道德的选择能力和道德评价能力，确保人民警察职业道德修养沿着正确的方向前进。

2. 加强自我反省

自我反省就是自己在内心反省自己的言行，检查自己的错误和不道德行为的一种方法。这也是一种自我批评、自我改造、自我锻炼的修养方法。对于人民警察来讲，自我反省是一种高度自觉的行为，也是其高尚道德品质积累的一种形式。它能推动人民警察去获取更高的道德价值，实现更高的道德境界。

3. 努力做到“慎独”

所谓“慎独”，就是在独自一人无人监督时，能严格要求自己，不做不道德的事。人民警察运用这个方法加强道德修养十分必要，这是由职业的特殊性决定的。人民警察工作分散、面广、点多、线长，经常接触社会阴暗面，在这种情况下能够做到“慎独”，是非常必要的。人民警察只有时时处处把自己的言行控制在人民警察职业道德要求的范围之内，经过多次“慎独”，才能形成高尚的人民警察品德。

复习思考题：

1. 人民警察职业道德的含义是什么？它的作用体现在哪些方面？
2. 人民警察职业道德规范的主要内容是什么？
3. 怎样加强人民警察职业道德修养？

第十章 公安政治工作的改革创新

政治工作是时代性很强的社会活动。政治工作科学随着实践的发展而发展。公安政治工作要适应时代发展和实践变化的需要，就必须不断进行改革创新。因此，在研究公安政治工作的实践问题中，有必要进一步探讨公安政治工作改革创新的必要性，指导思想，目的和要求，内容、举措与成效等，以不断开创公安政治工作的新局面，推进公安政治工作理论的系统化、科学化。

第一节 公安政治工作改革创新的必要性

一、公安政治工作的发展是不断改革创新的过程

公安政治工作是公安各项任务完成的保障。公安政治工作的发展与公安工作的发展是同步的。公安政治工作的发展是不断改革、不断完善、不断创新的过程，以适应党和国家对公安队伍建设的要求。

公安政治工作改革创新前进的过程，表明政治工作不是一个封闭、静止的固定状态，而是一个发展变化的动态体系。因此，探索改革、不断创新、力求发展是政治工作自身变化的规律性反映，也是政治工作本身具有进步性、先进性的生动体现和本质特征。

公安政治工作的改革创新是一个扬弃的过程，带有总结过去、开创未来的性质，具有承前启后的衔接性。公安政治工作的改革创新是在原有基础上的自我完善和发展。公安政治工作的改革创新，不能割断历史，搞历史虚无主义，

而忽视公安政治工作的优良传统。只有坚持公安政治工作的优良传统，进行改革创新，才能使公安政治工作有一个新的更高的起点。离开了继承去搞改革创新，不仅会丢掉公安政治工作的优势和特点，谈不上发展，甚至会偏离公安政治工作的方向。

同时，公安政治工作的改革创新，也必须面对现实，根据新的历史条件下公安队伍出现的新情况、新特点，探索公安政治工作的新路子，总结新经验，创造新方法，做出新的理论概括，在原有的基础上不断充实新内容，注入新的活力。

公安政治工作的改革创新不能割断现实与历史的联系，也不能割断现实与未来的联系。未来是现实的继续和发展。因此，未来踪迹可以从现实的可能性中得到预测。公安政治工作改革创新不仅要立足现实，而且要着眼于未来，对未来的发展趋势进行科学的预测研究，以便从宏观指导上为现实政治工作提供依据和指明方向。

公安政治工作的改革创新同公安机关、公安工作的总体改革，以及社会其他领域的改革相互制约、相互促进，必须同步实施、协调一致。一方面要借鉴和吸收其他领域改革的经验，推动和促进公安政治工作自身的改革，提高公安政治工作效益。另一方面要以公安政治工作自身的改革成果为公安机关、公安工作的改革提供精神动力，保证各项改革顺利进行，以求得整体效应。

公安政治工作的改革创新必须以公安机关的根本职能为依据，以提高战斗力为标准。紧紧围绕公安机关的根本职能，服务于公安队伍的革命化、正规化、专业化、职业化建设，从政治上、思想上、组织上保证党对公安机关的绝对领导，保证公安队伍的团结、警民关系的和谐和队伍的高度集中统一，保证战斗力的不断提高，是公安政治工作改革的出发点和归宿。

公安政治工作的改革创新必须在党的统一部署下，在党的方针指引下，有计划、有步骤地进行。要把改革热情同科学态度结合起来，做到积极、慎重、稳妥、扎实，有利于促进公安队伍全面建设的进程。

总之，公安政治工作的形成和发展，贯穿于我国革命和建设的各个历史发展阶段。公安政治工作形成的一整套优良传统，正是各个历史阶段中公安政治工作改革创新的综合成果。没有改革，公安政治工作就没有创新和发展。公安政治工作要有所作为，出路在于改革。改革求创新，创新必改革，是公安政治工作在革命和建设的各个历史阶段所走过的一条正确道路。在新的历史条件下，公安政治工作要进一步发扬党和公安政治工作的优良传统，需要不断提高其科学化、理论化水平。

公安政治工作必须改革创新，这是研究公安政治工作理论的重要使命和价值所在。

二、新时代对公安政治工作提出的要求

党的十八大以来，中国特色社会主义进入新时代。“四个全面”战略布局是新时代治国理政总方略，全面深化改革是“四个全面”战略布局的重要组成部分，是推进“四个全面”战略布局的强大动力。

党的十八届三中全会通过的《中共中央关于全面深化改革若干重大问题的决定》指出，全面深化改革的总目标是完善和发展中国特色社会主义制度，推进国家治理体系和治理能力现代化。改革开放是党在新的时代条件下带领全国各族人民进行的新的伟大革命，是当代中国最鲜明的特色。事实证明，改革开放是决定当代中国命运的关键抉择，是党和人民事业大踏步赶上时代的重要法宝。

全面深化改革开放是推动我国经济社会高质量发展，破解深层次难题和障碍，凝聚力量实现伟大中国梦的动力和保障，必将对推动中国特色社会主义事业发展产生重大而深远的影响，必将成为推动新时代公安工作科学发展的强大动力。各级公安机关要切实把思想和行动统一到党中央决策部署上来，把智慧和力量凝聚到实现党中央确定的目标任务上来，全面深化公安改革，大力推进公安政治工作改革创新，全力推动公安工作高质量发展，更好地履行党和人民赋予的新时代职责使命。

三、公安队伍面临新形势新情况的客观要求

当前，世界百年未有之大变局加速演进，中华民族伟大复兴进入关键时期，国内外环境复杂严峻，改革发展稳定的任务艰巨繁重，公安队伍面临的新形势、新情况层出不穷，经受的新考验、新挑战前所未有，对公安政治工作提出了新的更高要求。

新时代公安政治工作，一方面要研究解决公安队伍建设和改革中出现的新情况、新问题；另一方面又要研究解决公安政治工作自身遇到的新情况、新问题，不断增强公安政治工作的生机活力，提高公安政治工作的质量水平。要在继承党的政治工作的优良传统基础上，适应全面深化改革的新要求，积极探索，不断创新，更好地发挥团结教育民警、凝聚人心、鼓舞士气、提高战斗力的重要作用。

当前，社会主义市场经济渗透到社会生活各个领域，也使广大公安民警在思想观念、精神面貌、道德标准和行为方式等方面发生了许多变化，不同程度

出现了追求目标多元化、重利求富、求知成才、广交互利等思想趋向，这些趋向多属于健康向上的。许多伴随社会主义市场经济形成的新思想、新观点，如时效观念、价值观念、竞争观念、自主意识等，是市场经济发展的必然反映，其主导方面是积极向上的，是符合社会主义发展大趋势的，对广大公安民警解放思想、改变精神面貌、激发开拓进取精神，都起着积极作用，也给公安政治工作注入了新的活力。然而，这些新观念新思想，既有积极的方面，也有消极的方面。如果没有政治工作的正确引导，不仅消极的东西得不到抵制，就是积极的东西也可能产生负面效应。因此，必须进一步加强和改进公安政治工作，积极引导公安民警思想健康向上、守正创新。

第二节　公安政治工作改革创新的指导思想

一、坚持以习近平新时代中国特色社会主义思想为指导

坚持以习近平新时代中国特色社会主义思想为指导思想，这是公安工作和公安队伍建设的根本原则，也是公安政治工作改革创新必须遵循的根本原则。

首先，从理论上讲，习近平新时代中国特色社会主义思想，是对马列主义、毛泽东思想、邓小平理论、“三个代表”重要思想、科学发展观的继承和发展，是马克思主义中国化的最新成果，是中国特色社会主义理论体系的重要组成部分。只有坚持不懈地用习近平新时代中国特色社会主义思想武装头脑，不断提高公安民警的政治思想素质和科学文化素质，才能更好地适应公安政治工作改革创新的需要。

其次，从实践上讲，建设社会主义现代化强国，必须以习近平新时代中国特色社会主义思想作指导。实践充分证明，新时代十年的伟大变革，根本在于有习近平总书记作为党中央的核心、全党的核心掌舵领航，在于有习近平新时代中国特色社会主义思想的科学指引。党的二十大擘画了全面建设社会主义现代化国家、以中国式现代化全面推进中华民族伟大复兴的宏伟蓝图，也为推动新时代公安工作现代化、推动公安政治工作改革创新注入了强大动力。

二、服从和服务于党和公安工作的中心任务

公安政治工作的任务，必须服从和服务于党和公安工作的中心任务。这是公安政治工作的历史经验，也是指导公安政治工作改革创新的重要原则。

当前，党的中心任务是全面建成社会主义现代化强国，以中国式现代化全面推进中华民族伟大复兴。公安机关肩负的使命任务是坚决捍卫政治安全，全力维护社会安定，切实保障人民安宁，为全面建设社会主义现代化国家，实现中华民族伟大复兴的中国梦创造安全稳定的政治社会环境。公安政治工作的改革创新，就是要研究如何服从和服务于这两个中心任务，最大限度地调动公安民警的主动性、积极性和创造性，保证党和公安工作中心任务的完成。

三、牢固确立战斗力标准

公安政治工作改革创新的重要目标就是提高公安队伍的战斗力，保证公安任务的完成，必须牢固树立战斗力标准。公安战斗力标准是战斗力各构成要素，包括有形要素和无形要素的标准。有形要素主要是指警力数量、规模、警用装备等方面的强弱，无形要素主要是指公安民警政治素质、业务素养、体能技能方面的强弱。提升公安队伍战斗力的途径，包括向科学技术、教育培训、体制改革、警务保障、社会力量要战斗力。

公安政治工作改革创新，要重点关注公安战斗力中的无形要素，着眼于公安民警能力素质的提高。这是因为：一是受政策、经费等条件限制，警力数量、警用装备等有形要素难以在短期内大幅提升；而公安政治工作开展得好，可以快速有效地提升公安队伍凝聚力和战斗力。二是任何警用装备、警务科技都需要通过公安民警正确合理的运用，才能充分发挥其效能。为此，提升公安民警能力素质就显得尤为重要。

四、坚持继承与创新辩证统一的原则

继承与创新是对立统一的。没有继承，创新就成了无源之水，无本之木。

公安政治工作在其萌芽、形成、发展的各个历史阶段，都有所发展和创新，这种发展和创新过程，就是公安政治工作改革的过程。公安政治工作随着公安保卫工作的发展，在不同历史阶段所形成的一系列政治工作方针、原则、制度和方法，在当时来说都是政治工作改革的产物。公安政治工作历史经验表明，每形成一个正确的理论原则，确定一个正确的方针，建立一项好的制度，都需要有一个由实践到认识，再由认识到实践的循环往复的过程，并非从开始提出就十全十美。它是根据客观环境的变化和形势发展的要求，在实践中不断地修订、补充、丰富和完善的。

政治工作的理论原则需要在实践中不断发展、完善，政治工作的内容、方法也需要适应不同的历史发展阶段的特点，进行改革创新。没有改革，政治工作就没有创新、没有发展。公安政治工作要有所作为、有所前进，出路在于改革。这是公安政治工作在革命和建设的各个历史阶段所走过的一条正确道路，沿着改革创新的道路走下去，公安政治工作必将永葆其强大的生命力。

继承是创新的前提和基础，创新是继承的目的和发展，只有摆正两者的关系，才能在公安政治工作的理论研究和实践中，坚持改革创新的正确方向。

第三节　公安政治工作改革创新的目的和要求

一、公安政治工作改革创新的目的

（一）促进公安政治工作理论的系统化

公安政治工作科学理论是在党的十一届三中全会以后逐步开创形成的。无论是基础理论，还是应用理论，都有许多领域有待开发，有许多问题有待探索。随着我国经济社会发展和深化公安改革，公安工作和公安队伍建设发生了巨大变化，迫切需要系统化的公安政治工作理论，给实践以理论上的指导。

党的政治工作，已经积累了丰富的经验和理论知识。诸如：政治工作是经济工作和其他一切工作的生命线；提高人们认识世界和改造世界的能力是政治工作的根本目的和任务；进行系统的和日常的思想政治教育是政治工作的基本内容；疏通引导和正确处理人民内部矛盾是政治工作的正确方针；思想政治教育与物质利益相结合是做好政治工作的基本原则；解决思想问题与解决实际问题相结合、思想教育与组织纪律相结合、言传与身教相结合、批评与表扬相结合，是做好政治工作的具体原则；说服教育、以理服人，关怀体贴、以情感人，一把钥匙开一把锁是做好政治工作的有效方法；建设精干的政治工作队伍，加强党对政治工作的领导是做好政治工作的组织保证；等等。这些基本观点形成了党的政治工作理论形态，为公安政治工作理论的系统化提供了基础和指导。

此外，应当针对现有的公安政治工作基础理论和应用理论存在的缺陷，进行再研究再认识，剔除纯经验的感性的成分，进行新的概括，增强理论性和系统性，实现由“实践型”向“理论型”、由“经验型”向“科学型”的飞跃。本书就是在对公安政治工作的历史进行审视考察，对公安政治工作的现实进行理论思考，吸收政治工作科学和相关学科研究的新成果，提炼基本规律、基本理论和基本方法，完善理论框架方面所进行的一次新的尝试，但离真正实现政治工作理论的科学化和系统化，还有不小的差距，还需不懈地探索。

（二）推进公安政治工作的现代化

随着改革的深入，科学技术的进步，社会主义市场经济的发展，人们的观念、要求、愿望、爱好、思维方法和生活方式，都在发生变化。政治工作必须随着时代的前进而前进，随着人们思想的变化而变化，否则就难以做好公安民警特别是青年公安民警的政治工作。尤其是在现代通信技术日益发达的今天，如果政治工作主体对现代化的传播平台不重视，不注意自身工作的现代化转型，政治工作就不能适应现代化建设的需要，就会同政治工作客体格格不入，就根本谈不上对客体的教育和引导。所以，努力实现政治工作现代化，直接关系到政治工作的地位和作用，是研究政治工作改革创新中的一个重要问题。

研究政治工作改革创新中的现代化，主要注意四个方面的内容：一是用现代科学文化知识武装广大政治工作干部，使他们具有高水平的现代科学文化知识和专业知识。二是政治工作现代化以信息化为基础，运用现代信息技术装备政治工作部门，提升其技术水平和工作效能。三是加强思想政治教育的系统化、正规化和社会化，使思想政治教育的内容和方法适应培养现代警务人才的需要。四是公安机关领导者、政治工作部门管理者、广大政治工作者必须具有现代化的思维方式和工作方式，使公安政治工作更加符合客观实际，取得良好的实践效果。

（三）促进公安政治工作的法治化

法治化是公安政治工作理论得以完善的重要基础。随着国家和公安机关建设的发展，特别是“法治中国”“法治公安”的推进，公安队伍建设和公安政治工作必将进一步纳入法治化的轨道。法治在政治工作领域中的运用日益广泛，是公安政治工作规范化建设的趋势和要求。公安政治工作的改革创新，必须重视法治建设，制定出台相关的法律法规，推动公安政治工作依法办事。

要实现公安政治工作的现代化、科学化，没有完善的管理制度化是不行的。所谓管理制度化要有两个方面的要求：从宏观上讲，要在各级党委领导下，在全国公安系统建立起以各级公安机关党委为主体、党政共同负责的统一的政治工作组织体系。从微观上讲，要在每个部门、每个单位，切实建立起以党组织为核心，以组织人事、宣传、纪委、共青团为骨干的行政领导负责的政治工作保证体系。在这个保证体系中，要实行岗位责任制，明确工作程序，按照“计划、实施、考查、总结”四个环节来进行。在以往的公安政治工作实践中，曾建立过一系列管理制度，发挥过重要作用。政治工作改革的重要任务之一，就是要清理以往的管理制度，修订其与现行要求不相适应的部分，建立健全适应时代要求的管理制度，以实现公安政治工作制度的一致性和相对稳定性，促进公安政治工作的规范化、科学化和现代化。

二、公安政治工作改革创新的要求

公安政治工作改革创新，要贯彻理论联系实际、密切联系民警的原则，及时关注和努力回答广大公安民警的所思所问，认真总结工作中的经验教训，特别是要找准薄弱环节，予以加强和改进。要讲究方式方法，注重工作效果，切忌形式主义、教条主义，坚持从实际出发，因地制宜，因人制宜，因事制宜，因时制宜，努力做到“四个结合”。

一是把先进性与广泛性要求结合起来。根据不同公安民警的情况、不同时期的实际，讲究教育的层次性。明确区分应当提供的、必须做到的、允许存在的和坚决反对的，既照顾多数、又鼓励先进，引导不同觉悟的人一起积极向上。对广大公安民警，要大力倡导国家利益、集体利益、个人利益相结合的集体主义精神，引导他们遵守社会公德和人民警察职业道德，遵守党和国家的法律和人民警察的纪律作风规定。对于共产党员，特别是领导干部，要提出更高的要求，教育引导他们树立远大理想，发扬奉献精神，充分发挥先锋模范和示范带头作用。

二是把公安政治工作与公安机关的改革发展结合起来。公安政治工作必须紧密结合公安业务工作来开展，渗透到广大公安民警现实生活中去，渗透到公安业务各项工作中去，把落脚点放到深化公安改革、推动公安工作高质量发展上来，切实克服“两张皮”的现象。要坚持团结稳定鼓劲，正面宣传为主，牢牢把握正确舆论导向，唱响主旋律，打好主动仗，团结一切可以团结的力量，调动一切积极因素，化消极因素为积极因素，把广大公安民警的积极性引导好、保护好、发挥好。

三是把以理服人与以情感人结合起来。既讲道理，又办实事，是公安思想政治工作的成功经验和优良传统。政治工作当然要讲道理，帮助公安民警解开思想疙瘩，提高思想觉悟。但也要看到，当前公安民警中存在的思想问题，有相当一部分是由于实际问题得不到妥善解决而引起的。这些由实际困难而产生的思想问题，不从解决实际问题入手，仅靠空洞的说教是解决不了的。这就要求公安政治工作者坚持关心人、理解人、尊重人的原则，把解决思想问题与解决实际问题结合起来，既以理服人，又以情感人，带着深厚感情做好公安民警工作，防止和克服“冷硬横推”，把好事办实，把实事办好，真正把党和政府的温暖、把组织的关怀送到公安民警的心坎上。

四是把立言与立行结合起来。要牢固树立群众观点，坚持走群众路线，老老实实向广大公安民警学习，诚心诚意为广大公安民警服务。要教育公安民警、引导公安民警，自己首先要有比较高的思想觉悟和精神境界。要求公安民警做到的，自己首先要做到；要求公安民警不能做的，自己坚决不做。广大公安政治工作者特别是各级领导干部，要牢固树立表率意识，坚持身教重于言教，在“立言”和“立行”上下功夫，争当广大公安民警的表率，努力把真理的力量和人格的力量统一起来。

第四节　公安政治工作改革创新的内容、举措与成效

一、公安政治工作改革创新的内容

新时代公安政治工作改革创新的内容，主要包括理论、机制、方法、手段创新。

（一）理论创新

理论的生命力在于创新。开展公安政治工作需要有科学理论作指导，这里的科学理论是创新的理论，而不是僵化的理论。只有不断创新公安政治工作理论，才能更好地指导公安政治工作改革创新。

（二）机制创新

公安政治工作要全警动员，建立齐抓共管的工作体制，改变过去政治工作民警单打独斗，公安政治工作与业务工作“两张皮”的状况，真正实现有公安民警的地方，就有公安政治工作；民警的工作到哪里，公安政治工作就辐射到哪里。当前，要努力建立健全科学化的公安政治工作决策机制，信息反馈灵敏的调控机制，标准明确、公正合理、操作性强的考评机制，领导有力、队伍精干、充满活力的保障机制。

（三）方法创新

新时代公安政治工作，既要宣传好党的方针政策，又要根据各警种、各部门的实际，针对公安民警思想存在的突出问题，有针对性地确定公安政治工作的具体内容，把共性与个性结合起来；同时要改变过去那种单纯的说教方式，采取灵活多样、喜闻乐见的教育方式，才能更好地走进公安民警心里，解决实际问题。

（四）手段创新

现代科学技术特别是网络信息技术的发展，给公安政治工作的开展带来了更多便利、创造了更好条件。这就要求我们充分利用现代科技成果，充分发挥网络信息技术的优势，进一步拓展公安政治工作的空间和手段，提升公安政治工作的效果。

需要强调的是，公安政治工作无论是理论、机制创新，还是方法、手段创新，最终都必须落脚在实效上。解决问题是改革创新的目的，又是检验改革创新成败的重要标准。对新的历史条件下公安民警思想上出现的新矛盾、新问题解决了，是改革创新；对长期困扰公安队伍建设的老问题，找到了有效解决办法，是改革创新；对我们过去的优良传统，赋予了新的时代内涵，同样是改革创新。相反，如果是越“创新”问题越复杂，那么“经验”再多、形式再新，也只能是劳民伤财的形式主义。所以，公安政治工作改革创新一定要端正思想，本着对党、对人民、对公安队伍建设事业无限忠诚和高度负责的态度，一切以提高公安队伍战斗力为标准，善于把党的路线方针政策与本警种本部门的实际结合起来，真正在改革创新中解决实际问题，推动公安工作高质量发展。

二、公安政治工作改革创新的举措与成效

进入新时代，以习近平同志为核心的党中央高度重视公安工作，大力推进公安工作改革创新。2015 年 2 月，《关于全面深化公安改革若干重大问题的框架意见》及相关改革方案经中央审议通过后印发实施，明确提出：根据人民警察的性质特点，建立有别于其他公务员的人民警察管理制度和保障机制；按照职位类别和职务序列，对人民警察实行分类管理；适应正规化、专业化、职业

化建设要求，建立健全人民警察招录培养机制。[①] 随着公安队伍管理改革一系列政策措施的落地实施，一大批影响和制约队伍建设的体制性、机制性难题取得突破性进展，公安队伍整体素质和战斗力得到不断提高，广大人民群众也深切感受到公安队伍管理改革发生的可喜变化。

（一）稳妥推进职务序列改革

根据人民警察武装性、实战性、高强度、高风险等职业特点，以及公安队伍规模大、层级多、主要集中在基层一线等实际情况，完善执法勤务警员职务序列，建立警务技术职务序列，是推进人民警察管理制度改革的重要内容。

为积极稳妥推进职务序列改革，公安部会同中共中央组织部、人力资源和社会保障部、国家公务员局在深入调研和反复论证的基础上，起草形成了《公安机关执法勤务警员职务序列改革试点方案》《公安机关警务技术职务序列改革试点方案》。

2015 年 12 月 9 日，中央全面深化改革领导小组会议审议通过了两个改革试点方案，要求完善执法勤务警员职务序列，建立警务技术职务序列，拓展执法勤务警员和警务技术人民警察职业发展空间，完善激励保障机制，激发队伍活力，并注重向基层一线倾斜，突出对实绩的考核。

完善建立执法勤务警员和警务技术职务序列，改变了过去按综合管理类公务员单一模式管理的做法，优化了职务层次，拓展了基层公安民警的职业发展空间，健全完善了考核激励机制，为探索建立分类招录、分类培训、分类考核、分类保障等人民警察分类管理制度，实行公安队伍科学管理奠定了坚实的基础。

（二）强力推进招录培养制度改革

公安机关人民警察招录培养机制改革，是新形势下加强公安队伍建设的必然要求，是提高公安民警素质能力、建设“五个过硬”“四个铁一般”公安队伍的源头工程。

公安部、人力资源和社会保障部、国家公务员局等六部门通过深入调研论证，于 2015 年 12 月联合出台了《关于加强公安机关人民警察招录工作的意见》《关于公安院校公安专业人才招录培养制度改革的意见》，全面规范省级统

---

① 黄庆畅、张洋：《〈关于全面深化公安改革若干重大问题的框架意见〉及相关改革方案将印发实施》，《人民日报》，2015 年 2 月 16 日第 1 版。

一招录，科学实施职位分类招录。在招警政策确定、录用计划编制、资格条件设置、公告发布、考试组织、考察公示、审核录用等环节，全部实行省级统一管理。公安院校公安专业毕业生入警率比改革前有较大幅度提高。

全国公安院校公安专业坚持“实战有所需、教学必有应”，深化实战化教学改革，用实战需求指导育人导向，用实战资源丰富育人载体，完善“教、学、练、战”一体化人才培养机制，人民警察招录培养机制改革取得了明显成效，进一步增强了公安机关选人用人的科学性、针对性和有效性，招生招警工作迈上了规范化、专业化、精细化轨道，从源头上提升了公安队伍的整体素质和战斗力水平。

（三）着力推动职业保障制度改革

公安民警工作负荷重、心理压力大、安全风险高，是和平年代付出最多、牺牲最大的一支队伍。建立健全符合公安机关性质任务、体现人民警察职业特点的职业保障机制，是适应新形势新任务的迫切需要，也是广大公安民警的热切期待。

在习近平总书记的重视和亲切关怀下，公安部积极会同各有关部门紧紧围绕职业保障制度改革，加强顶层设计，完善重大政策制度，相继出台了一系列政策性文件，《公安机关管理体制和人民警察管理制度改革方案》明确提出：贯彻落实人民警察生活待遇“高于地方、略低于军队”的原则，建立符合人民警察职业特点的工资待遇保障体系。同时，狠抓出台政策的贯彻落实，推动各项爱警惠警措施落地实施，切实解决关系公安民警切身利益的实际问题，努力用事业、感情和适当的待遇拴心留人。

为健全人民警察职业风险保障体系，公安部会同民政部等部门出台《人民警察抚恤优待办法》。在下发《关于公安民警因公负伤医疗费问题的通知》《关于为全国公安民警办理人身意外伤害保险的通知》的基础上，公安部又联合有关部门印发了《关于伤残人民警察享受社会残疾人待遇有关问题的通知》，明确伤残人民警察除享受国家给予的特殊待遇外，同时享受当地社会残疾人的相应待遇，缓解伤残公安民警的实际困难。

为逐步建立符合人民警察职业特点的工资待遇体系，公安部会同财政等部门，积极研究人民警察警衔津贴、值勤岗位津贴和法定节假日外加班补贴政策，提高津补贴标准，向基层一线、艰苦危险等重点岗位倾斜。目前，符合人民警察职业特点的工资待遇体系逐步健全完善。

公安部不断推出一系列关爱公安民警举措。《关于进一步加强和改进关爱民警工作的意见》从九个方面提出了加强和改进关爱公安民警的若干措施，努力做到政治上激励、工作上支持、待遇上保障、健康上关心公安民警。《公安机关人民警察荣誉仪式规范（试行）》将人民警察荣誉仪式的举行、程序等内容制度化、规范化，让公安民警在荣誉仪式中感受职业荣耀和组织关爱。一系列爱警惠警措施的落地实施，进一步增强了民警的职业认同感、归属感和荣誉感。

（四）大力推动警务辅助人员管理改革

规范管理警务辅助人员、充分发挥其警务辅助作用，对创新社会治理、维护社会稳定、提高行政效能、降低行政成本、缓解警力不足，具有重要意义。

2016 年 1 月，中央全面深化改革领导小组会议审议通过了《关于规范公安机关警务辅助人员管理工作的意见》。随后，国务院办公厅印发了该意见，第一次从国家层面对规范警务辅助人员管理工作做出了明确规定，对警务辅助人员管理体制、岗位职责、人员招聘、管理监督、职业保障等提出了明确要求。为切实贯彻落实好该意见精神，公安部联合中央编办、民政部、财政部、人力资源和社会保障部专门印发通知、作出部署，进一步明确任务分工，从严格规范招聘程序、实施分类分层管理、强化教育管理监督等方面细化工作措施，深入扎实地推进警务辅助人员管理改革。

当前，一个个公安队伍建设改革难题正在攻坚突破，一项项改革措施正在落地落实，公安队伍管理改革正在向纵深推进，公安政治工作改革创新的成效正在不断显现。

复习思考题：

1. 怎样认识公安政治工作改革创新的必要性？
2. 公安政治工作改革创新的指导思想是什么？
3. 公安政治工作改革创新的目的是什么？
4. 公安政治工作改革创新的要求有哪些？
5. 公安政治工作改革创新的内容有哪些？
6. 新时代公安政治工作改革创新的举措与成效有哪些？

主要参考文献

[1] 习近平. 习近平著作选读：第 1 卷 [M]. 北京：人民出版社，2023.

[2] 习近平. 习近平著作选读：第 2 卷 [M]. 北京：人民出版社，2023.

[3] 习近平. 论党的宣传思想工作 [M]. 北京：中央文献出版社，2020.

[4] 张蔚萍. 中国共产党思想政治工作发展史 [M]. 北京：中共党史出版社，2004.

[5] 中国人民大学马克思主义学院，中国人民大学马克思主义理论教育研究所. 马克思主义理论与思想政治教育研究 [M]. 北京：中国人民大学出版社，2016.

[6] 汪安恕，秦记铎，杨远富，等. 马克思、恩格斯、列宁、斯大林论政治工作 [M]. 上海：同济大学出版社，1990.

[7] 杜润翰. 马克思主义关于思想政治工作的论述 [M]. 天津：天津人民出版社，1988.

[8] 张蔚萍. 毛泽东思想政治工作学说 [M]. 西安：陕西人民出版社，1993.

[9] 中国职工思想政治工作研究会. 邓小平新时期思想政治工作理论学习概要 [M]. 北京：学习出版社，1997.

[10] 苏希胜. 邓小平思想政治工作理论研究 [M]. 沈阳：辽宁人民出版社，1991.

[11] 胡之光. 公安政工学概论 [M]. 北京：中国人民公安大学出版社，1986.

[12] 公安部政治部宣传局. 新时期公安思想政治工作论文集 [M]. 北京：群众出版社，2000.

[13] 人民公安报政治生活部. 公安思想政治工作探索与思考 [M]. 北京：新华出版社，1991.
[14] 徐学旺，屈明，李昆明. 军队政治工作学原理（修订本）[M]. 济南：黄河出版社，1997.
[15] 姚有志. 当代军队政治工作学论纲 [M]. 北京：军事译文出版社，1992.
[16] 石明. 军队政治工作学教程 [M]. 北京：国防大学出版社，1991.
[17] 张蔚萍. 新编思想政治工作概论 [M]. 北京：中共中央党校出版社，1996.
[18] 中宣部思想政治工作研究所. 思想政治工作概论 [M]. 北京：中国人民大学出版社，2007.
[19] 康大民. 公安论 [M]. 北京：群众出版社，1998.
[20] 谢海光. 互联网与思想政治工作概论 [M]. 上海：复旦大学出版社，2000.
[21] 陈立川. 公安思想政治工作创新研究 [M]. 成都：四川人民出版社，2002.
[22] 石书臣. 现代思想政治教育主导性研究 [M]. 上海：学林出版社，2004.
[23] 公安部宣传局. 公安机关人民警察职业道德规范解读 [M]. 北京：中国人民公安大学出版社，2012.
[24] 公安部宣传局. 全国公安机关思想政治工作优秀案例集 [M]. 北京：中国人民公安大学出版社，2014.
[25] 程琳. 公安学通论 [M]. 北京：中国人民公安大学出版社，2014.
[26] 钟云华，郑友军. 公安警务概论 [M]. 北京：中国人民公安大学出版社，2020.
[27] 张光，魏永忠. 国家治理与公安改革 [M]. 北京：中国人民公安大学出版社，2015.
[28] 刘静，龚正荣，吴高峻，等. 公安政治工作理论与实践 [M]. 北京：中国人民公安大学出版社，2016.
[29] 李艳. 公安思想政治工作基础理论研究 [M]. 北京：中国人民公安大学出版社，2016.
[30] 王光森. 公安思想政治工作生态学研究 [M]. 北京：知识产权出版社，2020.

后 记

政治工作是公安工作的生命线，是一门科学。本教材是在教学实践的基础上，吸收多年来公安系统内外政治工作理论研究的成果，参考若干政治工作和公安业务工作理论著作、教材而编写的。全书共十章，着重探讨公安政治工作的基本理论、基本知识、基本内容、基本方法，新形势下公安政治工作、队伍建设面临的新情况和新问题，以及公安政治工作的改革创新。可供公安院校公安管理学及其他专业学生、在职公安民警岗位培训使用，也可供公安政治工作干部、公安民警个人进修使用或参考。

本教材第一版由陈立川、郑友军、彭浩、杨海共同编写，2014 年 9 月由四川大学出版社出版。党的十八大以来，以习近平同志为核心的党中央高度重视新时代公安工作和公安队伍建设，作出一系列重大决策部署，对公安政治工作提出了一系列新任务、新要求。为此，我们在深入学习贯彻习近平法治思想的基础上，对第一版教材进行了必要的修订，以更好地反映新时代公安政治工作的发展变化。

本教材的编写参阅了公安政治工作领域诸多专家、学者及同行的专著、教材及论文，谨致以诚挚的谢意。在本教材的修订过程中，杨坤同志协助主编做了大量的工作，王飞、苏丹、何龙、牟剑平等同志在资料收集等方面提供了许多帮助，四川大学出版社给予了大力的支持，在此一并表示感谢！

由于编者理论水平和学识有限，教材中难免有疏漏和不足之处，敬请读者批评、指正。

编　者

2023 年 12 月